AF613755

NOTIONS
ÉLÉMENTAIRES
DE DROIT FRANÇAIS.

AVIS DE L'ÉDITEUR.

Tout exemplaire de cet ouvrage non revêtu de ma griffe sera réputé contrefait.

L. Hachette

Paris. — Imprimerie Panckoucke, rue des Poitevins, 14.

NOTIONS

ÉLÉMENTAIRES

DE DROIT FRANÇAIS

PAR

ALPHONSE GRÜN,

AVOCAT A LA COUR ROYALE DE PARIS.

PARIS,

CHEZ L. HACHETTE,

LIBRAIRE DE L'UNIVERSITÉ ROYALE DE FRANCE,

RUE PIERRE-SARRAZIN, N° 12.

1838.

AVIS

AUX INSTITUTEURS.

Les *Notions élémentaires de Droit français* sont un abrégé des *Eléments du Droit français*. Ce dernier ouvrage renferme, sur toutes les matières du droit, des développements qui complètent l'exposé sommaire rédigé principalement pour les élèves des écoles primaires; les maîtres y puiseront les renseignements nécessaires pour donner, dans leurs leçons orales, les explications et les détails que l'intelligence ou la curiosité des enfants pourrait désirer. Afin de maintenir une corrélation intime entre les deux livres, dont l'un est le complément obligé de l'autre, et qui forment, ensemble, les deux parties d'un même système, l'ordre général et les principales divisions des *Éléments* sont

1

reproduits dans les *Notions élémentaires*; de cette manière, le commentaire se présentera toujours en regard du texte; l'un sera le manuel des maîtres, comme l'autre le manuel des élèves.

NOTIONS ÉLÉMENTAIRES

DE DROIT FRANÇAIS.

INTRODUCTION.

Quand un grand nombre de personnes et de familles se sont réunies, et ont formé une nation, il faut qu'il y existe des règles générales et une autorité souveraine, c'est-à-dire des *lois* et un *gouvernement* qui maintiennent l'ordre et la paix. Suivant les différents pays, les manières de faire les lois, et les formes du gouvernement sont différentes; mais partout l'autorité suprême a pour but de protéger chacun dans l'exercice des actions permises, qu'on appelle *droits*, et d'obliger aussi chacun à faire les actions commandées, ou à s'abstenir des actions défendues, en d'autres termes, à remplir ses *devoirs*.

En France, le gouvernement a pour chef un roi. C'est son fils aîné qui monte sur le trône après lui : s'il n'a pas de fils ou petit-fils, c'est le frère aîné ou le parent le plus proche qui succède. Quand un roi est, à raison de son jeune âge, ou de quelque autre cause, empêché de régner, il est représenté par un *régent*, ordinairement assisté d'un *conseil de régence*.

La France est trop vaste pour être gouvernée par une seule autorité : il a fallu, pour faciliter l'administration, partager le territoire en différentes divisions. Il y a quatre-vingt-six départements, ayant chacun un administrateur, appelé *préfet*, assisté d'un *conseil de préfecture*, et un *conseil général de dépar-*

tement; chaque département renferme un, deux, trois ou un plus grand nombre d'arrondissements, administrés chacun par un *sous-préfet* avec le concours d'un *conseil d'arrondissement*; chaque arrondissement se partage en cantons, qui n'ont point de chef administratif particulier; les cantons se subdivisent en communes, et celles-ci en sections de communes; chaque commune a, pour diriger ses affaires, un *maire*, un ou plusieurs *adjoints*, et un *conseil municipal* : la réunion de ces administrateurs s'appelle *corps municipal, municipalité.*

La loi principale, celle qui règle les formes et les conditions du gouvernement, s'appelle *charte constitutionnelle*. Les autres lois sont rassemblées dans des *codes*, ou publiées dans un recueil appelé *Bulletin des lois*. La réunion des lois qui régissent la France forme le droit français; il se divise en plusieurs parties, suivant l'objet des lois dont il est composé. Il comprend, 1° les lois relatives aux divers pouvoirs existant dans l'Etat, et aux obligations et droits des citoyens envers la société : c'est ce qu'on appelle le *droit public*; 2° les lois qui déterminent la manière dont le gouvernement et ses age[illegible] interviennent dans les intérêts des citoyens : c'est le *droit administratif*; 3° les lois qui règlent les rapports des citoyens entre eux, pour leurs affaires de famille, leurs propriétés : c'est le *droit civil*; 4° les lois concernant les relations des commerçants entre eux : c'est le *droit commercial*; 5° enfin, les lois qui statuent sur la poursuite et la répression des criminels; c'est le *droit criminel*. De là, la division de cet ouvrage en cinq chapitres.

CHAPITRE PREMIER.

DU DROIT PUBLIC.

§ 1er. *Des différents pouvoirs existant dans l'État.*

Il y a un pouvoir, appelé *législatif*, chargé de faire les lois; un autre, nommé *exécutif*, chargé de les mettre à exécution.

1°. *Pouvoir législatif.* Pour exercer le pouvoir le plus important, celui de faire des lois, il faut, en France, le concours du roi et de deux assemblées, appelées, l'une *Chambre des Pairs*, l'autre *Chambre des Députés*.

La Chambre des Pairs est composée des princes de la famille royale, et de membres nommés par le roi, sans que le nombre en soit limité. Le roi est obligé de les choisir parmi les personnes qui ont exercé de hautes fonctions ou qui sont remarquables par des talents éprouvés, ou par une grande fortune; ils conservent la dignité de pairs durant toute leur vie. La Chambre des Pairs est présidée par le *chancelier de France*, nommé par le roi, ou par un pair, aussi nommé par le roi; elle choisit elle-même parmi ses membres quatre secrétaires; son administration intérieure est dirigée par un *grand référendaire*. La Chambre examine les projets de loi dans des réunions non publiques, pendant lesquelles elle est partagée en plusieurs *bureaux*; puis elle discute et vote publiquement en assemblée générale.

La Chambre des Députés est composée de quatre cent cinquante-neuf membres, nommés par des assemblées appelées *colléges électoraux* ; chaque arrondissement a un collége électoral. Pour que les députés aient de la maturité dans les idées, la loi exige qu'ils soient âgés de trente ans : pour qu'ils soient intéressés au maintien de la tranquillité publique, il faut qu'ils aient des propriétés ou une industrie assez considérables pour payer un impôt de 500 fr.; enfin, comme ils doivent donner des garanties de leur indépendance, si, pendant l'exercice de leurs fonctions, ils sont nommés par le gouvernement à un emploi payé, ou promu à un emploi supérieur à celui qu'ils occupent, ils sont soumis à une nouvelle élection de la part du collége qui les avait choisis. Dans la vue d'assurer aux intérêts particuliers de chaque partie de la France des défenseurs qui les connaissent bien, la loi veut que la moitié au moins des députés de chaque département soit prise parmi les personnes éligibles de ce département. Les députés sont élus pour cinq ans au plus, et peuvent être réélus, si, après ce temps, ils jouissent encore de la même confiance dans leur arrondissement.

De même que pour être député, il faut, pour être électeur, remplir certaines conditions, imposées comme garanties de capacité, de moralité, d'indépendance. Les électeurs doivent avoir vingt-cinq ans, demeurer dans l'arrondissement, payer deux cents francs d'impôts : on n'exige que cent francs de la part des membres de la réunion de savants formée à Paris sous le nom d'Institut, et des officiers jouissant d'une pension de douze cents francs au moins. Afin que les députés ne soient pas nommés par un trop petit nombre de personnes, il ne peut y avoir moins de cent cinquante électeurs dans chaque arrondissement ; s'il ne s'y trouve pas cent cinquante individus payant les deux cents francs d'impôt, on complète ce nombre en appelant les plus imposés après ceux qui payent deux cents francs. Il est défendu aux femmes d'exercer les droits d'électeur ; mais il leur est permis d'attribuer à leur mari, ou, si elles sont veuves ou séparées de leur mari, à un de leurs enfants ou gendres, une part d'impôts assez forte pour qu'ils puissent être électeurs.

Il importe que ceux qui se présentent comme électeurs justifient de leurs droits, et que ceux qui en jouissent n'en soient pas injustement dépouillés. A cet effet, les noms des électeurs de chaque département sont inscrits sur une liste dressée par le préfet; chaque année la liste est publiée, affichée, rectifiée par l'addition des nouveaux électeurs et le retranchement de ceux qui ont cessé de l'être; les rectifications sont publiées plusieurs fois, pour que ceux qui y ont intérêt soient avertis et puissent réclamer. Quand on a été porté sur une liste, on ne peut plus en être effacé que par une décision qu'on a le droit de contredire. Les actes par lesquels les préfets prononcent l'admission ou le rejet d'un nom sur les listes électorales peuvent être attaqués devant les tribunaux.

C'est le roi qui convoque les colléges électoraux quand il y a lieu de nommer des députés. Si les électeurs d'un collége sont trop nombreux pour voter tous ensemble, s'ils dépassent six cents, ils sont répartis en *sections*. Les électeurs réunis nomment un président, qui dirige les opérations et maintient l'ordre dans l'assemblée; des scrutateurs, chargés de recevoir et compter les papiers ou *bulletins* portant le nom désigné par chaque électeur, et enfin un secrétaire qui écrit le récit de ce qu'a fait le collége. Pour qu'il soit certain que l'élection sera conforme à la loi, chaque électeur doit, avant de voter, prêter serment de fidélité au roi des Français, d'obéissance à la Charte constitutionnelle et aux lois du royaume. La liberté des votes est assurée par la précaution qu'on prend de faire écrire les bulletins secrètement, et de les brûler publiquement dès que l'opération est terminée. La Chambre des Députés examine le compte rendu de chaque élection, et statue définitivement sur l'admission des personnes élues, qui prêtent serment avant d'entrer en fonctions.

Au moment où la Chambre s'assemble elle est présidée par le député le plus âgé ; elle nomme ensuite, pour le reste de la session (on appelle ainsi le temps pendant lequel les Chambres siégent chaque année), son président et quatre secrétaires. Elle a, pour son administration intérieure, deux *questeurs*, choisis par elle parmi ses membres. Elle se partage en bureaux pour l'examen préparatoire des objets qui lui sont soumis; chaque bureau nomme un commissaire : les commissaires réunis discutent et désignent un d'entre eux pour faire à la Chambre entière un rapport. Les séances générales sont publiques. Après la discussion, la Chambre vote, et c'est la majorité qui détermine l'acceptation ou le rejet des propositions.

Les deux Chambres sont réunies tous les ans; elles sont convoquées en même temps par le roi, et se séparent en même temps. Le jour de l'ouverture de la session, le roi leur expose, dans un discours, la situation des affaires publiques, et les mesures qui seront proposées dans le cours de la session. Les Chambres répondent par une adresse.

Le roi ordonne la clôture des sessions : il peut aussi suspendre les séances par une prorogation; il a encore le droit, très-important, de dissoudre la Chambre des Députés; mais, alors, il faut que les électeurs soient appelés promptement à nommer une nouvelle Chambre, qui est convoquée dans les trois mois.

Les deux Chambres concourent également à faire les lois; seulement les lois relatives aux impôts sont portées d'abord à la Chambre des Députés, parce qu'on suppose qu'envoyée par les départements, elle en connaît mieux les intérêts, les besoins et les ressources. Tout membre d'une Chambre peut faire une proposition, qui ne devient une loi que lorsqu'elle a été adoptée par l'autre Chambre et par le roi. Les Pairs et les Députés ne peuvent être poursuivis à raison de leurs fonctions législatives; une autorisation de la Chambre est, en général, nécessaire pour qu'ils puissent être arrêtés : les pairs ne peuvent, dans les affaires criminelles, être jugés que par leurs collègues; ces priviléges ont pour but de protéger l'indépendance et la dignité des deux assemblées.

Une proposition, votée par les deux Chambres, n'acquiert force de loi que lorsqu'elle a été revêtue de l'approbation royale, qui s'appelle *sanction*, et qui peut toujours être refusée. La loi, même sanctionnée, ne peut recevoir son exécution qu'après avoir été *promulguée*, c'est-à-dire portée à la connaissance des citoyens, ce qui se fait par l'insertion dans le Bulletin des lois.

2°. *Pouvoir exécutif.* Ce pouvoir appartient au roi seul. Le roi est le chef suprême de l'Etat; il commande les armées de terre et de mer, déclare la guerre, fait les traités de paix, d'alliance, de commerce, entretient ou établit les relations avec les puissances étrangères par des agents qu'il leur envoie, nomme à tous les emplois publics, décerne les décorations et les grades, fait les règlements et ordonnances nécessaires pour l'exécution des lois, sans pouvoir jamais suspendre les lois ni dispenser de leur exécution. Dans l'exercice de ces nombreuses prérogatives, des erreurs peuvent être commises : le roi, étant une autorité permanente, qui doit toujours être respectée, n'encourt point la responsabilité des fautes du gouvernement; cette responsabilité pèse sur les ministres pour tous les actes qu'ils ont signés; quand il y a lieu de poursuivre un ministre, c'est la Chambre des Députés qui l'accuse, et la Chambre des Pairs qui le juge.

Les ministres peuvent être pairs ou députés : ils ont le droit d'entrer dans l'une et l'autre Chambre, même quand ils n'en font point partie, et doivent toujours y être entendus quand ils le demandent, afin de répondre aux attaques dont le gouvernement pourrait être l'objet, ou donner les renseignements nécessaires.

A côté du roi et de ses ministres, se trouve un conseil, nommé *Conseil d'Etat*; il se divise en plusieurs *comités*, qui délibèrent, soit séparément, soit réunis en séance générale. Les membres du Conseil d'Etat portent les titres de conseillers, de maîtres des requêtes, et d'auditeurs. Le conseil donne son avis sur les matières administratives qui peuvent ou doivent lui être soumises; un de ses comités forme un tribunal administratif, dont nous parlerons ailleurs.

Le pouvoir exécutif s'exerce de deux manières, ou par les mesures administratives prises dans l'intérêt des citoyens, ou par le jugement des procès que fait naître l'application ou la violation des lois : il se partage donc en deux parties, l'une dans les attributions des ministres et de leurs subordonnés, l'autre dans celles des tribunaux qui rendent la justice au nom du roi. Ces deux branches du pouvoir exécutif doivent rester séparées; il est sévèrement interdit aux fonctionnaires des deux ordres d'empiéter les uns sur les autres. Une garantie donnée à l'administration contre les usurpations possibles des tribunaux, et contre les chicanes dont elle pourrait être victime, consiste dans la défense de poursuivre un agent du gouvernement, sauf les cas exceptés, sans une autorisation du Conseil d'Etat.

AUTORITÉ JUDICIAIRE.

Pour l'administration de la justice, la France compte vingt-sept Cours royales, dont chacune embrasse un ou plusieurs départements; il y a dans chaque arrondissement un tribunal composé de plusieurs juges, et dans chaque canton un juge de paix qui prononce seul. Les Cours et tribunaux sont partagés en *chambres*, plus ou moins nombreuses, selon les besoins du service. Au-dessus de tous les tribunaux siége, à Paris, une Cour de cassation qui juge s'ils ont, dans leurs décisions, obéi ou contrevenu aux lois. Les commerçants ont des juges particuliers qu'ils choisissent eux-mêmes parmi les négociants notables : les discussions entre les ouvriers, et entre les ouvriers et fabricants, sont jugées par des *prud'hommes* élus par eux et entre eux. Les juges composant les Cours portent le titre de *conseillers*.

Chacun peut s'assurer de la manière dont la justice est rendue : car les séances ou audiences des tribunaux sont publiques; quand la crainte du scandale ou du désordre détermine les juges à ordonner qu'une affaire soit traitée en secret, ils doivent néanmoins prononcer le jugement en public; de plus, tous les jugements doivent être prononcés et rédigés avec les motifs sur lesquels ils se fondent. Le magistrat qui préside un tribunal a la police de l'audience, c'est-à-dire qu'il dispose du pouvoir nécessaire pour y maintenir l'ordre et réprimer ceux qui l'auraient troublé.

Les juges de paix peuvent être révoqués de leurs fonctions; mais les juges des tribunaux d'arrondissement, des Cours royales et de la Cour de cassation, quoique nommés par le roi, sont inamovibles, c'est-à-dire qu'ils ne peuvent être destitués par lui : ils ne perdent leur charge que par suite d'une condamnation pour infraction grave aux devoirs de leur état. Cette prérogative de la magistrature est fondée sur l'intérêt public : des juges ne peuvent être soupçonnés de partialité, ni de faiblesse, quand leur décision n'exerce point d'influence sur leur position, et ne peut jamais leur enlever leur emploi. La capacité des magistrats est garantie par les études de droit qu'ils doivent justifier avoir faites, leur intégrité, par le traitement qu'ils reçoivent de l'Etat et par la défense la plus sévère de rien accepter de personne. Les juges des tribunaux d'arrondissement sont aidés dans leurs fonctions par des juges suppléants qui les remplacent en cas d'empêchement.

Auprès des Cours royales et des tribunaux d'arrondissement se trouve un *ministère public*, fonction qui consiste à maintenir, à provoquer l'exécution des lois et des jugements, à la poursuivre même d'office quand l'ordre public y est intéressé, à veiller à ce qui touche les biens de l'Etat, les droits du roi et ceux des personnes incapables par elles-mêmes de se défendre. Il suit les affaires criminelles, depuis les premières poursuites jusqu'à la condamnation qu'il fait exécuter. Les fonctionnaires exerçant le ministère public sont nommés et révocables par le roi. A la Cour de cassation, le ministère public se compose d'un procureur général, et de six avocats généraux : près de chaque Cour royale il y a un procureur général, des avocats généraux et des substituts; près de chaque tribunal d'arrondissement, un procureur du roi et des substituts.

Les différents tribunaux ont des greffiers, chargés d'écrire leurs actes, de les garder et d'en donner des copies. Les avoués représentent les personnes en procès devant les Cours royales et les tribunaux d'arrondissement; ils sont nommés par le roi, et répondent des fautes qu'ils commettent dans l'exercice de leurs fonctions. Les huissiers sont aussi des officiers publics, responsables, nommés par le roi; ils sont chargés de notifier les actes nécessaires à l'instruction des procès, à l'exécution des jugements, ou à la conservation des droits des citoyens.

Les avocats ne sont pas des fonctionnaires : ils exercent librement, auprès de tous les tribunaux, et par toute la France, leur ministère, consistant principalement à défendre les personnes qui se présentent ou qui sont appelées devant la justice. Il y a des avocats particuliers chargés de suivre et instruire les procès devant la Cour de cassation et le Conseil d'Etat.

Les tribunaux ont le droit d'infliger à leurs membres des peines de discipline, telles que la censure, la réprimande, la suspension, etc. Les Cours royales exercent ce droit sur les tribunaux de leur ressort, quand ils ne l'ont pas exercé eux-mêmes. Il y a plus : afin que l'honneur de la magistrature soit toujours conservé dans sa pureté, la Cour de cassation peut suspendre, pour causes graves, les membres des Cours et tribunaux ; le ministre de la justice peut, de son côté, surveiller et reprendre les magistrats, et les mander auprès de lui pour expliquer leur conduite. Les avoués et les huissiers sont sous la surveillance du ministère public ; de plus, les peines disciplinaires peuvent leur être appliquées par les tribunaux auxquels ils sont attachés, et par des chambres de discipline composées de membres de leur corporation. Les avocats élisent aussi un conseil de discipline, qui est chargé de tout ce qui concerne les intérêts de leur ordre.

Voilà comment l'autorité judiciaire est organisée : voici maintenant le partage de ses attributions.

Il y a deux espèces de procès : les uns concernent les intérêts ou les droits des citoyens, on les appelle *causes civiles ;* les autres sont relatifs aux actions coupables punies par les lois, on les appelle *causes* ou *affaires criminelles.* La *compétence,* c'est-à-dire le droit de les juger, est établie de la manière suivante :

Les causes civiles qui ont pour objet des sommes peu considérables, ou des contestations qui demandent à être décidées rapidement, sans frais et sans qu'il soit besoin d'une connaissance approfondie des lois, sont portées devant le juge de paix du canton ; ce magistrat ne prononce sans recours que sur une partie des affaires qu'il peut juger : au delà d'une certaine somme, il ne décide qu'à la charge de l'appel, c'est-à-dire qu'alors ses jugements peuvent être déférés à un tribunal supérieur. Ce tribunal est celui de l'arrondissement, qu'on appelle aussi *tribunal de première instance ;* il juge les affaires ordinaires au-dessus de la compétence des juges de paix, à la charge d'appel, lorsqu'elles dépassent une certaine somme ou qu'elles n'ont pas de valeur déterminée. Les contestations relatives au commerce sont jugées par les tribunaux de commerce, et celles qui s'élèvent entre ouvriers, ou entre ouvriers ou apprentis et fabricants, le sont par des prud'hommes dans les villes où le gouvernement en a créé. Les Cours royales prononcent sur l'appel des jugements des tribunaux de première instance et sur certaines classes d'affaires qui leur sont déférées, par exemple, les recours contre les décisions des préfets sur les listes électorales.

Quant aux affaires criminelles, la compétence dépend du caractère de l'action coupable. A cet égard, il faut savoir que la loi établit trois classes d'actes punissables; les moins graves sont les simples *contraventions*, puis viennent les *délits* correctionnels, enfin les *crimes*. Les contraventions sont, en général, déférées au juge de paix dans le chef-lieu de canton, et au maire dans les autres communes du canton. Les délits correctionnels sont jugés par les tribunaux d'arrondissement qui prononcent aussi sur l'appel des jugements des tribunaux de simple police. Pour les causes criminelles, les tribunaux d'arrondissement exercent encore deux autres attributions : un de leurs membres, nommé juge d'instruction, constate les faits criminels; quand il a terminé son travail sur chaque affaire, il le soumet au tribunal qui prononce, non publiquement, dans un lieu appelé *chambre du conseil*, et détermine le juge qui devra prononcer, ou demande une nouvelle information si celle qui a eu lieu lui paraît insuffisante. Enfin le tribunal du chef-lieu du département juge sur l'appel des tribunaux correctionnels des autres arrondissements, et même du tribunal du chef-lieu voisin, s'il n'y siége point de Cour. — Les affaires criminelles les plus importantes sont de la compétence des Cours royales. D'abord, les Cours statuent sur l'appel des jugements correctionnels du département où elles siégent. Une chambre spéciale est chargée de décider s'il y a lieu de mettre les individus en accusation, et d'examiner les recours dirigés contre les décisions des chambres du conseil. Les Cours royales ont le droit de se faire apporter les pièces des informations commencées, et même d'informer elles-mêmes ou de faire informer sans y avoir été provoquées par aucune procédure. Enfin elles composent, en tout ou en partie, les *Cours d'assises,* qui jugent, dans chaque département, les crimes, et, en outre, les délits politiques et ceux qui sont commis par les écrits imprimés. Dans les villes où siégent les Cours royales, la Cour d'assises est composée de trois conseillers; dans les autres chefs-lieux de département, elle peut être composée de même, mais elle l'est ordinairement d'un conseiller, délégué à cet effet, par le ministre de la justice, et de deux juges du tribunal d'arrondissement. Les magistrats formant la Cour d'assises ne prononcent que sur les difficultés qui peuvent s'élever durant le procès, et sur l'application de la peine: la question de savoir si, en fait, l'accusé est ou n'est pas coupable, est décidée par douze citoyens, *jurés*, dont nous parlerons dans le chapitre du droit criminel.

Outre les tribunaux dont il vient d'être question, la loi reconnaît des juges qu'elle n'investit que de la connaissance de certaines espèces de crimes ou délits, ou des actes punissables commis par certaines personnes. Ces tribunaux sont: la Cour des Pairs, qui juge les ministres accusés par la Chambre des Députés, les crimes contre la sûreté de l'Etat, les crimes commis par les pairs, et les offenses envers la Chambre des Pairs; — la Chambre des Députés, qui peut punir les outrages commis contre elle; — les *conseils de guerre,* qui prononcent sur les crimes ou délits commis par les militaires ou les personnes attachées aux armées; et les *conseils de révision,* auxquels on recourt, dans certains cas, contre les jugements des conseils de guerre; — enfin, les tribunaux maritimes, qui, sous plusieurs dénominations, jugent les crimes ou délits des personnes qui tiennent à la marine de l'Etat.

La Cour de cassation, établie à Paris, a pour but

de maintenir une sage et uniforme application des lois, en annulant les actes des tribunaux civils ou militaires qui s'en seraient écartés. Elle se divise en trois Chambres, dont deux sont spécialement consacrées aux affaires civiles : la Chambre des requêtes examine les requêtes qui lui sont présentées afin d'obtenir la cassation d'une décision judiciaire : si la demande lui paraît fondée, elle admet la requête, et l'affaire est portée devant la Chambre civile; quand celle-ci casse la décision attaquée, elle ne juge pas le fond de la question : elle renvoie devant un autre tribunal qu'elle désigne. Les affaires criminelles sont portées directement devant la Chambre criminelle. — Si une décision, soit civile, soit criminelle, a été annulée par la Cour de cassation, et que, sur le renvoi qui en est fait, la cause soit encore jugée de la même manière, la Cour de cassation annule pour la seconde fois, et alors son arrêt est obligatoire, quant à l'application de la loi, pour le tribunal saisi de nouveau de la question. Il faut qu'il en soit ainsi pour que les procès finissent, et pour que l'institution de la Cour de cassation atteigne son but, qui est de fixer la saine interprétation des lois.

§ 2. *Des personnes et de leurs droits.*

Les formes du gouvernement, les pouvoirs qui le composent, ont pour objet d'assurer le bien-être général, la libre et paisible jouissance des droits de chacun. Les droits des individus dans la société sont de deux espèces : les uns consistent dans la participation, plus ou moins grande, à l'exercice des pouvoirs de l'État, par exemple au droit électoral; ce sont ceux qu'on appelle *droits civiques* ou *politiques* : ils diffèrent dans chaque pays. En France, la première condition pour en jouir, c'est la qualité de Français; les étrangers ne peuvent les exercer qu'autant qu'ils ont obtenu du roi leur *naturalisation*, accordée seulement à ceux qui sont établis en France et s'y rendent utiles; les étrangers ne peuvent même être pairs ou députés qu'après avoir obtenu un acte appelé *grandes lettres de naturalité,* qui doivent être vérifiées dans chacune des deux Chambres. Quand on devient étranger à sa patrie, on perd les droits civiques : des condamnations par les tribunaux peuvent aussi entraîner cette perte.

Les autres droits appartiennent à tous les membres d'une nation : ce sont les droits résultant de l'état de famille, ou des relations d'affaires privées, droits dont nous traiterons dans le chapitre du droit civil, et ceux qui appartiennent essentiellement à tout le monde dans toute société, c'est-à-dire l'égalité devant la loi, la liberté individuelle, la propriété. On va voir comment, en France, ces droits sont protégés dans l'intérêt des citoyens, et limités dans l'intérêt de la tranquillité publique.

Égalité.

Tout le monde ne peut exercer dans la société les mêmes droits politiques; car tout le monde n'a pas les mêmes talents, la même instruction, la même fortune. Mais l'inégalité qui existe nécessairement entre les positions diverses des personnes, n'existe pas devant la loi, c'est-à-dire que tous les Français, sans distinction de rangs, de naissance, de classes, sont également protégés dans leurs intérêts et dans les droits qui leur appartiennent, également admis à tous les avantages, à tous les emplois, quand ils remplissent les conditions légales.

Liberté individuelle.

Chacun peut librement disposer de sa personne et de ses actions; l'esclavage n'existe plus en France; la loi défend même la renonciation à la liberté : elle ne veut pas qu'on s'engage à servir pendant toute sa vie une personne, ni qu'on se lie par des vœux religieux perpétuels. — Celui qui a abusé de sa liberté peut en être privé par un emprisonnement, mais seulement dans les cas et avec les formes que la loi détermine. — De la liberté individuelle découle le droit de se réunir à plusieurs dans un but commun : mais les associations, autres que celles qui ont pour objet des entreprises ou affaires d'intérêt, ne peuvent se former sans autorisation, parce qu'il serait facile de s'en servir pour causer du trouble. Les rassemblements tumultueux ou séditieux sont toujours défendus : ils peuvent être repoussés par la force militaire, s'ils ne se sont pas dissipés après trois sommations. La liberté individuelle est notablement restreinte dans les villes *mises en état de siége*, circonstance momentanée qui fait attribuer à l'autorité militaire des pouvoirs très-étendus, nécessaires pour assurer le salut public. — Chacun est libre d'embrasser la profession qui lui convient en se conformant aux lois qui en règlent l'exercice. Chacun peut également fixer sa résidence ou bon lui semble, excepté les personnes qu'une condamnation à la surveillance de la police repousse de certains endroits désignés; et se déplacer, sauf à se munir d'un acte appelé *passe-port*.

Liberté des cultes.

Les croyances religieuses sont libres, et ne peuvent donner lieu à aucune poursuite contre personne. Les cultes établis en France obtiennent de l'autorité une égale protection. Le gouvernement est indépendant du pouvoir ecclésiastique : ses relations avec le clergé ont été réglées par un acte appelé *concordat*, qui a été convenu entre le pape et Bonaparte, au commencement de notre siècle.

Liberté des opinions, de la presse.

On appelle liberté de la presse la faculté de faire imprimer ses opinions, soit dans des livres, soit dans des journaux paraissant tous les jours, ou à des époques plus ou moins rapprochées. L'influence que les journaux peuvent exercer sur le public a dû les faire assujettir à des précautions particulières. Aucune autorisation n'est nécessaire pour établir un journal; seulement les propriétaires doivent faire connaître d'avance la personne qui le dirigera, et tout ce qui concerne le mode et le lieu de sa publication. Les journaux politiques doivent fournir un cautionnement, c'est-à-dire une somme qui réponde des condamnations qu'ils pourront subir; ils doivent avoir un directeur ou *gérant*, qui signe chaque numéro, et répond de tout ce qu'il renferme. Comme il est juste que celui qui a fait le mal le répare, toute personne nommée ou désignée dans un journal, peut exiger l'insertion gratuite d'une réponse; le gouvernement peut faire rectifier par la même voie les erreurs commises à son égard par les journaux.

Propriété.

La propriété est le droit de jouir et de disposer des choses que l'on possède, sans nuire à autrui, et en se conformant aux règles établies dans l'intérêt général. Indépendamment des impôts, dont nous parlerons en traitant des revenus de l'Etat, l'intérêt public exige, principalement dans les circonstances qui vont être énumérées, des sacrifices de la part de la propriété particulière.

1°. *Expropriation pour cause d'utilité publique*. Personne ne peut être privé de sa propriété sans avoir été dédommagé de cette perte; quand l'utilité publique exige l'expropriation d'un terrain ou bâtiment, la loi ordonne des mesures qui tendent à concilier les intérêts du citoyen avec les besoins de l'Etat. Selon l'importance des travaux à exécuter, ils sont autorisés par une loi ou par une ordonnance royale, suivant un plan général, dressé d'après l'avis d'une réunion de propriétaires, qui, eux-mêmes, se décident d'après les observations que tout le monde peut venir déposer dans des registres publics. Une ordonnance royale déclare que les travaux sont d'utilité publique. Il faut ensuite désigner les propriétés particulières dont les travaux entraîneront le sacrifice. A cet effet, des plans détaillés sont dressés, puis déposés, pour chaque commune, à la mairie, où chacun, averti par un avis affiché, peut en prendre connaissance : les réclamations sont soumises à une commission; lorsqu'elles ont été jugées par l'autorité supérieure, ou s'il ne s'en est pas élevé, un arrêté du préfet désigne définitivement les propriétés qui devront être cédées. Les propriétaires ainsi désignés peuvent convenir, avec l'administration, du prix et des conditions de la vente; s'il n'y a pas accord entre eux, le tribunal d'arrondissement, après avoir vérifié si les formalités préalables ont été remplies, prononce l'expropriation : son jugement est publié afin que les personnes qui ont des droits sur les biens viennent les exercer sur le prix : elles sont appelées dans ce but, et le préfet notifie à tous les intéressés le prix qu'il offre. Si ce prix n'est pas accepté, et si le préfet n'accède pas à celui qu'on lui demande, l'indemnité à payer est réglée par une réunion de citoyens qu'on appelle *jury*. Ces jurés, au nombre de douze, sont pris par les tribunaux, sur une liste dressée chaque année par le conseil général du département, et se réunissent sous la direction d'un membre du tribunal d'arrondissement, assisté d'un greffier; ils prennent connaissance de toutes les pièces, entendent publiquement toutes les observations, et décident quel doit être le montant de l'indemnité d'expropriation. L'administration paye la somme, et peut entrer en possession à l'époque fixée par le jury.

2°. *Expropriation pour la confection des fortifications.* Une ordonnance du roi déclare l'utilité des travaux de fortification; les particuliers ne peuvent s'opposer à la désignation de l'emplacement choisi par le gouvernement; du reste, pour le jugement d'expropriation et le règlement de l'indemnité on suit la même marche que dans les expropriations pour utilité publique. Quand les travaux de fortifications sont urgents, les formalités sont simplifiées, et les délais abrégés. Si les fortifications ne doivent subsister que pendant un certain temps, qui ne peut dépasser trois ans, il n'y a lieu qu'à un dédommagement pour le préjudice causé par l'occupation temporaire des terrains.

3°. *Desséchement des marais.* Il importe à la salubrité de l'air et à l'agriculture que les marais soient desséchés. Le gouvernement peut ordonner cette mesure, et l'exécuter lui-même, ou la faire entreprendre par des particuliers, de préférence par les propriétaires des marais. La concession de l'entreprise ne donne pas la propriété des terrains; elle confère seulement un droit à une portion de l'augmentation de valeur que les travaux ont procurée aux fonds desséchés; cette plus-value est estimée, puis payée aux concessionnaires par les propriétaires des marais. Si le desséchement ne peut se faire de cette manière, une ordonnance royale peut prescrire l'abandon de la propriété, moyennant une indemnité, fixée comme en cas d'expropriation.

4°. *Exploitation des mines, et fouilles de terrains.* L'exploitation des substances renfermées dans le sein de la terre est d'un intérêt général, en ce sens qu'elles servent à l'industrie et fournissent des matériaux nécessaires pour les armes et autres objets de dépenses de l'État. La propriété d'une mine est distincte de celle du sol où elle se trouve, et ne peut être exploitée qu'en vertu d'une concession du gouvernement, qui règle en même temps les droits des concessionnaires et ceux des propriétaires du sol sur les produits de la mine. Pour faire des travaux de recherche d'une mine dans le terrain d'autrui, il faut, ou le consentement du propriétaire, ou l'autorisation du gouvernement, qui ne l'accorde qu'à charge de payer une indemnité. Les demandes de concession de mines sont rendues publiques, afin qu'il puisse y avoir concours de plusieurs demandes, et, par là, des offres plus avantageuses. Ceux qui ont obtenu le bénéfice de la concession payent à l'Etat des redevances, et doivent indemniser le propriétaire du sol pour le dommage qu'il éprouve par suite de l'extraction, du dépôt, du transport des matériaux sur son terrain. — L'exploitation des minières qui n'exigent pas de grands travaux souterrains comme les mines, se fait en vertu d'une permission du préfet. Les simples carrières peuvent être exploitées sans permission, sous la surveillance de l'administration spécialement chargée des mines.

Les terrains qui contiennent du sable, de la pierre ou d'autres matériaux nécessaires à des travaux publics, peuvent être pris et fouillés par les entrepreneurs, d'après l'indication officielle des ingénieurs qui dirigent les travaux; les propriétaires sont indemnisés.

5°. *Réquisitions.* Dans des circonstances extraordinaires, quand l'administration militaire n'a pas pourvu aux besoins des troupes, les préfets adressent aux municipalités des réquisitions pour des objets tels que pain, viande, boissons, chaussures, etc.; les citoyens sont tenus d'y satisfaire.

6°. *Servitudes militaires.* On appelle ainsi certains assujettissements des propriétés qui entourent les places de guerre. Pour dégager de tout obstacle la défense militaire en cas d'attaque, on trace autour des places fortes trois limites formant ce qu'on nomme le *rayon de défense*, et dans lesquelles les constructions particulières sont, suivant la distance des fortifications, ou absolument prohibées, ou permises sous des conditions plus ou moins sévères. En cas de nécessité, les autorités militaires font détruire tout ce qui peut gêner la défense ou favoriser l'ennemi.

7°. *Impôts.* Les impôts sont des charges de la propriété; nous en parlerons plus loin en les considérant comme des revenus de l'Etat.

§ 3. *Des charges imposées sur les personnes dans l'intérêt public.*

Ces charges, indépendamment du service obligatoire du jury, dont il sera question au chapitre v, sont les suivantes :

Service militaire.

C'est un devoir pour tous les citoyens de contribuer à la défense de la patrie. Le service dans les armées nationales est en même temps un honneur, qui n'appartient qu'aux Français. En compensation des travaux et des sacrifices qu'entraîne l'état militaire, la loi assure l'avancement et la situation des militaires; une partie de l'avancement est donnée à l'ancienneté dans le service, l'autre est laissée au roi qui choisit parmi les sujets les plus distingués. L'officier ne peut être privé de son grade que pour des fautes graves, après la décision d'un conseil composé de militaires; l'emploi seulement peut être retiré par le roi, qui met un officier en disponibilité, ou le laisse en activité. Enfin, après un certain temps, ou en cas d'infirmités provenant du service, les militaires ont droit à une pension de retraite. Ceux qui ont été gravement blessés sont reçus et entretenus, aux frais de l'Etat, dans un bel établissement appelé Hôtel des Invalides, situé à Paris.

Chaque année une loi détermine le nombre d'hommes qui devront faire partie de l'armée, et les répartit entre les départements; le préfet les partage ensuite entre les arrondissements et les communes. Pour subvenir aux besoins du service, l'armée se recrute par des engagements volontaires, et par des appels forcés : la durée des uns et des autres est de sept ans; pour s'engager volontairement dans l'armée de terre il faut avoir dix-huit ans, seize pour l'armée de mer, et ne pas dépasser trente ans.

Tous les Français qui ont atteint l'âge de vingt ans sont soumis aux appels forcés ; c'est le sort qui décide, chaque année, quels sont ceux des jeunes gens de cet âge qui feront partie de l'armée ; les condamnations à des peines graves rendent ceux qui les ont subies indignes du service militaire. Sont exemptés les infirmes, ceux qui ont une trop petite taille, et ceux qui sont considérés comme étant le plus nécessaires à leur famille, tels que le fils unique d'une veuve; les exemptés sont remplacés par les jeunes gens qui les suivent dans l'ordre des numéros tirés au sort. Il y a des jeunes gens dispensés du recrutement, par exemple, ceux qui se destinent à l'état ecclésiastique.

Afin que les opérations du recrutement comprennent tous ceux qui doivent en être atteints, et ne comprennent qu'eux, le maire de chaque commune dresse une liste, appelée *tableau de recensement ;* ceux que leur âge y soumet doivent se déclarer eux-mêmes, sinon ils encourent des peines : d'ailleurs ceux qui ont été omis une année sont portés sur le tableau des années suivantes. Les tableaux sont publiés et affichés, pour que chacun puisse les connaître et les critiquer s'il y a lieu. Le tirage au sort se fait publiquement, au chef-lieu de canton, en présence du sous-préfet et des maires; la liste des noms tirés est affichée dans chaque commune. Un conseil de révision, qui juge publiquement les réclamations, désigne, dans chaque canton, les hommes qui feront partie de l'armée, et prononce les exemptions ou dispenses. Les jeunes gens appelés sont répartis entre les corps de l'armée : les uns sont mis en activité, les autres laissés provisoirement chez eux, jusqu'à ce qu'une ordonnance royale les mette en service actif.

Afin de rendre le recrutement moins onéreux, la loi permet, dans le canton, le changement de numéros entre un jeune homme appelé par le sort et un autre qui ne l'est pas : elle permet aussi le remplacement, à charge de fournir un remplaçant apte au service, et d'en répondre pendant un an pour le cas de désertion.

Toutes les fraudes par lesquelles on chercherait à se soustraire au recrutement sont sévèrement punies.

Celui qui va terminer son temps de service peut se réengager pour deux ans au moins et cinq ans au plus.

L'armée de mer se recrute par les engagements volontaires et par l'*inscription maritime*, appel forcé qui comprend les marins, et les ouvriers des ports et lieux maritimes; ils sont tenus, jusqu'à l'âge de cinquante ans, de servir sur les vaisseaux de l'Etat ou dans les arsenaux, toutes les fois qu'ils en sont requis. Ils sont divisés en plusieurs classes, appelées successivement en cas d'insuffisance de ceux qui se présentent volontairement. Pour la direction du recrutement maritime, comme de toutes les autres parties du service de la marine, il y a cinq arrondissements maritimes, administrés chacun par un préfet maritime.

Service de la garde nationale.

Tous les Français qui n'ont pas été désignés par le sort pour faire partie de l'armée active, doivent, dans les rangs de la garde nationale, veiller au maintien de l'ordre et de la paix publique, assurer l'obéissance aux lois, défendre la royauté et la Charte, seconder l'armée quand il s'agit de défendre le territoire de la France. La garde nationale n'agit que sur l'ordre de l'autorité et de ses chefs. Elle est appelée à trois espèces de service, savoir : dans l'intérieur de la commune, dans des détachements, dans des corps détachés.

1°. En général, tous les Français, de vingt à soixante ans, sont appelés dans la garde nationale du lieu où ils demeurent. Il y a des fonctions qui empêchent, d'autres qui dispensent d'en faire partie; certaines condamnations infamantes en excluent. Pour que tous ceux qui en sont susceptibles soient appelés au service et soient portés sur le registre ouvert dans chaque commune, il est dressé des listes publiques de *recensement* : un conseil de recensement, composé de citoyens de la commune, et présidé par le maire, recherche et désigne les personnes qui doivent être portées sur les listes; puis il indique celles qui doivent faire le service ordinaire, et celles pour qui le service habituel serait trop onéreux. Ces opérations du conseil peuvent être attaquées devant un *jury de révision*, composé de gardes nationaux et présidé par le juge de paix.

La garde nationale peut être formée, suivant le nombre de citoyens qui la composent, par compagnies, par bataillons, par légions d'infanterie, par divisions d'escadron ou par escadrons de cavalerie; il peut aussi y être établi des compagnies d'artillerie, de sapeurs-pompiers, et de marins. Les armes sont délivrées par l'État; les gardes nationaux et les communes en répondent. Les grades de sous-officiers et d'officiers sont donnés pour trois ans par les gardes nationaux eux-mêmes : ceux de lieutenant-colonel et de colonel de légion sont conférés par le roi, sur une liste de candidats.

Le règlement pour le service est arrêté par le maire et le sous-préfet; il est obligatoire pour tout garde national. Un conseil de discipline, composé de gardes nationaux, inflige les peines encourues pour les contraventions relatives au service; il prononce publiquement ses décisions.

2°. Le service de détachement a lieu en cas d'insuffisance de la troupe, pour transporter des effets appartenant à l'État ou des prisonniers, pour secourir des communes, arrondissements ou départements voisins troublés ou menacés par des séditions ou des malfaiteurs. L'acte qui requiert ce service extraordinaire fixe le nombre d'hommes nécessaire; le maire les appelle, et juge les excuses de ceux qui refusent : des peines sont prononcées par les tribunaux pour un refus non motivé. La durée du service de détachement ne peut jamais s'étendre au delà de soixante jours.

3°. Le service des corps détachés a pour but de défendre les places, côtes ou frontières du royaume ; il confond la garde nationale avec l'armée, quant à la discipline et à la solde. On y appelle tous les citoyens, en commençant par les plus jeunes et les moins utiles à leur famille ; un conseil de révision, présidé par le préfet, choisit définitivement les hommes, et prononce sur l'admission des remplaçans proposés. Ce service ne peut durer plus d'une année, à moins qu'il n'ait été prorogé par une loi.

Travail pour les chemins.

Lorsque les revenus d'une commune ne suffisent pas pour l'entretien des chemins, il y est suppléé par une contribution en travail, appelée *prestation en nature*; on peut s'en affranchir en payant une somme fixée par le conseil de la commune (*voyez* chap. II).

Logement des gens de guerre.

Lorsque les bâtimens militaires ne suffisent pas pour le logement des troupes, les citoyens sont tenus d'y pourvoir : le logement est dû gratuitement pour les troupes en marche, et moyennant une indemnité pour les troupes en garnison. C'est la mairie qui distribue les billets de logement. Les militaires répondent des dégâts qu'ils ont faits dans leurs logements ; les habitants doivent porter plainte sur-le-champ au commandant ou au maire. En cas de refus de payement, l'habitant doit faire constater le dégât et adresser une demande au ministre de la guerre.

§ 4. *Des biens de l'État.*

L'Etat, comme les associations particulières, comme les familles, a des dépenses à faire : nous dirons plus loin en quoi elles consistent. Pour les acquitter, il dispose du revenu des biens qui lui appartiennent, et du produit des impôts. Il y a des biens dont l'Etat garde la jouissance, et qui forment son domaine, d'autres, dont il donne la jouissance au roi ; c'est *la liste civile.*

Domaine de l'État.

Il se compose des biens de toute nature dont l'Etat a la propriété et dont il perçoit les revenus. On donne plus particulièrement le nom de *domaine public* à la portion des biens de l'Etat qui sont laissés à l'usage commun des citoyens, comme les chemins, rues, places publiques, fleuves, etc. Le domaine de l'Etat s'accroît par des acquisitions, par des dons, par les îles qui se forment dans les grandes rivières, par les terres abandonnées, les objets sans maître connu, les choses perdues. Les objets trouvés sur les bords de la mer appartiennent, après un certain temps, pour une partie à l'Etat, pour l'autre, à ceux qui les ont trouvés. C'est aussi à l'Etat qu'appartient en général le produit des amendes et des confiscations. Il y a une administration du domaine qui loue les biens de l'Etat et les vend quand il y a lieu, suivant des formes de publicité. C'est le préfet qui soutient les procès du domaine. Les forêts appartenant à l'Etat sont soumises à un régime particulier, que nous ferons connaître dans le chap. II.

Liste civile et domaine privé.

On appelle liste civile les biens dont le revenu ou la jouissance est abandonné au roi, ainsi que la somme qui lui est allouée pour lui et sa famille. La liste civile est fixée par les Chambres, au commencement et pour la durée de chaque règne ; elle se compose aujourd'hui de plusieurs châteaux, forêts, domaines, et de douze millions par année ; le fils aîné du roi est le seul membre de la famille royale qui ait une dotation particulière. La liste civile ayant été instituée pour l'éclat et la dignité du pouvoir royal, aucun des biens qui la composent ne peut être détourné de sa destination nationale, vendu, ni affecté au payement des dettes du roi, non plus que les dotations et revenus annuels. Elle est administrée par un intendant général.

Le roi peut acquérir des biens, qu'il possède alors et dont il dispose comme un simple particulier. Après sa mort, ils passent à ses héritiers, à moins qu'il ne les ait donnés à d'autres personnes. Il y a un administrateur spécial pour le domaine privé.

§. 5. *Des impôts.*

Les revenus des biens de l'Etat ne suffisent pas pour faire face aux dépenses publiques : il faut donc y subvenir par des impôts, c'est-à-dire par une portion prélevée, à cet effet, sur la fortune des particuliers. Les impôts ne peuvent être établis que par des lois, et ils sont répartis également, sans distinction de classes ni de personnes, dans la proportion de ce que chacun possède. Il y a trois espèces d'impôts : les contributions directes, ainsi nommées, parce qu'elles frappent directement sur les biens ou les personnes ; les contributions indirectes qui, portant sur la fabrication, la vente de certains objets, en augmentent le prix, et atteignent ainsi indirectement les consommateurs. Enfin, des droits de diverses sortes, tels que ceux de postes, de douanes, etc.

Contributions directes.

Elles sont votées chaque année par les Chambres, qui répartissent la somme qu'elles doivent produire entre les départements; une administration existe pour la perception et le versement de ces contributions; elle a des percepteurs, des receveurs particuliers, des directeurs, des receveurs généraux de département, qui correspondent directement avec le ministre des finances. Il y a quatre sortes de contributions directes :

1°. *Contribution foncière;* elle frappe sur les fonds de terre, maisons, bâtiments, etc., excepté les édifices consacrés à un objet d'utilité publique, comme les églises, les hospices, etc. Pour arriver à une juste répartition de cet impôt, le gouvernement a fait procéder à la levée des plans et à l'évaluation des propriétés, opération longue et difficile qui s'appelle *cadastre.* Le directeur des contributions directes dresse des *états,* contenant pour les sections de chaque commune, l'indication détaillée de toutes les propriétés ; L'état sert à dresser la *matrice des rôles*, contenant réunion, sous le nom de chaque propriétaire, de toutes les propriétés qu'il possède dans la même commune. Des réclamations peuvent être élevées contre les états de section et la matrice des rôles; le conseil de préfecture prononce.

2°. *Contribution personnelle et mobilière.* Tout le monde n'est pas propriétaire de fonds de terre ou de maison; cependant il est juste que tout le monde participe aux charges publiques. Ainsi, chaque habitant, homme ou femme, domicilié dans une commune depuis un an, non considéré comme indigent, et ayant des moyens personnels d'existence, par sa fortune ou par sa profession, doit payer une taxe personnelle de la valeur de trois journées de travail; le prix de la journée de travail est réglé chaque année par les conseils généraux de département; il ne peut être au-dessous de 50 centimes, ni au-dessus de 1 franc 50 centimes. — La contribution mobilière est calculée sur la valeur présumée des meubles, d'après le prix de location de l'appartement qui les renferme.

3°. *Contribution des portes et fenêtres.* C'est un impôt particulier établi sur les portes et fenêtres extérieures, donnant sur les rues, les cours et jardins des maisons et bâtiments. Elle est payée par les propriétaires ou par ceux qui ont la jouissance de la totalité des maisons et bâtiments.

4°. *Patentes.* Il est naturel que ceux qui exercent un commerce ou une profession, donnent une partie de leurs bénéfices pour le payement des dépenses publiques. Cet impôt, nommé droit de *patente*, pèse sur toutes les professions que la loi n'a pas expressément dispensées; il se divise en deux parties, le droit fixe, réglé par un tarif, et le droit proportionnel, variable selon la population de la commune et la nature de la profession, et réglé d'après le loyer. La taxe des patentes se paye par douzième, de mois en mois, et pour toute l'année, même par celui qui quitterait son commerce avant la fin de l'année; il y a exception, si le patenté meurt dans l'année.

Outre ces quatre contributions, les Chambres votent chaque année une surtaxe, appelée centimes additionnels, destinée à couvrir la différence entre le produit présumé et le produit réel de l'impôt; elle sert aussi aux dépenses départementales; s'il y a un reste, il forme un fonds commun par lequel le gouvernement vient au secours des départements dont les centimes additionnels ne suffisent pas pour couvrir leurs dépenses.

Il faut que la rentrée des fonds provenant de l'impôt soit assurée. Pour cela, le directeur des contributions dresse chaque année l'état ou *rôle* des contribuables de chaque commune. Les changements survenus dans l'année sont indiqués dans un registre déposé à la mairie, et doivent l'être assez tôt pour que l'administration des contributions puisse agir en conséquence. Les rôles sont transmis au maire avant le 1er janvier, avec l'ordre du préfet de les mettre à exécution; les contribuables sont avertis. L'impôt direct se paye, au moins par douzième, tous les mois. Les réclamations qui, du reste, n'autorisent pas le contribuable à différer le payement de ce qui est actuellement dû, sont adressées au sous-préfet, débattues avec les employés de l'administration et jugées par le conseil de préfecture, sauf recours au Conseil d'Etat. Le contribuable, dûment averti, qui ne paye pas, peut y être contraint; il reçoit d'abord une sommation gratuite, puis une sommation coûtant 5 centimes, et qui lui annonce que, faute de payement dans les trois jours, la contrainte sera exercée. Ensuite une nouvelle contrainte (on appelle ainsi tout acte emportant obligation d'exécuter la loi) est décernée par le receveur. Ce n'est qu'après tous ces avertissements que des porteurs de contrainte, ou des garnisaires sont établis, pour dix jours au plus, chez les contribuables en retard, qui sont obligés de les loger, nourrir, et payer. Si ces moyens demeurent sans résultat, l'administration peut, après un commandement de payer, saisir et vendre les meubles du contribuable, à l'exception de ceux qui sont nécessaires à son existence et à sa profession.

Contributions indirectes.

Cette partie du revenu public est gérée par une administration particulière qui a des directeurs de département et d'arrondissement, des contrôleurs, des receveurs, et des buralistes; ils dépendent tous du ministre des finances. Voici quels sont les droits ou taxes compris sous ce nom :

1°. *Droits sur les boissons.* Ils se perçoivent sur la *fabrication* de la bière, sur la *circulation* de toutes les boissons, sur leur *entrée* dans les communes de plus de 1500 âmes, sur le *débit*, c'est-à-dire la vente en détail. Des précautions minutieuses sont prises pour assurer la perception de cet impôt très-productif pour l'Etat, gênant pour ceux qui y sont soumis, mais peu onéreux pour le public. Les personnes dont la profession consiste dans la fabrication, la manipulation ou la vente des boissons, sont tenues, pour l'exercer, de prendre une *licence* (c'est-à-dire permission d'exploiter), qui entraîne le payement d'un droit annuel.

2°. *Droits sur les cartes à jouer.* Les fabricants payent annuellement un droit de licence; quant au débit, un droit est perçu sur chaque jeu vendu. Les cartes ne peuvent être fabriquées qu'avec du papier et des marques que l'administration fournit; des peines sévères sont prononcées contre ceux qui, sans autorisation, fabriquent, introduisent ou vendent des cartes.

3°. *Droits sur le sel.* La vente du sel est frappée d'un impôt perçu par chaque kilogramme; les établissements où on le fabrique sont autorisés et surveillés par l'administration.

4°. *Droits sur le sucre indigène.* Le sucre qui se fait en France, surtout avec la betterave, paye un droit de fabrication calculé par quintal de sucre brut; les fabricants payent un droit de licence.

5°. *Droits sur les voitures publiques.* Les entrepreneurs de voitures publiques sont soumis à un droit de licence et à des formalités qui ont pour objet de faire reconnaître toujours les voitures de l'entreprise, s'il y a des fautes à lui reprocher dans le service. Ils payent un droit, du dixième du prix des places, et du dixième du prix des transports de marchandises, lorsque les voitures font un service régulier, par terre ou par eau, d'une ville à une autre; si elles partent seulement d'occasion ou à volonté, elles payent un droit fixe annuel.

6°. *Droits de navigation intérieure et de passages d'eau.* Le droit de navigation intérieure est perçu par l'administration, sur les fleuves, rivières et canaux navigables, d'après un tarif; celui de passages d'eau, au moyen de ponts, bacs ou bateaux, est perçu par des personnes à qui l'administration l'a concédé.

7°. *Droits de garantie sur les matières d'or et d'argent.* Pour qu'on ne vende pas frauduleusement, comme étant d'or ou d'argent, des objets d'un métal moins précieux, ces métaux sont essayés par des employés de l'administration, et revêtus d'une marque de *garantie*, appliquée à l'aide d'un poinçon. On paye un droit pour ces opérations auxquelles les fabricants d'ouvrages d'or et d'argent ne peuvent se soustraire sans encourir des peines.

8°. *Monopole du tabac*. On appelle monopole le droit de vendre réservé exclusivement à quelqu'un ; c'est un avantage injuste quand il est accordé à un particulier au préjudice des autres citoyens ; mais il n'a pas le même inconvénient s'il est exercé par le gouvernement pour la perception d'un impôt. Ainsi, en se réservant le droit de faire cultiver, fabriquer et vendre le tabac, l'administration a obtenu plus de produit que lorsque l'impôt frappait le tabac fabriqué et vendu par les particuliers. La culture du tabac n'a lieu que dans les départements qui s'y sont toujours adonnés avec le plus de succès, et en vertu d'une permission ; la fabrication se fait dans des manufactures dirigées par des employés de l'administration ; enfin, la vente en détail ne peut se faire que par des débitants autorisés par l'administration et qui payent une licence.

9°. *Monopole de la poudre à tirer*. Le gouvernement s'est réservé la fabrication de la poudre, parce qu'il est de l'intérêt public que cet objet ne manque jamais pour la défense de l'Etat, et que les particuliers ne puissent en abuser pour troubler la tranquillité par des séditions armées. Le prix des poudres est fixé par le gouvernement. L'administration nomme les débitants qu'elle autorise à en vendre.

10°. *Octroi*. On nomme ainsi un droit perçu sur les objets qui entrent pour être consommés dans l'intérieur des villes ; l'administration en prélève un dixième, le reste appartient aux communes.

Quand une personne est en retard de payer un des droits composant les impôts indirects, les directeurs et receveurs peuvent décerner une contrainte, suivie, s'il y a lieu, de la saisie des meubles et même des autres biens : si le contribuable s'oppose à la contrainte, le tribunal d'arrondissement prononce sur l'opposition ; lorsqu'il s'agit de la punition d'une fraude commise pour échapper à un impôt indirect, c'est le tribunal jugeant correctionnellement qui inflige la peine portée par la loi.

Droits divers.

Il y a des droits qui ne sont classés ni parmi les contributions directes ni parmi les contributions indirectes, et qui forment des branches importantes du revenu public. Ce sont :

1°. *Droits d'enregistrement et de timbre.* On appelle enregistrement la formalité qui consiste à inscrire les actes sur un registre public, et à faire connaître les changements de propriétés. Il y a deux espèces de droits d'enregistrement, savoir : le droit fixe et le droit proportionnel ; ils doivent être payés avant que l'enregistrement n'ait lieu. Cette partie du revenu public est gérée par la même administration que le domaine de l'État ; c'est elle qui résout les difficultés que soulève la perception des droits quand il n'y a pas procès ; s'il y a un procès engagé, comme l'administration ne peut pas être son propre juge, les tribunaux d'arrondissement prononcent, sur la simple production d'un mémoire et le rapport de l'un des juges. Le payement, non effectué, des droits d'enregistrement, et des amendes encourues pour contravention, peut être poursuivi par des contraintes, et, s'il y a lieu, par la saisie et la vente des meubles.

Le *timbre* est une marque légale appliquée sur le papier, moyennant un droit ; il faut une permission de l'administration de l'enregistrement pour fabriquer ou vendre du papier timbré. Il y a un grand nombre d'actes ou écrits que la loi soumet à la formalité du timbre. Les droits de timbre sont de deux espèces : le *timbre de dimension*, fixé en raison de la grandeur du papier; le *timbre proportionnel*, gradué selon les sommes exprimées dans un acte, quelle que soit la grandeur du papier. Les contraintes se délivrent et les procès se jugent comme en matière d'enregistrement.

2°. *Droits de postes*. Les citoyens profitant des postes qui transportent rapidement leurs lettres, il est juste qu'ils contribuent aux frais de cet établissement. L'administration des postes, dont les chefs sont à Paris, a, dans les départements, des directeurs, inspecteurs, sous-inspecteurs, contrôleurs, buralistes. La poste seule a le droit de transporter les lettres, papiers, journaux, à moins qu'ils ne pèsent au moins deux livres : on a établi ce privilége exclusif, parce que si les voitures publiques et particulières établissaient une concurrence, le produit de la taxe des postes ne suffirait plus pour payer les dépenses. La taxe, perçue d'après un tarif, est payée par la personne qui reçoit la lettre, si elle ne l'a été par celui qui l'a envoyée, en l'*affranchissant*. Les lettres ne peuvent être remises qu'à ceux à qui elles sont adressées; l'administration est tenue, sous des peines sévères, de respecter et faire respecter par ses agents le secret des lettres. — Pour assurer le service de la poste aux lettres, il existe, sur toutes les routes, de distance en distance, des *maîtres de postes aux chevaux*, lesquels sont obligés d'entretenir des postillons et des chevaux; ils sont nommés par l'administration et payés d'après un tarif uniforme. Comme indemnité de leurs obligations, ils prélèvent un droit sur les voitures publiques et messageries voyageant à grandes journées, quand elles n'emploient pas les chevaux de la poste.

3°. *Droits de douanes et de navigation maritime*. Les douanes ont pour objet de défendre absolument, ou de ne permettre que moyennant des droits, l'exportation ou l'importation de certaines marchandises. Il y a, pour les douanes, une administration spéciale, dépendant du ministère des finances, et comprenant, dans les départements, des directeurs, inspecteurs, sous-inspecteurs, receveurs, et de préposés organisés militairement pour empêcher l'entrée ou la sortie faites en fraude. Les prohibitions et les droits de douane ne peuvent être établis que par des lois; s'il y a urgence, des changements peuvent être introduits par des ordonnances royales qui sont ensuite soumises aux Chambres pour être converties en lois. La surveillance des douanes s'exerce sur la frontière dans un espace de plusieurs lieues qu'on appelle *rayon-frontière*. Les droits de douane doivent être payés préalablement avant l'entrée ou la sortie des marchandises. Pour faciliter le commerce, la loi établit des *entrepôts*, lieux où les marchandises entrent sans payer les droits, qui sont acquittés lorsqu'elles sortent. Le payement des droits de douanes est assuré au moyen de contraintes décernées par le receveur, et de saisies, s'il y a lieu; les oppositions aux contraintes et la plupart des contraventions aux lois de douanes sont jugées par les juges de paix. — La navigation maritime est soumise à un droit particulier dont sont exceptées les marchandises transportées par le *cabotage*, c'est-à-dire la navigation d'un port français à un autre port français.

4°. Enfin l'Etat perçoit encore des droits sur les établissements d'instruction publique, les monnaies et médailles, la vérification des poids et mesures, les passe-ports, etc., un décime par franc est ajouté à tous les droits qui ne sont pas affranchis de cette surtaxe. L'Etat impose des contributions sur les établissements d'eaux minérales, pour payer les médecins et inspecteurs de ces établissements.

§ 6. *Des dépenses et dettes de l'État.*

Tous les impôts dont il vient d'être question sont nécessaires, car ils servent à payer les dépenses de l'Etat, telles qu'elles sont réglées chaque année, comme on le verra bientôt. Ces dépenses consistent dans les sommes payées annuellement à la liste civile, aux deux Chambres, pour le traitement de leurs présidents, des employés et de tout ce qu'exige la tenue de ces assemblées; dans les sommes nécessaires au service des ministères et de tout ce qui en dépend, c'est-à-dire le personnel et le matériel de tous les emplois et établissements civils et militaires, et les frais qu'entraînent l'administration et la perception des revenus publics.

Quant aux dettes contractées par l'Etat, et que la Charte déclare inviolables, elles sont toutes portées sur le *grand-livre de la dette publique*, ouvert au ministère des finances, et qui contient la liste de toutes les personnes à qui l'Etat doit. Dans chaque département, il y a un livre auxiliaire du grand-livre, afin qu'on ne soit pas obligé de se faire inscrire à Paris. On appelle *effets publics* les titres qu'on peut avoir dans la dette publique: ces effets s'achètent et se vendent. — Lorsque l'Etat veut faire un emprunt, il faut que cette opération soit autorisée par les Chambres. Si l'autorisation a été accordée, le ministre des finances traite, soit avec une personne déterminée, soit en exposant publiquement les conditions de l'emprunt et en donnant la préférence à ceux qui font les offres les plus avantageuses au gouvernement. En échange des sommes qu'ils ont versées, les prêteurs reçoivent des effets publics qu'ils peuvent céder à d'autres personnes. Pour faciliter à l'Etat le moyen de payer sa dette, il est attribué à chaque emprunt une somme appelée *amortissement*, avec laquelle des portions de la dette sont successivement rachetées. Il a été crée un fonds spécial d'amortissement, destiné au rachat de toutes les parties de la dette publique inscrite au grand-livre: ce fonds est géré par une administration qui porte le nom de *caisse d'amortissement*.

§ 7. *De la Comptabilité publique.*

On appelle comptabilité la manière de constater les recettes, les dépenses et l'emploi des sommes perçues.

Les recettes et les dépenses de l'Etat forment son *budget*; le montant en est fixé, chaque année, par deux lois contenant, l'une, l'évaluation des dépenses de l'année suivante, l'autre, la fixation des impôts à percevoir pendant cette même année. Il est défendu, sous des peines sévères, de faire aucune autre perception que celles qui sont déterminées par le budget. Les dépenses et recettes de tous les ministères sont comprises dans le budget général : celui de chacun des ministères est divisé en chapitres, subdivisés en articles; chaque chapitre contient des objets de même nature; et il n'est pas permis à un ministre de reporter à un chapitre ce qui a été accordé pour un autre. C'est une ordonnance du roi qui, pour chaque chapitre, répartit les fonds alloués par les Chambres: chaque ministre fait ensuite, avec l'approbation du roi, la sous-répartition détaillée pour toutes les parties du service. — Si des circonstances extraordinaires rendent insuffisantes les sommes accordées d'avance, il y est pourvu par des *crédits supplémentaires*, et s'il s'agit de dépenses entièrement nouvelles et imprévues, par des *crédits extraordinaires:* ces crédits (on entend par là l'évaluation du montant d'une dépense) sont demandés aux Chambres: si le besoin s'en est fait sentir en l'absence des Chambres, ils sont alloués par une ordonnance du roi, qui doit leur être soumise, dans la plus prochaine session, pour être convertie en loi.

Après que les recettes et dépenses de l'Etat ont été fixées par la loi, voici de quelle manière elles s'effectuent. Pour les recettes il existe une caisse générale, le *trésor public* ou *trésor royal*, qui réunit tous les revenus de l'Etat, et les répartit ensuite selon les besoins. Dans les communes, les recettes sont faites par les receveurs des différentes administrations et par les percepteurs des contributions directes, puis remises au receveur de chaque arrondissement; celui-ci verse les fonds au receveur général du département, qui les tient à la disposition du ministre des finances. Les receveurs généraux répondent de la gestion des receveurs particuliers d'arrondissement, qui, à leur tour, répondent de celle des percepteurs. — Quant aux dépenses, elles se font par un payeur résidant au chef-lieu de chaque département, ou par ses préposés, ou, à leur défaut, par les receveurs particuliers. Tous les mois, le ministre des finances propose au roi, d'après la demande des autres ministres, la distribution des fonds dont chacun d'eux pourra disposer dans le mois suivant, et qu'ils répartissent entre les différents services. Aucun payement ne peut être fait sans avoir été *ordonnancé*, c'est-à-dire prescrit par un ministre ou par un agent autorisé à délivrer des *mandats* ou ordres de payement.

Enfin, quand les recettes et les dépenses ont été faites, il doit être rendu compte de l'emploi des sommes reçues et payées; ce compte est arrêté par une loi présentée annuellement aux deux Chambres, dans la même forme que le budget. Ce n'est pas tout encore : les Chambres ne pouvant entrer dans les détails d'une comptabilité aussi vaste que celle de tous les ministères, ce travail a été confié à la *Cour des comptes*, dont nous parlerons à la fin du chapitre II. Cette Cour reçoit les comptes généraux de chaque ministre, et les compare, pour s'assurer s'il y a une entière concordance avec les comptes individuels des différents agents, comptes sur lesquels elle a déjà prononcé. Sa décision annuelle à ce sujet s'appelle *arrêt de conformité*.

On voit, par l'ensemble de ces mesures, que la loi prend un soin extrême des intérêts des contribuables, et qu'elle offre toutes les garanties désirables du bon emploi des fonds accordés par les Chambres.

§ 8. *Des Colonies.*

Les colonies sont des possessions éloignées du territoire continental de la France. Leur éloignement ne permet pas qu'elles soient soumises au même régime que la France; aussi la Charte porte qu'elles sont régies par des lois particulières. Les principales ont des formes de gouvernement très-analogues à celles de la métropole. L'esclavage existe encore dans les colonies : mais, d'une part, la législation des esclaves a été fort adoucie, et les affranchissements par les maîtres ont été rendus plus faciles; d'une autre part, des traités entre les différentes puissances européennes, et des lois très-sévères, s'opposent à la *traite des nègres*, qu'alimentait l'esclavage; la traite consiste dans l'acquisition d'esclaves noirs, en Afrique, pour les transporter et les vendre dans les colonies d'Amérique où ils cultivent la terre et fabriquent les produits coloniaux. — Indépendamment de ses colonies proprement dites, la France possède, dans le nord de l'Afrique, les Etats qui appartenaient au dey d'Alger; elle y a établi un régime provisoire, dirigé par un gouverneur général.

CHAPITRE II.

DU DROIT ADMINISTRATIF.

Le gouvernement administre, c'est-à-dire qu'il protége et dirige, par lui-même ou par ses nombreux fonctionnaires et agents, les intérêts de la société et des particuliers. Les objets de l'administration générale sont : les cultes, l'instruction publique, la sûreté et la salubrité publiques, la propriété, l'agriculture, le commerce et l'industrie, les chemins par eau et par terre, les travaux publics, les affaires départementales et communales. Pour le jugement des difficultés administratives que ces intérêts font naître, il y a des tribunaux administratifs.

§ 1er. *Des cultes.*

La religion catholique est reconnue la religion de la majorité des Français. Elle est librement exercée, son culte est public, sous la surveillance du gouvernement, qui prévient par des règlements les troubles que pourraient faire naître les cérémonies extérieures dans les pays où il existe plusieurs cultes. Le gouvernement se réserve aussi de n'admettre et de ne laisser publier et exécuter en France aucun acte émané du pape qu'après avoir examiné s'il ne contient rien de contraire aux lois françaises ; en cas de rejet, ceux qui ont provoqué, transmis ou communiqué l'acte sont punis.

Pour l'administration du culte catholique, le territoire est divisé en archevêchés, subdivisés en évêchés; ceux-ci sont partagés en cures et succursales : chaque canton a une paroisse, et il y a autant de succursales que le besoin l'exige. Les archevêques et évêques sont nommés par le roi; les curés et desservants des succursales le sont par les évêques : les premiers doivent être agréés par le roi; les évêques, curés et desservants prêtent serment d'obéissance et de fidélité au gouvernement. Les membres du clergé reçoivent un traitement payé par le trésor public; les curés ne peuvent pas être destitués : les desservants sont révocables par l'évêque. Les archevêques et évêques peuvent infliger des peines de discipline aux prêtres de leurs diocèses. Chaque évêque est tenu de visiter, chaque année, une partie de son diocèse.

Si un membre du clergé abuse de son autorité ecclésiastique, on peut réclamer devant le Conseil d'Etat; ce recours se nomme *appel comme d'abus*. Si le prêtre s'est rendu coupable d'une action prévue par les lois pénales, il est traduit devant les tribunaux. D'un autre côté, la justice frappe les personnes qui troublent l'exercice du culte ou adressent des outrages à ses ministres.

Les établissements catholiques nommés communautés, couvents, congrégations, ne peuvent exister qu'avec l'autorisation du gouvernement; il faut même une loi pour la formation d'une communauté d'hommes. Les établissements religieux peuvent posséder des biens, acquérir, vendre, recevoir des dons, mais toujours avec la permission de l'autorité; pour que les familles ne soient pas victimes d'un zèle mal entendu, les dons qu'on peut faire, au préjudice des parents, en faveur de ces établissements, sont limités; de plus, les familles sont admises à présenter des observations au Conseil d'Etat, qui les examine avant de donner son avis sur l'autorisation demandée. Les mêmes règles s'appliquent aux églises, archevêchés, évêchés, séminaires, cures et succursales.

Pour l'établissement d'une cure ou succursale, il faut une église, un logement pour le curé, et un revenu qui pourvoie aux dépenses; les communes fournissent le logement à leurs frais quand il n'existe pas de presbytère. Les *fabriques* sont des assemblées chargées de veiller à la conservation et à l'entretien des églises, à l'administration des aumônes et autres biens des paroisses. La fabrique se compose d'un *conseil de fabrique*, qui délibère sur les mesures à prendre, et d'un *bureau des marguilliers*, qui est chargé de mettre ces mesures à exécution, et d'agir dans l'intérêt de la paroisse. Les fabriques ont des biens et des revenus qui leur servent pour payer les dépenses du culte. Les réparations importantes des églises et presbytères sont à la charge des communes. — Le maire et le curé ont de fréquentes relations pour leur administration respective; chacun d'eux doit rester indépendant, et ne pas usurper les attributions de l'autre. Le maire, quand il assiste à l'office, a droit à une place d'honneur; il ne peut rien ordonner pour ce qui concerne la discipline ecclésiastique et les cérémonies du culte. Le curé ne peut être obligé de donner les prières de l'église à ceux qui ne se sont pas conformés aux lois de l'église.

Les ministres des cultes chrétiens non catholiques, et ceux du culte israélite sont payés par l'État. Les religions réformée et protestante ont une église consistoriale pour 6,000 âmes; cinq églises forment un *synode*, ou une *inspection*; les consistoires sont pour ces églises ce que sont les fabriques pour les églises catholiques. Les pasteurs sont nommés par le roi. — Il y a une *synagogue* et un consistoire dans chaque département où il se trouve deux mille personnes professant la religion juive.

Dans les lieux où il existe plusieurs cultes, chacun a son cimetière particulier, ou sa place distincte dans le cimetière commun. Tout ce qui regarde les frais des cérémonies funèbres est réglé par les fabriques et les consistoires ou les personnes avec qui ils ont traité pour cet objet.

§ 2. *De l'instruction publique.*

L'enseignement général est confié exclusivement à un corps appelé *Université.*

De l'Université et des écoles qui en dépendent.

L'Université a pour chef un *grand maître*, dont les fonctions se confondent avec celles de ministre de l'instruction publique. Il y a près de lui un *conseil royal de l'instruction publique*, qui délibère sur tous les besoins de l'enseignement, et sur toutes les parties de cette importante administration. Douze inspecteurs généraux visitent chaque année les différentes écoles, et font un rapport sur ce qu'ils ont vu dans leur tournée.

L'Université comprend vingt-six *académies*, gouvernées chacune par un *recteur*, nommé par le ministre. Un ou deux inspecteurs nommés aussi par le ministre, visitent les écoles de chaque académie. Un conseil académique y examine l'état des écoles, prononce sur les affaires qu'il a à juger, arrête les comptes des colléges.

L'Université, par ses différents fonctionnaires, est juge de ses membres, pour ce qui touche l'observation des règlements, l'accomplissement des devoirs de chacun, les plaintes et réclamations, relativement aux fonctions de l'enseignement, les injures et scandales entre ses membres, l'application des peines encourues par ceux qui ont commis la faute; ces peines peuvent aller, depuis la simple réprimande jusqu'à la destitution, et à l'emprisonnement d'un an; elles n'empêchent pas d'ailleurs les tribunaux de poursuivre s'il a été commis une action réprimée par les lois pénales et non réservée exclusivement au jugement de l'université.

Enseigner publiquement et tenir école sans l'autorisation du grand maître, c'est-à-dire se soustraire à la loi qui a pour but de surveiller avec sollicitude la pureté de l'enseignement offert aux jeunes gens et aux enfants, c'est se rendre coupable d'un acte qui doit être poursuivi par le ministère public, et qui entraîne la fermeture de l'école; selon les circonstances, il y a même lieu à l'arrestation, et à la condamnation à une amende, ou somme à payer au gouvernement.

Les académies comprennent des écoles de différents degrés : elles fournissent tous les moyens d'instruction, depuis l'étude des premiers éléments, jusqu'à celle des sciences les plus élevées. Voici comment l'enseignement y est réparti. — Les *facultés*, dirigées chacune par un doyen, sont des corps qui enseignent les sciences approfondies, et confèrent les grades académiques; ces grades sont ceux de *bachelier*, *licencié* et *docteur*, qui s'obtiennent après des épreuves publiques de capacité. Il y a cinq ordres de facultés, savoir : celles de théologie, au nombre de six pour la religion catholique et deux pour la religion réformée; celles de droit, au nombre de neuf; celles de médecine, au nombre de trois; celles de sciences au nombre de huit, et enfin celles des lettres, plus nombreuses, où l'on enseigne la philosophie, la littérature et l'histoire anciennes et modernes. — Les *colléges*, où l'on enseigne les langues grecque et latine, les lettres, l'histoire, la rhétorique, la philosophie, les sciences mathématiques et physiques; ils ont un proviseur chargé de la direction, des professeurs et des maîtres d'étude. Ils sont entretenus par l'État. Les colléges communaux sont aux frais des communes; leur chef a le titre de *principal*.

Les *écoles primaires* sont de deux degrés, selon que l'enseignement qu'on y donne est *élémentaire* ou *supé-*

rieur. L'instruction primaire élémentaire comprend nécessairement ce qui est indispensable à tout le monde, c'est-à-dire l'instruction morale et religieuse, la lecture, l'écriture, les éléments de la langue française et du calcul, le système légal des poids et mesures. L'instruction primaire supérieure comprend, en outre, les éléments de la géométrie, et ses applications usuelles, spécialement le dessin linéaire et l'arpentage, des notions des sciences physiques et de l'histoire naturelle applicables aux usages de la vie; le chant, les éléments de l'histoire et de la géographie, et surtout de l'histoire et de la géographie de la France. Toutes ces études sont obligatoires : il peut en être ajouté d'autres, sur la demande des autorités locales, et avec l'autorisation de l'Université, dans les écoles où les progrès des élèves le permettraient; telle serait l'étude des premiers éléments des lois françaises, que nous exposons dans cet ouvrage. Un particulier peut ouvrir une école primaire, pourvu qu'il ait dix-huit ans accomplis, et qu'il justifie de sa capacité par un brevet délivré après examen, et de sa moralité par un certificat du maire. Les mêmes conditions sont exigées des instituteurs des écoles primaires publiques, entretenues aux frais des communes, avec le secours, s'il est nécessaire, des fonds du département, et, au besoin, des sommes allouées au budget du ministère de l'Instruction publique; le bienfait de l'instruction est si précieux que la loi a pris des mesures pour qu'il ne manque nulle part. Elle veille aussi à ce que l'enseignement soit donné avec soin, et à ce que les écoles soient toujours bien tenues; d'abord, chaque département, par lui-même ou en se réunissant à un ou plusieurs autres, doit entretenir une école *normale* primaire, destinée à former des professeurs pour les écoles primaires : d'un autre côté, il y a des comités de commune ou d'arrondissement, spécialement chargés de surveiller et d'encourager l'instruction primaire, et des commissions chargées d'examiner les aspirants au brevet de capacité, ainsi que ceux qui veulent entrer aux écoles normales, ou en sortir pour professer. Enfin, dans chaque département, un inspecteur spécial surveille les établissements d'instruction primaire; il peut lui être adjoint des sous-inspecteurs. On regarde comme appartenant aux écoles primaires, les *salles d'asile*, où sont recueillis, pendant la journée, les petits enfants de deux à sept ans, qui y apprennent les premiers éléments de toute instruction. Outre les écoles dont il vient d'être parlé, et les maisons particulières d'éducation pour les garçons et pour les filles, il existe encore des écoles ecclésiastiques; ce sont les séminaires, étrangers à l'Université, placés sous l'autorité exclusive des archevêques et évêques, et les petits séminaires où sont admis des enfants non destinés à l'état ecclésiastique, ce qui fait rentrer, en partie, ces établissements sous le régime de l'Université.

Des établissements d'instruction publique étrangers à l'Université.

Plusieurs établissements scientifiques situés à Paris, les bibliothèques publiques, les académies et sociétés savantes autorisées par le roi, les encouragements et souscriptions pour les lettres et les sciences, sont dans les attributions du ministre de l'instruction publique. — Il existe en outre, sous la direction de divers ministères, des écoles destinées à préparer les jeunes gens aux différentes carrières qu'ils veulent embrasser. La plus élevée est l'*école polytechnique*, à Paris, qui fournit les élèves des écoles destinées à divers services publics civils et militaires : on n'y est admis et l'on n'en sort qu'après un concours; les élèves y passent deux ans, et y sont soumis à un régime militaire. Les établissements d'instruction destinés aux jeunes gens qui se vouent à l'état militaire, sont : l'école d'artillerie et du génie, à Metz, qui reçoit les élèves à leur sortie de l'école polytechnique, et les garde deux années; celle d'état-major, celle de cavalerie à Saumur, celle de Saint-Cyr d'où sortent des officiers pour l'infanterie et la cavalerie; enfin le collége militaire de la Flèche, réservé pour l'éducation des fils d'officiers sans fortune. Les jeunes gens qui ne se proposent pas d'embrasser l'état militaire ont : à Paris l'école des mines, et à Saint-Etienne l'école pratique des mineurs; l'école des ponts et chaussées qui forme les ingénieurs pour les travaux publics; à Nancy l'école forestière; à Brest, l'école navale, établie sur un vaisseau, et à Lorient celle du génie maritime; à Alfort et à Lyon, des écoles vétérinaires; à Châlons et à Angers celles des arts et métiers; pour les beaux-arts, il existe à Paris un conservatoire où trois cents élèves sont admis, au concours et après examen, et reçoivent gratuitement des leçons de musique, de composition et de déclamation; et à Rome une école où sont reçus pendant cinq ans et entretenus aux frais de l'État les élèves qui ont remporté les grands prix de composition décernés chaque année. — Le gouvernement a institué des écoles pour les malheureux sourds-muets, à qui leur infirmité rend plus nécessaires encore qu'aux autres les secours de l'instruction.

§ 3. *De la sûreté publique.*

Il importe que l'autorité puisse suivre les traces de chaque citoyen, et soit mise à même d'atteindre les perturbateurs de la tranquillité générale. A cet effet, toutes les communes sont obligées de dresser, tous les ans, le tableau de leur population; d'un autre côté, ceux qui viennent se fixer dans une commune doivent en faire la déclaration, et ceux qui veulent passer d'un arrondissement dans un autre, doivent se munir, auprès de leur municipalité, d'un acte appelé *passe-port,* valable pour un an, et faisant connaître la personne qui en est possesseur, ainsi que le lieu d'où elle vient et celui où elle va. Des passe-ports particuliers sont délivrés par les préfets aux indigents, et aux individus qui ont une route obligée, comme les personnes qui ont subi une condamnation criminelle ou qui sont expulsées du royaume. Ce sont aussi les préfets qui délivrent les passe-ports pour l'étranger et pour les colonies. Les aubergistes et logeurs sont obligés d'inscrire de suite, sur un registre, toutes les personnes qui viennent coucher chez eux, ne fût-ce qu'une nuit.

La sûreté publique serait compromise si l'on pouvait porter avec soi toute espèce d'armes. Il est défendu aux personnes qui n'y sont pas autorisées pour un service public, tel que celui de la garde nationale, de détenir des armes de guerre. On peut seulement porter pour sa défense, et en voyage, des armes qui ne soient pas prohibées comme dangereuses. Quant aux armes de chasse, on ne peut en porter qu'en obtenant un permis délivré pour un an. La chasse n'intéresse directement la sûreté publique qu'autant qu'elle a pour objet la destruction des animaux nuisibles : des battues peuvent être ordonnées dans ce but par les préfets. Les habitants qui ont tué des loups sont récompensés par des primes que le maire paye sur la présentation des loups détruits.

§ 4. *De la salubrité publique.*

Indépendamment de ce qui concerne les manufactures ou ateliers insalubres, dont nous parlerons au § 7, et les arrêtés de salubrité locale pris par les maires, la loi prescrit différentes mesures sanitaires.

L'expérience de plusieurs siècles a prouvé les dangers des inhumations dans l'intérieur des endroits habités ; aujourd'hui aucune inhumation ne peut plus avoir lieu dans les églises, ni dans aucun édifice clos et fermé consacré au culte, ni dans l'enceinte des villes et bourgs ; les cimetières doivent être établis à une distance de trente à quarante mètres au moins de l'enceinte des villes et bourgs, et entourés de murs d'une étendue telle qu'il y ait cinq fois plus d'espace qu'il n'en faut pour déposer le nombre présumé de morts d'une année. Par égard pour la piété des familles, les communes peuvent concéder des terrains pour un temps ou à perpétuité dans les cimetières. Il faut une ordonnance du roi pour autoriser un cimetière; d'un autre côté, un cimetière fermé doit rester intact pendant cinq ans : après ce temps, si le terrain est cultivé, il ne peut y être fait provisoirement aucune fouille ni fondation; il ne faut pas que l'industrie des vivants trouble la cendre des morts.

La liberté des communications entre différents pays est restreinte quand une maladie contagieuse se déclare ou qu'il y a lieu d'en prévoir l'invasion. Les navires venant de loin doivent être porteurs d'une patente de santé qui fasse connaître leur état sanitaire et celui des pays d'où ils arrivent. Ils sont rangés sous trois régimes différents, celui de la patente *brute*, qui indique l'existence d'une maladie contagieuse, celui de la patente *suspecte*, qui fait soupçonner la possibilité de la contagion, et celui de la patente *nette*, qui exclut toute idée défavorable à la santé du vaisseau ou des pays dont il vient. Les navires qui, d'après leur patente, ne sont pas admis immédiatement, sont astreints à des *quarantaines*, dans des lieux qu'on appelle *lazarets*. L'état sanitaire des provenances de terre est constaté par des passe-ports, des bulletins de santé, etc. Quand il y a lieu d'établir dans une contrée le régime sanitaire, qui modifie les relations ordinaires des citoyens et du commerce, tous les actes concernant cette mesure sont préalablement publiés et affichés. La violation des règlements sanitaires est sévèrement punie. La police sanitaire s'exerce par des *intendances*, et, en sous-ordre, par des *commissions sanitaires*, sous la surveillance des préfets.

Ce régime exceptionnel ne s'applique qu'aux frontières, et pour les maladies apportées du dehors. Des précautions sont prises aussi contre les épidémies, ou maladies contagieuses qui pourraient éclater à l'intérieur de la France. Il y a, dans chaque arrondissement, un *médecin des épidémies*, nommé par le ministre de l'intérieur; il se transporte immédiatement dans les lieux ou une épidémie se manifeste, et y reste si sa présence y est nécessaire. Le ministre envoie aux préfets et sous-préfets, pour médicaments et secours, des sommes prises soit sur les fonds alloués par le budget, soit sur ceux qu'accorde une loi extraordinaire, comme celle qui a été rendue à l'époque du choléra. — Des médecins vaccinent gratuitement les pauvres dans chaque canton, opération qui préserve des terribles effets de la petite vérole. — Lorsqu'une *épizootie*, maladie contagieuse, frappe les animaux, l'administration supérieure et les municipalités peuvent prendre les mesures nécessaires pour en prévenir l'invasion ou en arrêter le cours.

Des règlements de salubrité publique régissent les établissements d'eaux thermales et minérales, dont la police appartient aux municipalités, et la surveillance à des inspecteurs, nommés par le gouvernement, et payés au moyen d'un droit d'inspection perçu de la même manière que les contributions directes.

§ 5. *De la propriété, des forêts, de la chasse et de la pêche.*

L'administration a de nombreux rapports avec les citoyens considérés comme propriétaires; elle perçoit les impôts directs et indirects établis sur les propriétés (*voyez* chap. 1er, § 5); elle dirige les opérations qui tendent à faire cesser ou à modifier les droits de propriété, dans l'intérêt public (chap. 1er, § 2). Elle intervient aussi dans les droits de la propriété, pour les restreindre ou les surveiller, lorsqu'il s'agit des forêts, et des droits de chasse et de pêche qui sont une conséquence de la propriété des terrains ou des eaux où ils s'exercent.

Forêts.

L'existence des forêts est très-importante pour la salubrité de l'air, pour la défense du pays, pour l'industrie et le commerce qui en tirent de précieux matériaux. C'est pourquoi une administration particulière, dépendant du ministère des finances, a été chargée de veiller sur les forêts. Sous ce rapport, le territoire français est divisé en trente-deux *conservations*, ayant chacune à leur tête un *conservateur des forêts*; les autres agents de l'administration sont des inspecteurs, sous-inspecteurs, gardes généraux, arpenteurs, gardes à cheval et à pied. Tous sont nommés par l'administration, et portent un costume qui les fait reconnaître dans l'exercice de leurs utiles fonctions; les gardes sont intéressés à remplir exactement leur emploi, car ils répondent des dégâts causés par les délits qu'ils n'ont pas constatés.

Les bois appartenant à l'Etat, à la liste civile, aux communes, aux établissements publics, sont soumis à une surveillance spéciale et à des règles particulières d'administration, qui portent le nom de *régime forestier*. Dans tous ces bois il y a une partie qui est toujours tenue en réserve et à laquelle il ne peut être touché qu'en vertu d'une loi. La fixation des limites entre les bois soumis au régime forestier et ceux des particuliers se fait publiquement, et après des avertissements aux parties intéressées. Pour l'exploitation, les forêts sont partagées en coupes, qui doivent être faites successivement, et dont l'étendue est marquée pour chaque année : c'est ce qu'on appelle l'*aménagement*, qui est réglé par des ordonnances royales. Quand les coupes ont été autorisées, on fait l'arpentage, on marque les arbres à conserver, ce qui s'appelle le *balivage*, et on frappe de l'empreinte d'un marteau ceux qui doivent être réservés pour le service de la marine. Les coupes sont vendues par l'administration, publiquement, après que la vente en ses conditions ont été annoncées et publiées. L'acheteur ne doit exploiter qu'après avoir obtenu un permis, en se conformant aux conditions de la vente, et en ne faisant rien qui puisse nuire à la forêt, ou l'exposer à un danger d'incendie; il doit nettoyer la coupe et la vider des branchages, etc., dans le temps qui lui a été fixé. Il répond, pendant son exploitation, des délits commis dans l'étendue de la coupe et à une certaine distance, ainsi que des fautes des personnes qu'il emploie. Après que la coupe est finie, l'administration fait constater si elle a été renfermée dans les limites qu'elle devait avoir, et si elle a été faite conformément à la loi et à l'acte de vente. — Autrefois il était concédé des droits d'usage dans les forêts de l'Etat, par exemple, le droit d'y prendre une certaine quantité de bois, ou d'y conduire un certain nombre d'animaux pour la pâture. Cette faculté ayant été reconnue nuisible, ne peut plus être accordée à l'avenir; elle n'existe plus que pour les droits établis précédemment, et prouvés d'une manière bien certaine. L'exercice de ces droits est réglé par l'administration, de manière à empêcher la dévastation des forêts : le gouvernement peut d'ailleurs s'en affranchir par un *cantonnement*, opération qui consiste à abandonner la propriété entière d'une portion de forêt en échange d'un droit d'usage.

Les forêts des communes et des établissements publics sont soumises au régime forestier quand l'administration les a reconnues susceptibles d'aménagement ou d'une exploitation régulière. Les communes et établissements payent, nomment et révoquent les gardes de leurs bois. Pour subvenir aux frais d'administration, ces bois sont soumis à un impôt spécial réglé chaque année par le budget. Les habitants d'une commune propriétaire de forêts ont droit à une certaine quantité de bois pour le chauffage, droit qui s'appelle d'*affouage;* pour y subvenir on fait une coupe, et on la partage par chef de famille ou de maison demeurant dans la commune.

Les particuliers peuvent exploiter leurs bois comme il leur convient; ils ont droit d'avoir des gardes particuliers, qui restent placés sous la surveillance nécessaire de l'autorité. Afin d'empêcher la dévastation des forêts, l'administration se réserve de désigner les parties de bois où peuvent être exercés les droits d'usage accordés par les propriétaires.

Les forêts de l'État doivent fournir des bois, quand cela est nécessaire, pour les ouvrages de fortification des places de guerre de la frontière. Dans tous les bois soumis au régime forestier, les agents du ministère de la marine peuvent, avant qu'une coupe ait lieu, venir choisir et *marteler* (marquer avec l'empreinte d'un marteau), les arbres qui n'ont pas été réservés pour le service des constructions navales; l'acheteur de la coupe doit livrer ces bois à la marine, mais ils lui sont payés. Les particuliers ne sont pas sujets au martelage dans les forêts qui leur appartiennent.

Dans toutes les forêts, l'extraction ou l'enlèvement de matériaux, sable, engrais, fruits, feuilles, semences, ne peut avoir lieu sans autorisation; sont punis ceux qui portent dans les bois, hors des chemins ordinaires, des instruments tranchants, ou dont les voitures ou bestiaux sont trouvés hors de ces chemins, ou qui allument du feu dans les bois ou à une certaine distance, ou qui élaguent sans permission, à la lisière des bois, des arbres de plus de trente ans. Des précautions de conservation encore plus sévères sont prises spécialement pour les forêts soumises au régime forestier; par exemple, il doit rester une certaine distance entre les bois et les maisons ou fermes les plus prochaines : une autorisation du gouvernement est nécessaire pour qu'on puisse établir, à une certaine distance, aucune usine à scier le bois, aucun atelier à le façonner, aucun chantier ou magasin propre à en faire le commerce.

Les agents de l'administration constatent et poursuivent, dans les bois soumis au régime forestier, excepté ceux de la liste civile, les délits forestiers, c'est-à-dire les actions qui violent les lois concernant les forêts. Ce sont les tribunaux correctionnels qui jugent ces délits, sauf l'appel et le recours en cassation, comme dans les autres affaires correctionnelles. Les délits ou les simples contraventions (ces dernières demeurant soumises à la compétence des juges de paix prononçant comme juges de police) dans les bois des particuliers sont constatés par les gardes de ces derniers.

Les peines prononcées par les tribunaux en matière forestière sont : l'amende, l'emprisonnement, la restitution ou le payement des objets enlevés, les dédommagements, la confiscation des objets qui ont été saisis. Dans certains cas où les circonstances rendent le délit plus grave, comme s'il a été commis la nuit, la peine est doublée. Les père et mère répondent des délits forestiers commis par leurs enfants qui demeurent avec eux.

Enfin, une mesure qui a pour objet de prévenir la trop grande destruction des forêts consiste dans la défense faite, jusqu'à l'année 1847, à aucun particulier de défricher ses bois sans en avoir déclaré l'intention à l'administration; celle-ci, dans les six mois, a le droit de s'y opposer; le préfet prononce sur cette opposition, sauf le recours au ministre des finances.

Chasse.

Le droit de chasse appartient, sur un terrain, au propriétaire ou à celui à qui il en a cédé la jouissance. Personne ne peut chasser dans un terrain non clos, pendant tout le temps nécessaire à la conservation des récoltes; ce temps est déterminé chaque année par le préfet, qui fixe l'époque d'ouverture et de fermeture de la chasse. Dans leurs forêts, sur les lacs ou étangs, ou dans les terrains fermés, les propriétaires peuvent chasser en toutes saisons : car il n'y a aucun danger pour les récoltes. Les propriétaires ou les fermiers peuvent aussi détruire le gibier, à toute époque, sur leurs terres même non closes, pourvu qu'ils emploient des filets ou instruments qui ne puissent pas nuire aux fruits de la terre ; il leur est également permis de repousser avec des armes à feu les bêtes fauves qui se répandraient dans leurs récoltes. Il faut une autorisation pour chasser dans les bois de l'État ou de la liste civile. Ce sont les tribunaux correctionnels qui jugent les délits de chasse.

Pêche.

Le propriétaire d'une eau dormante, c'est-à-dire d'un vivier, d'un lac, d'un étang, peut seul y pêcher, et il le fait comme bon lui semble. Quant aux eaux courantes, le droit de pêche appartient à l'État dans les fleuves, rivières, canaux, fossés, dont l'entretien est à sa charge ; dans les autres cours d'eau, les propriétaires riverains ont, chacun de son côté, le droit de pêche jusqu'au milieu du cours de l'eau. Le gouvernement détermine, par des ordonnances royales, les cours d'eau qui doivent être rangés dans la première classe. L'État exerce de deux manières le droit de pêche ; il en concède pour un temps la jouissance à ceux qui se présentent et lui font les offres les plus avantageuses. S'il n'y a pas eu d'offres suffisantes, la concession se fait par *licence*, c'est-à-dire par permission de pêche accordée à des individus moyennant un prix convenu.

Le poisson étant un aliment très-répandu et sain, il importe d'en prévenir la trop grande destruction ; c'est pourquoi la loi défend, ou, pour les cas qu'elle n'a pas prévus, autorise les préfets à défendre les temps, les manières et les instruments de pêche qui nuisent sensiblement au repeuplement des cours d'eau. Des peines sont prononcées contre ceux qui violent les lois et règlements sur la pêche, ou qui pêchent sans la permission de celui à qui ce droit appartient; toutefois on peut pêcher partout à la ligne flottante et tenue à la main. Les délits sont constatés par des gardes-pêche de l'administration ou des particuliers, et jugés par les tribunaux correctionnels.

§ 6. *De l'agriculture, troupeaux, chevaux.*

Un des ministres du roi est spécialement chargé de veiller aux intérêts de l'agriculture; c'est lui qui répartit les fonds alloués par le budget pour secours et encouragements à l'agriculture. Il a auprès de lui un *conseil d'agriculture*, dont il choisit les membres, et un *conseil supérieur*, consacré aussi aux affaires commerciales. On appelle *comices agricoles* des associations ou réunions de propriétaires qui encouragent l'agriculture et travaillent à lui faire faire des progrès.

Une loi particulière qui porte le nom de *code rural*, réprime les délits commis sur les biens de la terre ou les instruments aratoires, permet à chacun de cultiver ses terres comme il l'entend, en se conformant aux lois, de fermer ses propriétés par des clôtures, d'avoir et de faire pâturer sur ses fonds des troupeaux de toute espèce, sauf le droit de pâturage réciproque entre des communes, ou entre les habitants d'une même commune, droit qui ne s'exerce sur les terres cultivées qu'après la récolte. Les municipalités font serrer les récoltes d'un cultivateur absent, infirme ou hors d'état de le faire lui-même, et qui réclame ce secours. Aucune autorité ne peut suspendre ou intervertir les travaux de la campagne dans les opérations de la semence ou de la récolte.

Pour la protection des propriétés rurales, les communes et les particuliers peuvent avoir, à leurs frais, des gardes champêtres; le sous-préfet intervient dans leur nomination parce qu'ils prennent un caractère public. Ils constatent les délits ruraux, jugés, selon leur importance, par les juges de paix ou les tribunaux correctionnels.

L'administration encourage l'entretien et la multiplication des troupeaux et bestiaux de race étrangère, utiles à l'amélioration des races françaises. Pour la reproduction et l'amélioration des chevaux, l'État a des établissements appelés *haras*, surveillés par une administration, et visités chaque année. Des récompenses sont données aux éleveurs de chevaux. Enfin des courses sont établies, où les meilleurs coureurs reçoivent des prix qui appartiennent à leurs propriétaires.

§ 7. *De l'industrie, du commerce et des manufactures.*

L'industrie consiste dans le travail des matières pour confectionner un produit; les manufactures sont les établissements qui exploitent une industrie; le commerce s'occupe d'acheter et vendre les produits des manufactures.

En général, les industries sont libres : cela veut dire que chacun peut faire choix de la profession qui lui convient; il y a quelques exceptions : ainsi certaines professions ne peuvent être exercées que par un nombre limité de personnes : certaines entreprises sont exclusivement réservées au gouvernement, par exemple, la fabrication des tabacs, l'emploi des télégraphes, la poste aux lettres, etc.

Inventions industrielles, propriété des dessins, marques des fabricants.

Celui qui a fait une découverte industrielle doit profiter des bénéfices de son invention, et cependant le public ne doit pas être indéfiniment privé des avantages de l'exploitation de cette découverte ; pour concilier ces deux intérêts, la loi accorde un privilége exclusif à l'inventeur, mais seulement pour un certain temps, après lequel tout le monde entre en concours avec lui. Celui qui a découvert ou importé en France une chose véritablement nouvelle s'assure un droit exclusif au moyen d'un *brevet d'invention, de perfectionnement ou d'importation*. Le perfectionnement d'un procédé déjà existant est considéré comme une invention, et forme une propriété distincte. Celui qui demande un brevet dépose à la préfecture une description détaillée de la découverte, et y joint les plans, modèles ou dessins nécessaires; ce paquet, cacheté, n'est ouvert qu'après la délivrance du brevet. La description peut être alors communiquée au public, afin que ceux qui voudraient prendre un brevet puissent s'assurer s'ils n'ont pas été devancés: le secret absolu ne peut être autorisé que par une loi. Le brevet est délivré au nom du roi, après le payement d'un droit fixé par un tarif, et gradué sur la durée du brevet. Le gouvernement ne garantit pas le mérite de l'invention : en délivrant le brevet, il ne donne que le droit de faire valoir le privilége en justice : l'inventeur breveté peut poursuivre devant les tribunaux ceux qui portent atteinte à son droit. — Les brevets sont délivrés pour cinq, dix ou quinze ans, au choix de ceux qui les prennent; leur durée peut être prorogée s'il y a, pour cela, des raisons graves. Ils cessent avant le temps fixé pour leur durée, si l'inventeur n'a pas satisfait aux conditions de la loi, et a ainsi mérité de voir son brevet frappé de déchéance ou de nullité.

Les fabricants ont la propriété exclusive des dessins dont ils sont inventeurs, s'ils en ont déposé, au tribunal de commerce ou au conseil des prud'hommes, un échantillon plié sous enveloppe, portant leur cachet et leur signature, s'ils ont déclaré le temps pour lequel ils veulent se réserver la propriété, et s'ils ont payé au receveur de la commune un droit proportionné à cette durée. Au moyen de formalités analogues, un fabricant a le droit d'employer les marques qui font reconnaître ses ateliers ou manufactures, et de poursuivre les contrefacteurs. La loi punit aussi ceux qui ont marqué des marchandises de noms supposés ou altérés, et ceux qui les ont vendues ou mises en circulation dans cet état.

Professions industrielles assujetties à des conditions particulières.

La liberté d'industrie n'empêche pas qu'on ait dû assujettir certaines professions à des conditions qui protégent les intérêts de tous les citoyens ou la tranquillité publique. C'est sur ce motif que reposent, par exemple, les restrictions apportées au commerce des boissons par les lois sur les impôts indirects (chap. 1er, p. 32) au commerce d'importation ou d'exportation, par les douanes (*voyez* p. 36), aux professions de boucher ou boulanger par les réglements locaux, à celles de libraire et d'imprimeur, par la nécessité de prendre un brevet, à celles de crieurs, afficheurs, colporteurs d'écrits, par la nécessité d'une autorisation de la police. Les pharmaciens et herboristes sont soumis à la patente, qu'ils n'obtiennent qu'après un examen ; ils doivent se conformer dans leurs préparations, aux ordonnances signées d'un médecin, et prendre des précautions rigoureuses pour la délivrance des poisons.

Les relations entre les maîtres et les ouvriers nécessitent un *livret*, que tout ouvrier doit avoir : il lui est délivré par l'autorité chargée de la police. Ce livret, contenant tout ce qui concerne la personne et la situation actuelle de chaque ouvrier, sert à la surveillance de la police, qui peut toujours en exiger la présentation; en même temps il constate la position respective du maître et de l'ouvrier, l'entrée de celui-ci et sa sortie. Le maître est tenu d'y inscrire le congé de l'ouvrier qui veut se retirer. Aucun ouvrier, dont le livret ne contient pas son congé, ne doit être reçu dans un autre atelier.

Établissements de commerce ou d'industrie soumis à des conditions particulières.

Indépendamment de divers établissements dont il sera parlé dans le cours de cet ouvrage, l'autorisation du gouvernement est nécessaire à ceux qui ont été jugés susceptibles d'exercer une grande influence sur la fortune ou la sûreté des citoyens, ou sur la tranquillité générale. Tels sont : les *banques publiques*, qui ont pour objet d'avancer aux particuliers, surtout aux commerçants, l'argent qui leur est nécessaire pour satisfaire à leurs engagements, ou de payer d'avance, moyennant un bénéfice, des engagements dont le terme n'est pas encore arrivé : le plus considérable de ces établissements est la *Banque de France*, créée à Paris, en vertu d'une loi : les entreprises qui font des opérations basées sur des calculs relatifs à la vie humaine, par exemple, les *tontines*, dans lesquelles l'argent placé est réparti entre des séries ou classes de personnes, de sorte que les fonds de ceux qui meurent dans chaque série, accroissent le capital de ceux qui survivent : les caisses d'épargne; les *monts-de-piété*, qui prêtent de l'argent sur le dépôt d'effets dont il est délivré des reconnaissances; les théâtres, qui, à raison des passions qui peuvent y être excitées, n'existent qu'avec la permission et sous la surveillance de l'autorité.

Manufactures et ateliers.

Il ne faut pas que l'industrie puisse devenir nuisible à la sûreté ou à la salubrité publique. Sous ce rapport, il y a des établissements industriels qui doivent être éloignés des habitations particulières, d'autres qui peuvent ne pas être éloignés, mais qui ne doivent être autorisés que s'il est prouvé qu'ils ne sont ni dangereux ni incommodes pour le voisinage ; d'autres enfin qui ont seulement besoin d'être surveillés par la police. Des ordonnances royales rangent les différents établissements dans l'une ou l'autre de ces classes. Les autorisations et la permission nécessaires ne sont accordées qu'après des mesures de publicité destinées à avertir les parties intéressées et à provoquer les réclamations, s'il y a lieu, contre les établissements projetés.

Les manufactures ou ateliers qui ne sont ni dangereux, ni insalubres, ni incommodes, exploitent librement leur industrie en se conformant aux lois qui les régissent, ou aux règlements particuliers qui ont été faits pour quelques espèces de fabrications. — Des ateliers sont aussi établis dans les prisons pour faire travailler les condamnés ; c'est un entrepreneur qui s'oblige à y établir des métiers : l'administration lui paye le prix de ses fournitures, et lui livre les objets fabriqués, en retenant le salaire du travail de chaque prisonnier.

Le gouvernement emploie plusieurs moyens pour protéger l'industrie. Des expositions publiques des produits des manufactures françaises ont lieu périodiquement à Paris, et sont suivies d'une distribution de prix aux industriels qui s'y sont le plus distingués. Il existe près du ministre du commerce un *comité consultatif des arts et manufactures*, et un *conseil des manufactures*. De plus, dans les villes de fabriques, où le gouvernement a jugé utile d'en créer, il existe des *Chambres consultatives* des manufactures, fabriques, arts et métiers, composées de manufacturiers, et chargées de donner leur avis sur les besoins et les moyens d'amélioration des fabriques, arts et métiers. Enfin le gouvernement entretient de grands établissements où se fabriquent des objets précieux destinés aux habitations royales, ou à des présents pour les souverains étrangers ou leurs représentants.

Rapports du gouvernement avec le commerce.

Les ministres du commerce, des finances, de la marine et des affaires étrangères, ont tous des relations plus ou moins directes avec les intérêts industriels et commerciaux. Ces intérêts ont pour représentants auprès du ministre du commerce deux conseils : le *conseil général du commerce*, nommé par les Chambres de commerce, dont nous parlerons bientôt ; le *conseil général des manufactures*, composé en partie de membres élus par les Chambres consultatives, en partie de membres choisis par le ministre. Ces conseils se réunissent une fois par an, sans préjudice des convocations extraordinaires que le ministre pourrait ordonner ; ils émettent des vœux, ou donnent leur avis sur les questions industrielles. Le *conseil supérieur du commerce* est composé de membres nommés par le roi et le ministre des finances, et des présidents des conseils généraux des manufactures, du commerce et de l'agriculture. Il donne son avis sur toutes les questions, toutes les mesures, tous les projets qui lui sont soumis par le ministre. — Enfin dans les villes commerçantes, il y a des *Chambres de commerce*, dont les membres sont nommés par l'élection, et qui donnent au gouvernement des avis et des renseignements sur tout ce qui concerne les intérêts du commerce et de l'industrie.

Moyens destinés à faciliter aux particuliers les affaires commerciales.

Les principaux de ces moyens sont, 1° *les poids et mesures* : en France, ils sont uniformes dans tout le royaume, et fondés sur le système décimal. L'emploi des mesures décimales est obligatoire ; aussi ne peut-on, dans le commerce, se servir que de poids et mesures vérifiés; des vérificateurs, nommés dans chaque arrondissement, font des visites et tournées périodiques dans toutes les communes et marquent les instruments de pesage ou mesurage; en outre, l'autorité municipale est tenue de s'assurer constamment de l'exactitude, du fidèle usage et de la vérification des poids et mesures. Dans les communes les plus importantes, il existe des bureaux de pesage et mesurage pour les cas où il s'élève des difficultés entre un vendeur et un acheteur. Dans les départements où l'on fabrique la soie, les bureaux de pesage public de cette marchandise s'appellent *conditions*.

2°. *Monnaies*. Elles se fabriquent, aux conditions réglées par les lois, dans des établissements publics appelés *hôtels des monnaies*. Les seules monnaies permises aujourd'hui en France sont celles du système décimal. Tout ce qui regarde la fabrication est dans les attributions d'une administration qui dépend du ministère des finances. Afin de prévenir les contrefaçons, il est défendu aux entrepreneurs, artistes, ouvriers qui font usage d'instruments propres à la fabrication des monnaies, d'en avoir sans une permission de la police. Les médailles et jetons ne peuvent être fabriqués ailleurs que dans les ateliers de la monnaie, sans une permission spéciale.

3°. *Foires et marchés*. Pour les établir ou les changer, il faut une autorisation du gouvernement, accordée après que les autorités locales ont donné leur avis. C'est d'après les ventes faites dans les marchés, que se dressent les *mercuriales*; on nomme ainsi l'évaluation du prix commun d'une denrée.

4°. *Bourses de commerce*. Ce sont des lieux de réunion où se concluent des affaires commerciales : elles doivent être autorisées par le roi. Leur police est réglée par l'autorité municipale.

Commerce maritime.

La police est confiée, dans les principaux ports maritimes, à des *capitaines* et *lieutenants de port*, dans les autres à des *maîtres de port*. Des *pilotes lamaneurs* sont institués pour porter secours aux navires et pour les conduire à l'entrée et à la sortie des ports, moyennant des droits fixés par un tarif.

En général, et sauf quelques exceptions en petit nombre, les navires construits en France ou dans les colonies françaises, et montés par des Français, peuvent seuls porter notre pavillon national. Le transport des marchandises d'un port de France à un autre ne peut être fait par des bâtiments étrangers.

Le commandement des navires de la marine marchande est confié à des capitaines ou à des maîtres nommés par le ministre de la marine : les capitaines peuvent seuls commander dans les voyages de long cours ou au grand *cabotage*. On appelle cabotage la navigation d'un lieu à un autre sans s'éloigner des terres; on le distingue en grand et petit cabotage, selon les distances et suivant les règlements ou usages maritimes; les conditions de capacité et d'expérience sont moins rigoureuses pour les maîtres au cabotage que pour les capitaines : elles sont exigées des uns et des autres, parce qu'en cas de besoin, ils peuvent être obligés de servir sur les bâtiments de l'Etat.

Pour subvenir aux frais qu'entraîne la surveillance de la navigation, il est perçu, sur les bâtiments français et étrangers, un *demi-droit de tonnage*, et un droit de navigation dont les navires français sont exemptés dans un assez grand nombre de circonstances. Les navires de commerce français sont obligés de recevoir, moyennant une indemnité, les marins français naufragés ou abandonnés en pays étranger.

La pêche maritime se divise en grande et petite pêche : la première se fait en pleine mer et sur les côtes éloignées, c'est celle de la baleine, de la morue, etc.; la seconde a lieu à la côte. Dans la Méditerranée, les pêcheurs sont sous la surveillance de *prud'hommes pêcheurs*, qui ont sur eux des pouvoirs étendus. Pour encourager la pêche, la loi exempte d'impôt le sel employé à saler le hareng et la morue. Cette dernière pêche et celle de la baleine sont, en outre, encouragées par des primes ou récompenses en argent.

Le commerce maritime reçoit de graves atteintes en cas de guerre. Le gouvernement accorde aux particuliers des *lettres de marque* au moyen desquelles il les autorise à faire la *course*, c'est-à-dire à courir sur les vaisseaux de la puissance ennemie, et à s'en emparer. La prise peut s'exercer même sur les bâtiments d'une puissance neutre dans la guerre, s'ils ne prouvent pas, par les renseignements qu'ils donnent, ou par la nature des objets qu'ils portent, qu'ils sont réellement étrangers aux hostilités.

Le *corsaire* (celui qui fait la course) ne dispose pas à son gré de ses captures; il faut d'abord que la prise soit conduite dans un port français et déclarée valable; ensuite elle est vendue, après des affiches qui attirent les acheteurs; le tribunal de commerce fixe le montant net de ce qu'elle a produit; enfin, en présence du tribunal et d'un agent de la marine, un conseil de sept des principaux du navire règle le partage, suivant le grade, le mérite et les services des hommes de l'équipage. Les contestations sur la validité des prises sont jugées par le Conseil d'Etat.

§ 8. *Des professions non industrielles sujettes à des conditions particulières : des offices; des notaires, etc.*

Nous avons parlé ailleurs des avocats (*voyez* p. 12). L'exercice de la médecine et de la chirurgie intéresse trop l'humanité, pour que la loi n'ait pas dû l'entourer de précautions : il n'appartient donc qu'à ceux qui, après examen, ont reçu les degrés de docteur ou d'officier de santé; ces derniers n'ont pas des droits aussi étendus que ceux des docteurs; les uns et les autres payent une patente. L'exercice d'une partie quelconque de l'art de guérir, sans l'accomplissement des conditions légales, entraîne une amende prononcée par les tribunaux correctionnels; cette peine ne s'applique pas aux personnes charitables qui donnent à des malades des conseils et des soins désintéressés.

On nomme *charges* ou *offices* les professions qui ne sont pas ouvertes à tout le monde, mais réservées à un certain nombre de personnes nommées par l'autorité. Ceux qui possèdent ces offices prêtent serment, fournissent un cautionnement, ou garantie pécuniaire de l'accomplissement des devoirs de leur état, et sont autorisés à présenter, comme successeur, la personne avec laquelle ils ont traité pour la vente de leur office.

Outre les avocats à la Cour de cassation, les greffiers, avoués, huissiers, dont nous avons parlé (*voyez* p. 12), la loi a établi les offices de notaires, agents de change, courtiers, commissaires-priseurs.

Les notaires sont des fonctionnaires publics, nommés par le roi, dans un nombre proportionné à la population, pour recevoir les actes auxquels les particuliers veulent ou doivent donner un caractère authentique. Pour être reçu notaire il faut justifier d'un *stage*, c'est-à-dire d'un certain temps de travail dans le notariat. Les notaires doivent résider dans le lieu fixé par leur nomination, prêter leur ministère quand on le leur demande, faire observer les lois sur le timbre et l'enregistrement, conserver avec soin les actes qu'ils reçoivent ou qui leur sont déposés, inscrire leurs actes sur un registre appelé *répertoire*. Ils répondent des nullités qui proviennent de leur fait. Ils ne peuvent recevoir d'actes qui intéressent eux ou leurs plus prochains parents ou alliés. La discipline est maintenue parmi eux par des chambres de discipline, qui prononcent des peines : les punitions les plus graves, l'amende, la suspension, la destitution sont infligées par les tribunaux. Il y a une chambre de discipline dans chaque arrondissement ; elle se compose de notaires nommés par l'élection de leurs collègues. Il y a, de plus, des assemblées générales de tous les notaires du ressort, qui se concertent sur tout ce qui intéresse le notariat.

Les commissaires-priseurs, dont les fonctions consistent, en général, dans la prisée ou évaluation des meubles vendus publiquement, sont nommés par le roi ; ils payent une patente, et ne peuvent exercer aucun commerce relatif aux choses qu'ils sont chargés d'estimer.

Les agents de change et les courtiers sont des intermédiaires entre les commerçants : c'est le roi qui les nomme. Ils ont, pour veiller à leurs intérêts, un *syndic* et des *adjoints* élus tous les ans.

§ 9. *Des routes et chemins.*

On donne le nom de *grande voirie* à tout ce qui concerne les grandes routes, et celui de *petite voirie* à ce qui regarde les communications plus bornées, principalement celles qui sont établies pour le service des communes.

Grande Voirie.

Il y a trois espèces de grandes routes, savoir : 1° les *routes royales*, qui parcourent des lignes étendues et ouvrent des communications d'un intérêt général : elles sont divisées en trois classes selon leur importance, et entretenues par l'Etat ; 2° les *routes départementales*, établissant des communications dans l'intérieur d'un département ou d'un département avec ceux qui l'avoisinent, elles sont à la charge des départements, sauf les secours accordés par le gouvernement : c'est une ordonnance du roi qui décide, après l'avis des autorités locales, l'ouverture, l'entretien, ou la reconstruction d'une route départementale ; 3° les *routes stratégiques* ou militaires, ouvertes seulement dans quelques départements, pour faciliter l'accès des troupes, et prévenir les tentatives de guerre civile : les frais d'entretien sont supportés concurremment par l'État, le département et les communes.

La largeur de chacune des espèces de route est déterminée ; elle est plus grande dans les forêts, qui, en outre, doivent être coupées de chaque côté de la route pour la sûreté des voyageurs. — Les propriétaires doivent souffrir, moyennant indemnité, le passage des ingénieurs employés aux études d'une route, et l'extraction des matériaux nécessaires à sa confection (*voyez* ch. 1er, p. 21), ainsi que l'occupation momentanée des terrains, s'il y a lieu ; les réclamations relatives à l'indemnité sont soumises au conseil de préfecture.

L'usage des grandes routes est à tout le monde ; leur propriété appartient à l'Etat. C'est aussi à l'Etat qu'appartiennent les fossés qui bordent les routes pour l'écoulement des eaux et la séparation d'avec les fonds voisins. Les propriétaires riverains sont obligés de planter des arbres sur leurs propriétés, en dehors des fossés : ces arbres leur appartiennent ; afin que les plantations ne perdent pas leur destination, et que les routes ne soient pas privées d'ombre, les propriétaires ne peuvent abattre les arbres que quand ils menacent de dépérir, ni les élaguer sans une permission du préfet.

Pour empêcher les usurpations sur les chemins publics, et d'un autre côté les enfoncements nuisibles à la salubrité ou à la sûreté, il est dressé un plan général d'alignement des routes royales et départementales, auquel doit se conformer quiconque veut bâtir au bord de la grande route, soit dans les villes, bourgs ou villages, soit en pleine campagne. Quand les constructions joignant la grande route sont trop avancées ou trop reculées, on n'exige pas la démolition immédiate; on attend, pour obliger à garder l'alignement, que les constructions soient démolies pour cause de vétusté; afin de hâter ce moment, il est défendu de faire, sans une permission du préfet, aucune réparation sur la façade bordant la route, et cette permission n'est accordée qu'autant que les réparations n'ajoutent rien à la solidité. — Une autorisation est nécessaire pour toutes constructions qui pourraient nuire à la sûreté de la circulation. — Quand il a été constaté qu'un bâtiment ou un mur menace ruine, et s'il se trouve dans les conditions de l'alignement, le préfet ordonne de faire les réparations, qui peuvent être contestées par le propriétaire devant le conseil de préfecture; il en est de même si le préfet ordonne la démolition.

Des règlements nombreux ont été faits pour prévenir les accidents sur les routes; et les lois n'ayant pu prévoir toutes les mesures que les circonstances rendraient nécessaires, les préfets sont chargés, pour la grande voirie, les maires pour la petite, de régler tout ce qui concerne l'éclairage, le nettoyage, la sûreté, la salubrité des routes. Dans le but d'empêcher les détériorations, des lois et règlements ont été rendus contre l'excès de chargement des voitures et le peu de largeur des roues: des ponts à bascule sont établis sur les grandes routes: on y pèse les voitures pour s'assurer si leur chargement ne dépasse pas le poids autorisé. Sur les chaussées pavées, susceptibles d'enfoncement, le roulage peut être suspendu pendant le dégel pour les voitures les plus pesantes.

Un grand nombre d'agents de l'autorité ont reçu le droit de constater les contraventions en matière de grande voirie; les conseils de préfecture prononcent, en général, les peines contre les actes de détérioration qui attaquent la route elle-même ou ses accessoires : les tribunaux répriment les infractions à la police de la voirie; les préfets, et dans certains cas les sous-préfets, peuvent ordonner des mesures provisoires pour réprimer immédiatement les actes qui gêneraient la circulation ou entraîneraient la dégradation, tels que des dépôts de fumiers ou immondices.

Petite Voirie.

Les chemins consacrés spécialement aux communes vont d'une commune à une autre, ou parcourent l'intérieur d'une commune : dans ce dernier cas, les règles qui les concernent prennent le nom de *voirie urbaine*.

Les chemins *vicinaux*, c'est-à-dire ceux qui conduisent d'une commune à une autre, ont une largeur déterminée, fixée selon les localités; sous ce rapport, et pour les distinguer, d'ailleurs, des chemins ou sentiers des particuliers, il a été dressé un tableau général des chemins classés comme vicinaux; ceux qui n'y seraient pas compris peuvent être déclarés vicinaux par un arrêté du préfet, soumis au recours devant le ministre de l'intérieur, puis devant le Conseil d'État. Lorsqu'il s'agit d'ouvrir un nouveau chemin vicinal, ou de changer la direction d'un chemin existant, l'acquisition des terrains nécessaires, les extractions, dépôts ou enlèvements de matériaux se font avec des formalités plus simples que pour les grandes routes. Les riverains d'une partie abandonnée d'un chemin vicinal peuvent offrir de l'acheter. Les chemins reconnus vicinaux sont à la charge des communes; si les ressources ordinaires ne suffisent pas, le conseil municipal vote qu'il y sera pourvu par des prestations en nature, de la valeur de trois journées de travail au plus, ou par une addition de quelques centimes à ce que chaque habitant paye pour ses contributions directes; ces deux moyens peuvent être employés ensemble. La prestation, qui a lieu pour chaque personne, et pour chaque homme valide, de dix-huit à soixante ans, membre ou serviteur de la famille, pour chaque charrette ou voiture attelée, pour chaque bête de somme, de trait ou de selle, au service de la famille ou de la maison, peut se payer en argent, d'après la valeur de la journée de travail fixée annuellement par le conseil général du département, ou en nature par des tâches évaluées par le conseil municipal. Si la commune n'a pris aucune de ces mesures, le préfet peut l'imposer, ou faire exécuter les travaux. Les chemins les plus importants, déclarés, de l'avis des autorités locales et du département, *chemins vicinaux de grande communication*, peuvent recevoir, même dans les cas ordinaires, des secours sur les fonds votés par le département; ils sont sous l'autorité des préfets. — Le sol des chemins vicinaux appartient aux communes : quand leur largeur a été fixée par le préfet, les riverains qui perdent quelque chose de leurs terrains n'ont qu'un droit à une indemnité. Aucune plantation d'arbres ne peut diminuer la largeur déterminée. Toutes les mesures concernant la surveillance et la conservation des chemins vicinaux sont confiées aux préfets; la police y appartient aux maires. Les préfets peuvent nommer des agents *voyers* pour la conservation des chemins. Les juges de paix prononcent sur les infractions à la loi ou aux arrêtés de l'autorité compétente : les conseils de préfecture ne jugent que les anticipations au moyen de plantations d'arbres.

Les rues, places, quais, promenades des villes, bourgs et villages, appartiennent aux communes quand ils ne sont pas la continuation des grandes routes, et sont régis par les mêmes règles que les chemins vicinaux. Les alignements sont donnés par les maires; si un individu a élevé une construction sans observer l'alignement, le maire lui ordonne de démolir; s'il ne le fait pas, le tribunal de police prononce la démolition et l'amende. Il faut toujours une autorisation du maire pour placer dans la rue un objet qui fait saillie, et peut embarrasser le passage ou nuire à la sûreté publique, par exemple, une enseigne, une gouttière : l'autorisation ne s'accorde qu'après l'examen d'un *architecte voyer*. Le pavage des rues qui font partie de la grande route est à la charge de l'Etat ; pour les autres c'est, en général, une dépense de la commune.

§ 10. *Des eaux.*

L'eau est d'un usage très-important pour l'agriculture, l'industrie, le transport des personnes ou des marchandises; c'est pour cette raison que l'administration est chargée de la police des eaux, et du soin de les diriger vers un but d'utilité générale.

Il y a des eaux non courantes et des eaux courantes; les premières forment principalement les étangs, les lacs, la mer. L'administration n'intervient, quant aux étangs, que pour fixer la hauteur des chaussées, afin de prévenir les inondations; quand il est prouvé que leurs émanations peuvent causer des maladies dans le pays, ou qu'ils sont sujets à des inondations envahissantes, la suppression peut en être ordonnée par l'administration. Les grands lacs sont ordinairement du domaine public, et servent à la navigation; les particuliers ne peuvent y faire aucune prise d'eau, ni élever aucune usine sans autorisation. Quant aux marais, l'administration n'agit que pour les faire dessécher (chap. 1er, p. 21). La mer, jusqu'à une certaine distance des côtes, fait partie du domaine public. On ne peut y faire aucune construction, aucun ouvrage qui préjudicie à la navigation. Le gouvernement concède, aux conditions qu'il juge convenables, les *lais et relais* de la mer, c'est-à-dire les terrains qu'elle envahit et laisse à découvert alternativement.

Les eaux courantes, ou cours d'eau, sont l'œuvre de la nature, comme les rivières, ou sont dirigés par la main de l'homme, comme les canaux. Les cours d'eau naturels se divisent en deux grandes classes, ceux qui sont propres à la navigation des bateaux ou au transport des bois, *rivières navigables* ou *flottables*, et ceux qui ne sont ni navigables ni flottables. Les premiers appartiennent au domaine public; c'est une ordonnance royale qui décide si une rivière est navigable ou flottable, ou à quel point la navigabilité commence. Les travaux nécessaires pour rendre une rivière navigable sont payés par l'État; les dépenses d'entretien sont couvertes par la perception d'un droit de navigation. Les particuliers qui profitent de la navigabilité supportent une portion de dépenses fixée par l'administration. La loi défend tout ce qui pourrait diminuer la masse d'eau nécessaire à la navigation, ou gêner le libre passage des bateaux; il faut une autorisation pour faire une construction quelconque dans le cours d'eau, telle qu'une écluse, une tranchée, ou sur ses bords; ceux qui ont obtenu le droit d'établir des ouvrages sur l'eau doivent toujours ouvrir le passage aux bateaux, radeaux, ou trains de bois flotté. Les contraventions sont constatées et jugées comme celles de la grande voirie. Il est perçu, par l'administration des contributions indirectes, un *droit de navigation*, réglé par un tarif, pour chaque rivière, et un *droit de passage d'eau*, établi sur les bacs et bateaux qui traversent les rivières et les canaux navigables. Il doit être laissé, sur chaque rive d'une rivière navigable ou flottable, un chemin, appelé de *halage*, pour le passage des hommes et des animaux qui tirent les bateaux : lorsqu'il est établi pour la première fois, les propriétaires obligés d'abandonner une portion de leurs terrains reçoivent une indemnité, estimée par le conseil de préfecture. Il est soumis aux règles de la grande voirie; les réparations qu'il nécessite sont à la charge de l'État. Le terrain qu'il occupe ne cesse pas d'appartenir aux propriétaires riverains, qui le reprennent si la navigabilité vient à cesser.

Le mode d'usage des eaux *non navigables ni flottables* est réglé par les particuliers entre eux, ou, en cas de difficulté, par les tribunaux. Indépendamment de ce règlement, fait dans l'intérêt privé, l'administration peut et doit prescrire les mesures propres à faciliter l'écoulement des eaux et à prévenir les inondations. Les dépenses de curage et d'entretien des ouvrages existants, ou de construction d'ouvrages nouveaux, sont supportées par les riverains, d'après les usages locaux ou les règlements administratifs.

Pour empêcher que les cours d'eau, navigables ou non, ne soient trop appauvris, une autorisation du roi, précédée d'une information administrative et susceptible d'opposition au Conseil d'Etat, est nécessaire pour l'établissement d'une usine sur un cours d'eau. Celle qui serait construite sans autorisation pourrait être supprimée. L'administration peut ordonner aussi la suppression d'une usine, même autorisée, qui devient nuisible à la navigation, ou qui cause aux voisins des dégâts considérables et sans remède.

Les canaux destinés à la navigation sont, pour la construction, l'entretien et la police, assimilés aux grandes routes. Ils ne peuvent être construits qu'en vertu d'une loi ou d'une ordonnance; les portions de terrain nécessaires sont acquises avec les formalités de l'expropriation (chap. 1er, p. 19). L'Etat, qui fait les frais d'un canal, perçoit un droit de péage: il peut aussi, pour ne pas faire l'avance des frais, appeler des particuliers, et leur concéder, pendant un long temps, la perception de droits qui leur donnent le moyen d'être payés de leurs dépenses et de faire des bénéfices.— Il faut une autorisation, par une loi ou par une ordonnance, pour l'établissement d'un canal d'arrosement. L'autorisation administrative est aussi nécessaire aux canaux ou prises d'eau pratiquées pour les usines. Les canaux de dessèchement (*voyez* chapitre 1er, p. 21) appartiennent aux intéressés, quand l'Etat n'est pas resté propriétaire des terrains; un réglement, fait au Conseil d'Etat, fixe les contributions nécessaires aux dépenses d'entretien.

Les ponts établis sur les cours d'eau sont à la charge de l'Etat ou des communes, selon qu'ils sont destinés au service des grandes routes ou des chemins vicinaux. Les frais peuvent se couvrir au moyen d'un péage, que le gouvernement perçoit, ou qu'il peut concéder temporairement à des particuliers.

Les bacs et bateaux, servant à transporter les passagers et les marchandises d'un bord à l'autre d'une rivière, sont régis par les agents de l'administration publique, parce qu'ils intéressent la sûreté générale, et que d'ailleurs ils sont considérés comme faisant suite à un chemin public. Les propriétaires et les pêcheurs peuvent, moyennant une autorisation, avoir des barques pour leur usage, mais à condition de ne pas s'en servir pour une entreprise de transport et de ne pas nuire à la navigation. L'exploitation des bacs est concédée publiquement à ceux qui offrent les meilleures conditions. Le refus de payer les droits dus, l'exigence de droits autres que ceux du tarif, sont punis par le juge de paix. Certains fonctionnaires, désignés d'avance dans l'arrangement passé avec l'entrepreneur, passent gratuitement les ponts et les bacs, quand ils voyagent pour leurs fonctions.

§ 11. *Des travaux publics et des marchés passés par l'Etat.*

Les travaux publics les plus importants, ceux des routes, des canaux, des ponts, sont confiés à une administration appelée des *ponts et chaussées*, qui a un directeur général, des inspecteurs généraux, des inspecteurs divisionnaires, des ingénieurs en chef, des ingénieurs ordinaires, et des agents placés sous leurs ordres, tels que les *conducteurs, piqueurs, cantonniers, gardes-écluses, etc.*

Les travaux publics ne doivent être ordonnés que

quand les dépenses en ont été assurées; elles sont votées, pour les travaux à la charge de l'Etat, par le budget que les Chambres règlent chaque année; de plus, il a été créé un fonds extraordinaire spécialement destiné à l'exécution des travaux publics, et dont il est rendu compte aux Chambres. Une partie des fonds ordinaires est employée aux travaux neufs et de grosses réparations, une autre aux travaux d'entretien et de réparations ordinaires. Quand les départements et les communes participent à la dépense de travaux qui doivent leur profiter, les sommes sont votées par les conseils généraux et municipaux; les particuliers eux-mêmes peuvent être obligés de contribuer aux dépenses des travaux dont ils profitent; tels sont ceux des digues qui protégent les terres contre les inondations; ils peuvent aussi être obligés à payer une indemnité, quand les travaux ont donné une augmentation notable de valeur à leurs propriétés. Ainsi que nous l'avons déjà dit pour les canaux et pour les ponts, le gouvernement peut, au lieu de payer les frais de grands travaux, en faire la concession à des particuliers qui s'en chargent moyennant la perception de droits, pendant un temps plus ou moins long, après lequel l'Etat rentrera dans la pleine possession de l'entreprise; c'est ainsi que plusieurs chemins de fer ont été concédés à des compagnies industrielles. Le traité, passé par le gouvernement, est sanctionné par une loi, quand il s'agit d'entreprises d'une grande importance.

Les dépenses ayant été assurées, le ministre arrête la création des travaux, et détermine le mode d'exécution, qui consiste soit dans des *marchés*, soit dans une *régie* des employés et agents de l'administration.

Quand il a été traité avec un entrepreneur, celui-ci doit faire exécuter lui-même les travaux par des agents probes et intelligents qu'il paye et dont il répond, sous la haute surveillance de l'ingénieur. Ce dernier examine la qualité des matériaux et peut les refuser.

Quand les travaux sont achevés, il les reçoit provisoirement en présence de l'entrepreneur; ils ne sont admis définitivement qu'après un délai de garantie. Il ne peut être payé en à-compte sur le prix qu'une partie des matériaux et des ouvrages terminés; le surplus sert à la garantie définitive des travaux.

Les travaux non confiés à l'administration des ponts et chaussées sont accordés à des entrepreneurs, dirigés par des architectes que le gouvernement paye, et exécutés d'après les plans approuvés par un *conseil des bâtiments civils*, siégeant à Paris. Les travaux militaires concernant les fortifications, bâtiments et établissements militaires, sont exécutés sous la direction des officiers du génie et par les ordres du ministre de la guerre. Les travaux des grands ports se font par les ordres du ministre de la marine : ceux des autres ports rentrent dans les attributions des ponts et chaussées.

Les marchés qui ont pour objet la fourniture ou la confection d'effets tels que chaussures, habillement, nourriture, fourrages, etc., pour un service public, sont faits par des agents de l'administration civile ou militaire : ils sont ordinairement adjugés publiquement *au rabais*, c'est-à-dire accordés à ceux qui offrent de les faire au plus bas prix. Il y a des marchés concernant certains services militaires importants qui sont soumis à des règlements sévères et minutieux : tels sont ceux des manufactures d'armes, des forges et fonderies. Les fournisseurs doivent une garantie de l'exécution de leur marché, sont punis en cas de fraude ou de négligence, et répondent, même sur leur personne, des sommes qu'ils pourraient devoir par suite de leurs entreprises pour travaux ou marchés concernant l'Etat, ou toute espèce d'établissements publics ou les communes. Les contestations relatives à l'exécution des marchés administratifs sont jugées par les conseils de préfecture, quelquefois par le Conseil d'Etat.

En général, les marchés passés au nom de l'Etat

se font dans la forme d'adjudication, avec concurrence et publicité, excepté dans certaines circonstances déterminées où il est, soit nécessaire, soit avantageux de traiter de gré à gré. Les adjudications sont annoncées d'avance pour attirer le concours des propositions; afin qu'on ne puisse rien accorder à la faveur, les offres ou soumissions sont remises publiquement et cachetées, ainsi que l'écrit constatant les limites du prix dans lesquelles l'administration veut se tenir. — Les marchés de gré à gré sont passés par les ministres ou par les fonctionnaires délégués à cet effet, et les personnes qui traitent avec eux dans la forme qu'ils jugent la plus convenable; en général ces marchés ont besoin d'être approuvés par le ministre.

§ 12. *De l'administration départementale et communale.*

Les divisions administratives du territoire ont chacune un administrateur et un conseil; ainsi le département a un préfet et un conseil général, l'arrondissement un sous-préfet et un conseil d'arrondissement, la commune un maire et un conseil municipal. Le département de la Seine et la ville de Paris ont une organisation administrative particulière.

Administration des départements.

L'administration d'un département n'a de droits que dans les limites de ce département; si la limite est une rivière, les deux départements qu'elle sépare sont bornés par le milieu du lit de la rivière. Les limites d'un département ou d'un arrondissement ne peuvent être changées que par une loi.

1° *Biens et charges des départements.* Les départements sont propriétaires des bâtiments et terrains consacrés à leur administration, aux cours et tribunaux, à l'instruction publique, qui leur ont été concédés par le gouvernement, des routes départementales, des fonds qu'ils ont acquis ou reçus, etc. Ils perçoivent divers droits qui leur sont attribués par les lois; ils ont encore pour ressources des contributions locales qu'ils peuvent s'imposer dans certaines limites; elles portent les noms de *centimes additionnels*, *centimes facultatifs*, *centimes extraordinaires*. Les dépenses départementales sont classées en *dépenses fixes* et *dépenses variables*. Il faut y ajouter les dépenses de l'instruction primaire.

2°. *Préfet, conseil de préfecture.* Le préfet, représentant du pouvoir du gouvernement, est nommé et révocable par le roi; en cas d'absence ou d'empêchement, il est remplacé par un des conseillers de préfecture. Ceux-ci, au nombre de cinq ou de trois, selon l'importance du département, sont aussi nommés et révocables par le roi. Dans quelques départements où les affaires sont nombreuses, il y a des secrétaires généraux de préfecture. En général, le préfet est chargé de toute l'administration du département, sous l'autorité du roi et de ses ministres; tous les chefs des services civils sont sous ses ordres : mais il n'a point d'autorité sur l'administration de la justice, ni sur l'armée de terre ou de mer. Le préfet exerce seul ses attributions; dans certains cas déterminés par les lois, il doit consulter le conseil de préfecture, sans être obligé de suivre son avis; on dit alors qu'il prononce en *conseil de préfecture*. Les arrêtés des préfets ne peuvent être exécutés qu'après l'approbation du ministre, quelquefois même du roi, quand ils ont pour objet des mesures générales, des travaux extraordinaires. Si on veut réclamer contre un arrêté approuvé par un ministre, c'est à ce ministre qu'il faut s'adresser, et l'on peut recourir contre sa décision au Conseil d'Etat.

3°. *Conseil général du département.* Il est établi auprès du préfet, pour délibérer sur les intérêts particuliers du département. Il a, dans chaque département, autant de membres que le département renferme de cantons, mais sans que leur nombre puisse excéder trente; s'il y a plus de trente cantons, on en réunit plusieurs qui fournissent ensemble un membre du conseil. Les conseillers sont élus, dans chaque canton, par les citoyens au nombre de cinquante au moins, composant la liste des électeurs et des jurés; pour pouvoir être élu, il faut avoir vingt-cinq ans, payer depuis un an 200 fr. de contributions directes dans le département; les plus imposés après ceux qui payent cette somme sont appelés au cas où ces derniers ne seraient pas assez nombreux. Les fonctionnaires administratifs employés dans le département ne peuvent, à raison de leur intérêt particulier, être membres du conseil général. Le conseil est nommé pour neuf ans, et renouvelé, par tiers, tous les trois ans. Le roi peut dissoudre un conseil général, mais à charge d'en faire élire un autre dans un court délai. — C'est le préfet qui convoque les assemblées électorales; afin d'éviter la confusion, elles se divisent en sections lorsqu'il y a plus de trois cents électeurs. Elles sont présidées par le maire du chef-lieu de canton, et par des adjoints, si elles sont fractionnées. Leur police appartient au président, et pour qu'elles ne deviennent pas une occasion de troubles, elles ne peuvent s'occuper que des élections, et ne se livrent à aucunes discussions ou délibérations. Les formes du vote et du scrutin sont semblables à celles qui s'observent dans l'élection des députés (chap. 1er, p. 7). Les comptes rendus, ou procès-verbaux des élections sont remis au sous-préfet, qui les envoie au préfet; celui-ci doit, s'il croit que les formes légales n'ont pas été observées, demander la nullité au conseil de préfecture : tout membre de l'assemblée a le même droit; les décisions du conseil de préfecture peuvent être attaquées devant le Conseil d'Etat, sans frais. S'il s'élève une question de la compétence des tribunaux, ceux-ci la décident dans des délais très-courts. — Une fois les conseils généraux nommés, ils ne se réunissent que sur la convocation du préfet, en vertu d'une ordonnance royale, qui détermine l'époque et la durée de la session. Le préfet déclare la session ouverte, reçoit le serment des nouveaux membres, et conserve le droit d'entrer et d'être entendu au conseil, qui élit son président et son secrétaire. Les séances ne sont pas publiques. Les actes ou délibérations qui sortent des attributions des conseils sont annulés par une ordonnance du roi, et même les membres du conseil peuvent être traduits devant les tribunaux si le fait qu'on leur reproche est assez grave pour caractériser une infraction à la sûreté ou à la paix publique.

Les conseils généraux n'ont que le droit de délibérer, sous l'autorité du roi et des Chambres, pour l'exécution des lois ou des mesures prises par le gouvernement : l'administration, l'action appartient au préfet. Les conseils ont des attributions importantes en matière de contributions : la loi les leur a confiées parce qu'ils doivent, mieux que personne, connaître et défendre les intérêts du département dont ils représentent tous les cantons. Ils répartissent entre les arrondissements du département les contributions directes que le budget répartit entre les départements; il prononce sur les demandes en réduction, faites par les arrondissements, bourgs et villages; ils déterminent le nombre des centimes additionnels demandés pour les dépenses du département; ils sollicitent une loi qui autorise à voter des centimes extraordinaires, s'il y a lieu Ils reçoivent le compte, que le préfet leur présente chaque année, des dépenses du département. Ils emettent des vœux pour la répression des abus, ou les améliorations à introduire dans l'administration; le président adresse au ministre de l'intérieur cette partie de leurs travaux. — Les conseils généraux donnent des avis au gouvernement; de ces avis, les uns peuvent, les autres doivent être demandés; par exemple, ils doivent être pris quand il s'agit de rectifier les limites d'un département, d'un arrondissement, ou de réunir des communes; leur délibération est nécessaire pour le classement, la construction, la réparation ou l'entretien des routes départementales. Enfin plusieurs lois ont donné aux conseils généraux des attributions diverses, par exemple, celle de désigner chaque année les membres du jury appelés à prononcer sur les indemnités dues pour les expropriations d'utilité publique (chap. 1er, p. 19).

Administration des arrondissements.

Les arrondissements n'ont pas de propriétés; leurs biens se confondent avec ceux du département, qui fait leurs recettes, et pourvoit à leurs dépenses.

1°. *Du sous-préfet.* Il est nommé et révocable par le roi; en cas d'absence ou d'empêchement, le préfet le remplace par un fonctionnaire administratif du département, ou, à défaut, par un conseiller de préfecture. Il agit presque toujours comme intermédiaire entre le préfet et les maires de l'arrondissement.

2°. *Du conseil d'arrondissement.* Il se compose d'autant de membres qu'il y a de cantons dans l'arrondissement; leur nombre ne peut être au-dessous de neuf. Ils sont choisis par les mêmes électeurs que les conseillers de département, et doivent payer 150 francs de contributions directes dans le département, dont le tiers dans l'arrondissement, condition qui a pour but de s'assurer que les localités seront représentées par des personnes intéressées dans leurs affaires. Ils sont choisis pour six ans, et renouvelés par moitié tous les trois ans. L'élection et la tenue des séances se font comme pour les conseils généraux. — Le conseil d'arrondissement fait la répartition des contributions directes entre les villes, bourgs et villages de l'arrondissement, donne son avis sur les demandes de réduction formées par les villes et villages, entend le compte annuel du sous-préfet concernant les centimes additionnels destinés aux dépenses de l'arrondissement, exprime son opinion sur l'état et les besoins de l'arrondissement, et l'adresse au préfet. Il se réunit deux fois chaque année : d'abord pendant dix jours, avant l'ouverture de la session du conseil général, afin de lui transmettre ses avis et ses vœux, et de recevoir le compte du sous-préfet; ensuite, après la session, pendant cinq jours, pour faire entre les communes la répartition des contributions directes d'après le contingent fixé pour l'arrondissement par le conseil général. Il y a des circonstances où l'avis du conseil d'arrondissement peut être demandé; dans d'autres, il doit l'être avant toute la délibération du conseil général, à cause de l'intérêt des localités qu'il représente; par exemple, s'il s'agit de changements aux limites de l'arrondissement, des cantons ou des communes, de formations, séparations et réunions de communes, de l'établissement ou de la suppression d'un tribunal de commerce d'une foire ou d'un marché, etc.

Administration des communes.

1°. *Des communes en général.* Les communes sont des réunions d'habitants sur un espace limité du territoire, réunions déterminées par les avantages et les intérêts du voisinage et de la propriété. Une commune est considérée comme une sorte de personne, ayant, sous la protection de l'autorité publique, une existence légale, des biens, des charges, des dettes, des ressources.

S'il s'élève des difficultés sur les limites des communes existantes, le préfet décide, quand les communes font partie du même département, et le gouvernement, quand elles font partie de départements différents. S'il s'agit de former de nouvelles communes, d'en réunir plusieurs ou de les diviser, ces changements se font par une loi ou une ordonnance, selon l'importance des modifications qu'ils emportent, et ils ne peuvent avoir lieu qu'après que l'administration a pris l'avis des conseils généraux, d'arrondissement, et municipaux, et d'une *commission syndicale* élue à cet effet, si le projet concerne une section de commune. Les réunions ou divisions de communes ne devant avoir lieu que pour leur avantage, et non pour devenir une occasion de pertes pour elles, les habitants d'une commune réunie à une autre conservent la jouissance exclusive des biens dont elle percevait les fruits, et la section de commune, érigée en commune séparée, ou réunie à une autre commune, emporte la propriété de ses biens : mais dans ces deux cas, les édifices servant à un usage public, comme l'église, deviennent la propriété de la nouvelle commune, ou de celle à laquelle se fait la réunion. — Dans chaque commune le corps municipal se compose du maire, de ses adjoints et des conseillers municipaux : ses fonctions sont gratuites.

2°. *Des maires, adjoints et agents municipaux.* Le maire a deux espèces de fonctions bien distinctes : il administre les intérêts de la commune, qu'il représente, et il est chargé de maintenir l'ordre dans la commune au nom et comme agent du gouvernement. C'est à cause de ce double caractère qu'il est choisi à la fois par les citoyens et par le roi; en effet, les maires et adjoints sont nommés par le roi ou en son nom, mais pris parmi les conseillers municipaux élus par les habitants de la commune. Ils sont nommés pour trois ans : le préfet peut les suspendre, et le roi les révoquer. Le nombre des adjoints varie suivant la population des communes. En cas d'absence ou d'empêchement du maire, il est remplacé par un adjoint, ou, à défaut, par un conseiller municipal. Il y a des fonctions qui donnent à ceux qui les exercent trop d'occupation pour se concilier avec celles de maire ou d'adjoint; telles sont celles des tribunaux, des militaires en activité de service, des employés des administrations financières, des instituteurs primaires, etc. Dans les communes dont le revenu excède 30,000 francs, il peut y avoir un receveur spécial, nommé par le roi : dans les autres, les recettes se font par le percepteur des contributions directes. La police des villes populeuses est faite, sous l'autorité du maire, par des commissaires de police.

Les lois font intervenir le maire dans une grande quantité d'actes; quand il agit pour l'exécution des lois et règlements, ou des mesures de sûreté générale, il est *sous l'autorité* du sous-préfet et du préfet : quand il exerce son pouvoir uniquement dans l'intérêt de la municipalité, il agit seulement *sous la surveillance* de l'administration supérieure. Ces dernières fonctions regardent les propriétés, droits ou obligations de la commune, ou bien elles sont relatives à la police municipale. C'est lui qui conserve et administre les propriétés de la commune, gère les revenus, surveille les établissements, dresse les comptes, ordonnance les dépenses, souscrit les marchés ou autres actes concernant les biens ou travaux communaux, préside, avec deux conseillers municipaux, aux adjudications publiques au compte de la commune, représente la commune dans les procès, nomme, suspend et révoque les employés et agents communaux dont le choix n'est pas soumis à un mode particulier.

Chargé de toutes les parties de la police municipale, et de l'exécution des actes de l'autorité supérieure qui y sont relatifs, le maire a le droit de prendre, pour cet objet, des arrêtés : mais, afin de prévenir les abus de ce pouvoir, les arrêtés sont immédiatement transmis par le sous-préfet au préfet, qui peut les annuler ou en suspendre l'exécution. Ils ont pour but de publier de nouveau les lois ou règlements de police, et de rappeler les citoyens à leur observation, ou d'ordonner des mesures locales sur les objets confiés à la vigilance et à l'autorité du maire; les lois ont limité le nombre de ces objets, afin que l'autorité municipale ne dégénère pas en tyrannie. Quand un arrêté a été pris dans les bornes des attributions du maire, ceux qui contreviennent à ses dispositions doivent être punis par les tribunaux de simple police. La réformation d'un arrêté doit être demandée au préfet. — Le maire est chargé seul de l'administration de la commune : mais pour suppléer à sa négligence ou à sa mauvaise volonté, s'il s'en rendait coupable, le préfet peut faire procéder à un acte prescrit par la loi, que le maire négligerait ou refuserait d'accomplir.

3°. *Des conseils municipaux.* Chaque commune a un conseil municipal composé de dix à trente-six membres, selon la population : le maire et les adjoints en font partie. Les conseillers sont élus pour six ans et rééligibles : ils se renouvellent par moitié tous les trois ans. Ils se réunissent quatre fois par an, au commencement de février, mai, août et novembre, pour dix jours au plus, sauf les convocations extraordinaires que peuvent faire, pour des objets spéciaux, les préfets ou sous-préfets. Le maire préside le conseil, excepté dans les séances où l'on examine ses comptes. Les délibérations sont inscrites sur un registre, et chaque contribuable de la commune peut en prendre communication. Le roi peut dissoudre un conseil municipal; mais il doit promptement en faire élire un autre, une commune ne devant pas rester sans ses conseillers ordinaires. Les délibérations sont nulles si elles sortent des attributions du conseil municipal, ou si elles ont été prises hors de la réunion légale. Les séances ne sont pas publiques; leurs débats ne peuvent être publiés officiellement qu'avec l'approbation de l'administration supérieure. — Les conseils sont nommés par l'assemblée des électeurs municipaux, où sont appelés les citoyens notables de la commune.

Le maire dresse, au commencement de chaque année, la liste de ceux qui, d'après la loi, doivent jouir des droits d'électeur; cette liste est affichée, et de plus communiquée, à la mairie, à tous ceux qui le demandent. Dans un court délai, le maire prononce sur les réclamations contre les omissions ou les inscriptions illégales de la liste; le préfet décide, si on recourt contre la décision du maire; celui-ci fait, s'il y a lieu, les rectifications ordonnées. — Les assemblées d'électeurs sont convoquées par le préfet; elles se divisent en sections, selon le nombre des électeurs: elles ne peuvent s'occuper que des élections. Le maire les préside, et ses adjoints, s'il y a plusieurs sections; le président a la police des séances. Les formes du vote et du scrutin sont analogues à celles qui s'observent pour la nomination des députés. Les élections peuvent être annulées de la même manière que celles des conseillers de département (*voyez* p. 82).

Il y a des objets que les conseils municipaux règlent avec plus ou moins d'autorité, d'autres sur lesquels ils donnent seulement leur avis. Lorsqu'ils règlent le mode d'administration des biens communaux, ou le mode de jouissance des pâturages et fruits, autres que les bois, leurs délibérations s'exécutent si, dans les trente jours, le préfet ne les a pas annulées, ou n'en a pas suspendu l'exécution pendant trente autres jours. Les autres délibérations concernant les biens, les dépenses, les actes, recettes, travaux des communes, ne peuvent pas être annulées, mais ne s'exécutent qu'après avoir reçu l'approbation du préfet, du ministre, ou du roi, selon leur importance. Ces différentes précautions ont pour but de prévenir les conséquences des erreurs que les conseils municipaux pourraient commettre, dans leur administration, au préjudice des intérêts des habitants. Les lois et règlements exigent qu'on prenne l'avis des conseils municipaux sur un grand nombre d'objets, par exemple, la distribution des secours publics, les projets d'alignement de grande voirie dans l'intérieur des communes, les comptes et budgets des établissements de bienfaisance, etc. Le conseil réclame, s'il y a lieu, contre la part de la commune dans la répartition des impôts; il délibère sur les comptes annuels du maire et des receveurs; il peut exprimer son vœu sur tous les objets d'intérêt local. Mais il lui est défendu de sortir de la sphère de la commune, de s'occuper d'affaires qui lui soient étrangères, et de faire ni publier aucune protestation, proclamation ou adresse.

4°. *Des biens des communes.* Les uns demeurent consacrés à un usage public, comme les rues, places, chemins, bâtiments servant à l'administration communale; d'autres s'exploitent au profit de la commune en masse, comme les moulins, les terres, le produit des perceptions autorisées, etc.; d'autres enfin, qu'on appelle proprement biens communaux, sont ceux dont les habitants jouissent en nature, tels que les pâturages communs, le bois d'affouage, etc. Le mode de jouissance de ces biens est déterminé par les conseils municipaux. Pour y prendre part, il faut être Français et résider depuis au moins un an dans la commune; le partage ne se fait point par individu, ce qui serait trop minutieux et pourrait conduire à des discussions dans les familles, mais par *feux*; on nomme ainsi les gens mariés, ou les garçons ayant leur ménage particulier. Les réclamations contre le partage sont jugées par le conseil de préfecture, sauf recours au Conseil d'État. Les habitants ne peuvent se partager entre eux le fonds même qui donne les produits: après en avoir joui, ils doivent laisser le même avantage aux générations qui leur succéderont.

5°. *Des dépenses, des recettes et du budget des communes.* On appelle dépenses *obligatoires* toutes celles qui sont nécessaires à l'administration et à l'existence de la commune, telles que le payement du personnel et du matériel de l'administration, l'acquittement des dettes, et en général toutes les dépenses qu'une loi met à la charge des communes. Toutes les dépenses non rangées dans cette classe sont purement facultatives; les communes sont libres de les faire ou de ne pas les faire. Les communes payent leurs dépenses obligatoires avec leurs revenus : en cas d'insuffisance, il y est pourvu par le conseil municipal, qui propose une vente de biens, un emprunt, ou une imposition extraordinaire; s'il ne l'a pas fait, l'autorité peut y suppléer d'office, ainsi qu'on le verra quand nous parlerons du budget de la commune. Pour empêcher les dépenses excessives et inconsidérées, aucune construction ou reconstruction ne peut être autorisée que sur la production des projets, soumis à l'approbation du ministre quand la dépense excède 30,000 francs, et du préfet, quand elle est moindre. Les entreprises pour travaux et fournitures au nom des communes sont données avec concurrence et publicité; toutefois, il peut être traité de gré à gré, avec l'approbation du préfet, quand la valeur n'excède pas 3,000 francs, et avec l'approbation du ministre, dans les cas, d'ailleurs limités, où il y a convenance ou nécessité à traiter avec une personne déterminée. Les règles pour les adjudications sont les mêmes que quand il s'agit de marchés passés au nom de l'Etat.

Les communes ont des recettes ordinaires, composées des revenus de leurs biens et du produit des droits habituellement perçus à leur profit, et des recettes extraordinaires, composées des contributions extraordinaires, du prix des biens vendus, des libéralités, du produit des coupes extraordinaires, des emprunts, en un mot, de toutes les recettes purement accidentelles. L'autorité intervient dans les emprunts et les contributions extraordinaires, qui pourraient ruiner les communes si l'usage de cette faculté n'était pas surveillé. Les précautions sont plus ou moins sévères, selon que les revenus ordinaires de la commune sont au-dessus ou au-dessous de 100,000 fr.

Une des principales branches des recettes municipales, c'est l'*octroi*, droit établi sur la consommation intérieure d'une commune; ses règlements et ses tarifs sont arrêtés par une ordonnance royale. Les objets qui peuvent être soumis à l'octroi se rangent en cinq classes : boissons et liquides, comestibles, combustibles, fourrages, matériaux; ne peuvent y être compris les grains, farines, fruits, beurre, lait et autres menues denrées, nécessaires à la nourriture de tout le monde. Des bureaux de recette pour l'octroi sont établis à l'entrée des villes et faubourgs. On doit y déclarer les objets soumis aux droits, et payer; les employés sont autorisés à faire toutes les recherches dans les bateaux, voitures et autres moyens de transport. Le gouvernement prélève toujours un dixième sur les droits d'octroi. — S'il s'élève des constestations sur l'application de la peine encourue pour une infraction à l'octroi, elles sont jugées par les tribunaux de police, ou de police correctionnelle; s'il s'agit d'un débat sur l'application du tarif ou la quotité du droit exigé, le juge de paix prononce. L'amende pour contravention est égale à la valeur de l'objet qu'on a voulu introduire en fraude.

Les recettes et les dépenses de la commune sont fixées d'avance dans son budget annuel, proposé par le maire, voté par le conseil municipal, arrêté par le préfet, excepté dans les villes qui ont plus de 100,000 francs de revenu, où il est réglé par une ordonnance du roi. Le préfet ou le roi peuvent rejeter ou réduire les dépenses proposées; ils ne peuvent y ajouter que pour satisfaire à des dépenses obligatoires, et si les ressources ordinaires n'y suffisent pas; il est alors pourvu par le conseil municipal, sinon au moyen d'une imposition extraordinaire autorisée par une ordonnance ou par une loi. Les dépenses reconnues nécessaires après le règlement du budget peuvent être autorisées par le préfet ou par le ministre. Les conseils municipaux peuvent aussi allouer d'avance, dans les budgets, des sommes pour dépenses imprévues.

6° *Des engagements et des dons*. L'autorité doit intervenir pour empêcher l'effet d'engagements qui pourraient porter atteinte aux propriétés des communes, ou de libéralités dont l'acceptation pourrait être onéreuse. Suivant la richesse de la commune et l'importance de l'opération, les délibérations du conseil municipal sont rendues exécutoires par le préfet, par le ministre ou par le roi, lorsqu'il s'agit d'acquisitions, de ventes, d'échanges ou de partages de biens possédés en commun par une commune et d'autres propriétaires. Une ordonnance du roi est nécessaire pour autoriser celui à qui une commune doit, à faire vendre des biens de cette commune pour se faire payer. Les délibérations du conseil municipal qui acceptent une libéralité faite à une commune ou à un établissement communal, doivent être approuvées par le préfet ou par le roi, selon l'importance de l'objet, et suivant qu'il n'y a pas ou qu'il y a réclamation.

7°. *Des procès et des transactions*. Il faut garantir les communes contre les inconvénients et les dépenses des procès mal fondés; c'est pourquoi une autorisation du conseil de préfecture, susceptible de recours devant le Conseil d'Etat, est nécessaire pour qu'une commune puisse intenter ou soutenir un procès. C'est le maire qui représente la commune en justice ; quand il s'agit d'un procès avec une section de commune, celle-ci est représentée par un membre d'une *commission syndicale* que le préfet nomme parmi les électeurs municipaux. Si le maire a personnellement un procès contre la commune, il est remplacé par un adjoint. La personne qui a gagné son procès contre la commune, se pourvoit devant le préfet; celui-ci avise aux moyens de faire payer, ce qui a lieu, le plus souvent, par une contribution extraordinaire. Les transactions, arrangements qui préviennent ou terminent un procès, doivent être approuvés par le préfet, ou par le roi, s'il s'agit de plus de 3,000 fr.

8°. *De la comptabilité des communes.* Les comptes du maire, présentés au conseil municipal, sont approuvés par le préfet, ou par le ministre si la commune a au moins 100,000 fr. de revenu. Les payements sont ordonnancés par le maire, ou, sur son refus, par le préfet. Les recettes se font ordinairement sur des états dressés par le maire. Les comptes du receveur municipal sont réglés par le conseil de préfecture ou par la Cour des comptes, si la commune a plus de 30,000 fr. de revenu; il en est de même des comptes des établissements de bienfaisance. Les receveurs municipaux et ceux de ces établissements sont sous la surveillance des receveurs des finances. Leur comptabilité peut être vérifiée par les inspecteurs des finances. Les comptables en retard de présenter leurs comptes peuvent y être contraints par des amendes. Les budgets et comptes des communes sont déposés aux mairies, où tout contribuable peut en prendre connaissance.

9°. *De la responsabilité des communes.* Dans l'intérêt de la sécurité publique, il y a des cas où la commune entière répond des fautes de ses habitants; c'est ce qui a lieu notamment lorsque des délits contre les personnes ou les propriétés ont été commis à force ouverte ou par violence, sur le territoire d'une commune, par des attroupements ou rassemblements, lorsque des communications ont été interceptées, lorsque les cultivateurs tiennent leurs voitures démontées, ou n'exécutent pas les réquisitions faites légalement pour des transports. La responsabilité, dans le premier cas, cesse si la commune prouve qu'elle avait pris des mesures pour prévenir les délits et en faire connaître les auteurs. Ce sont les tribunaux qui prononcent sur les cas de responsabilité: les condamnations sont exécutées dans un très-court délai.

§ 13. *Des établissements qui se rattachent soit aux départements, soit aux communes.*

Indépendamment des fabriques d'églises (p. 44) et des écoles primaires (p. 46), ces établissements sont de trois espèces :

1°. *Prisons.* Nous parlerons ailleurs des prisons pour les individus non jugés. Pour les condamnés, il y a : les *maisons de police municipale*, dans chaque canton, qui reçoivent les condamnés par jugement de police municipale, et servent de dépôt de sûreté pour les individus transférés d'une prison dans une autre ; les *maisons de correction*, qui renferment, dans chaque département, les condamnés par jugement correctionnel, et peuvent aussi recevoir les prisonniers pour dettes, les enfants enfermés sur la demande de leur famille ; les *maisons centrales de détention*, qui renferment des condamnés frappés par les Cours d'assises, ou atteints par les tribunaux correctionnels d'un emprisonnement d'un an et plus. Ces différentes espèces de détenus ne présentant pas les symptômes d'une égale corruption, doivent être logés dans des quartiers séparés. L'administration veille à la sûreté, à la salubrité, à toutes les parties du régime des prisons, soumises à l'inspection d'un conseil gratuit de cinq personnes, présidé par le maire. Les prisons sont visitées, à des époques fixées, par les maires, les préfets et les présidents des Cours d'assises.

2°. *Etablissements pour la répression de la mendicité.* Il est défendu de mendier. Ceux qu'une infirmité ou l'âge rend incapables de travailler sont reçus dans des maisons de refuge, des hospices, ou des dépôts de mendicité entretenus par les départements. Des ateliers de charité sont destinés à donner de l'occupation aux ouvriers qui en manquent, dans la saison où le travail habituel n'offre plus de ressources.

3°. *Établissements de bienfaisance.* Les hospices sont destinés à recevoir, nourrir, loger et traiter gratuitement les pauvres, les orphelins, les vieillards et les infirmes; ceux qui reçoivent les malades s'appellent particulièrement hôpitaux. Les hospices sont administrés, dans chaque commune, gratuitement par une commission de cinq membres. Les commissions présentent les sujets pour les fonctions nécessaires à l'hospice. Le service des malades est fait par des infirmiers ou par des sœurs hospitalières, ou sœurs de charité, prises dans les congrégations autorisées par le gouvernement. Les hospices ont des biens et revenus qui leur servent pour payer leurs dépenses. L'administration intérieure appartient à la commission administrative, et est soumise à des règles de surveillance et d'autorisation analogues à celles qui régissent les communes.

Les bureaux de bienfaisance sont des commissions gratuites, spécialement destinées à donner des secours aux indigents valides et aux familles pauvres. Ils sont composés de cinq membres, nommés par le préfet, et renouvelés tous les ans par cinquième. Ils ont un trésorier; leurs droits, leur régime sont les mêmes que ceux des communes et des hospices.

Les dépenses nécessitées par les fous indigents sont considérées comme dépenses variables des départements, sans préjudice des secours que peuvent donner la commune de l'aliéné et l'hospice où il est placé. L'indemnité de 15 centimes par lieue, avancée par les maires aux voyageurs munis d'un passe-port d'indigent, et remboursée par les préfets, se prend aussi sur les fonds des dépenses variables.

Des asiles sont ouverts aux enfants trouvés, abandonnés ou orphelins pauvres. Les enfants trouvés sont ceux qui, nés de père et mère inconnus, ont été trouvés exposés ou portés dans les hospices destinés à les recevoir, et où leur arrivée est constatée avec tous les détails qui peuvent servir à les faire reconnaître : ils sont mis en nourrice ou en sevrage jusqu'à six ans. Les enfants abandonnés sont ceux dont les parents sont connus, mais les ont délaissés, sans qu'on sache ce que ces parents sont devenus, ou sans qu'on puisse recourir à eux. Les orphelins pauvres sont ceux qui n'ont ni père ni mère, ni moyens d'existence. Tous ces enfants sont sous la tutelle des commissions administratives des hospices. Ils sont mis d'abord en pension, puis en apprentissage. Pour subvenir aux frais de l'entretien et de l'éducation, l'État fournit chaque année une somme de quatre millions. En cas d'insuffisance, il y est pourvu sur les fonds affectés aux dépenses variables des départements, et, au besoin, par les communes, si le conseil général en émet le vœu ; les dépenses intérieures sont à la charge des hospices. Ceux-ci trouvent une ressource dans le revenu des biens que peuvent avoir acquis ou reçus les enfants qu'ils admettent, et dans leur succession, s'ils meurent sans laisser d'héritiers. Les parents qui veulent retirer des enfants exposés ou abandonnés doivent rembourser les dépenses, à moins de prouver leur indigence, et, dans tous les cas, il faut qu'ils prouvent, par un certificat du maire de leur commune, qu'ils sont en état d'élever leurs enfants et qu'ils en sont dignes par leur moralité.

§ 14. *Des tribunaux administratifs.*

La loi défendant aux tribunaux ordinaires de s'immiscer en rien dans les actes de l'administration, il s'ensuit que, lorsque ces actes donnent lieu à des contestations, elles doivent être jugées par des tribunaux administratifs. Afin de maintenir la ligne de démarcation entre les deux autorités, l'administration peut élever ce qu'on appelle un *conflit*, c'est-à-dire une réclamation ayant pour effet d'empêcher un tribunal de juger une affaire qui est de la compétence administrative : la question de compétence que fait naître le conflit est jugée souverainement par le Conseil d'Etat.

Des divers juges administratifs.

Le juge ordinaire du premier degré, dans les causes administratives, c'est le conseil de préfecture : la loi le déclare compétent dans un grand nombre de cas. Il procède sans formalité, et sans publicité ; ses décisions ont toute la force de véritables jugements : elles peuvent être attaquées devant le Conseil d'Etat. — Les ministres prononcent dans certaines affaires ; ils le font sans formes et sans frais : leurs décisions sont susceptibles d'un recours au Conseil d'Etat. — Les maires et sous-préfets ont très-rarement, les préfets très-souvent le caractère de juges administratifs.

Le tribunal administratif suprême, c'est le Conseil d'Etat. Un de ses comités, nommé *comité de justice administrative*, prononce sur les affaires contentieuses, soit celles qui lui sont soumises directement, soit celles où il décide comme juge d'appel des conseils de préfecture, des préfets et des ministres : il est tribunal de cassation, lorsqu'il annule pour vice de formes les décisions des tribunaux administratifs inférieurs, ou celles de la Cour des comptes, et quand il juge les questions de compétence administrative. Ses décisions sont rendues en forme d'ordonnances signées par le roi.

Le recours au Conseil d'Etat par voie contentieuse, c'est-à-dire quand on se plaint d'une violation de loi, de règlement, ou de formes, doit être intenté dans les trois mois, par une requête signée d'un avocat aux conseils du roi. Un maître des requêtes examine s'il y a lieu de rejeter ou d'admettre la requête ; si elle est admise, on la communique à la partie adverse, qui peut répondre ; quand la cause est en état d'être jugée, un maître des requêtes fait son rapport à une assemblée générale du conseil en séance publique; les avocats plaident; le conseil délibère, et quand l'ordonnance a été signée par le roi et par un ministre, elle est lue publiquement.

De la Cour des comptes.

Cette cour est spécialement chargée de vérifier la comptabilité publique, dans toute la France et aux colonies. Elle a des *conseillers-maîtres*, qui jugent, des *conseillers-référendaires*, qui font les rapports : elle se partage en trois chambres. Elle a un procureur général et des greffiers. Elle prononce sur l'appel des décisions des conseils de préfecture, relatives aux comptes des communes et des établissements de bienfaisance dont le revenu n'excède pas 30,000 fr. : elle juge sans recours les comptes des autres communes ou établissements de bienfaisance, et ceux de tous les comptables du trésor public. Elle constate, chaque année, par un *arrêt de conformité*, s'il y a concordance entre le résultat de tous ces comptes particuliers avec le résumé général présenté par les ministres, et avec le compte général de l'administration des finances.

Tous les comptables doivent lui envoyer leurs comptes : les référendaires dressent un rapport, dont une partie est relative aux comptes, l'autre contient des observations générales, sur lesquelles un rapport est fait annuellement au roi. Quand un référendaire a fait et déposé son rapport, le compte est de nouveau vérifié, et un second rapport est fait par un conseiller-maître; puis la Chambre délibère : son arrêt est notifié au comptable, qui peut l'attaquer ; la Cour prononce son arrêt définitif dans la même forme que le premier. Les arrêts définitifs peuvent être cassés par le Conseil d'Etat, pour violation des formes ou de la loi ; le conseil, s'il prononce la cassation, renvoie devant une autre Chambre de la Cour des comptes. Il y a lieu à la révision des arrêts définitifs quand les comptes présentent des omissions, des articles faussement employés ou répétés; un premier rapport est fait sur la question de savoir si la demande en révision doit être admise ou rejetée; si elle est admise, il est prononcé, après un second rapport, sur les motifs de la révision.

CHAPITRE III.

DU DROIT CIVIL.

On appelle lois civiles les lois relatives aux intérêts privés des citoyens entre eux. Elles sont de deux espèces : les unes règlent les droits et intérêts civils, les autres déterminent la manière de les faire valoir, c'est-à-dire la procédure; de là la division de ce chapitre en deux parties.

PREMIÈRE PARTIE.

DES DROITS CIVILS, CONSIDÉRÉS EN EUX-MÊMES.

§ 1er. *Des personnes, et de leurs droits et devoirs civils.*

Droits civils en général.

1°. *Jouissance et perte des droits civils.* Tous les Français jouissent des droits civils. On considère comme Français l'enfant d'étrangers, né en France, qui, plus tard, déclare qu'il veut s'y établir, et s'y fixe réellement; l'enfant né à l'étranger d'un père qui a perdu sa qualité de Français et qui ne doit pas souffrir de la faute de son père; l'étrangère qui épouse un Français. Les étrangers jouissent en France des mêmes droits dont jouissent chez eux les Français. Ils peuvent exercer en France tous les droits

6.

civils s'ils ont été admis par le roi à y demeurer, et cela tant qu'ils y restent. Enfin, ils peuvent devenir tout à fait Français par des lettres de naturalisation que le roi donne à ceux qui ont rendu des services à la France.

Les droits civils se perdent, avec la qualité de Français, par ceux qui renoncent à leur patrie, en obéissant à un souverain étranger, ou en s'expatriant sans esprit de retour; une autorisation du roi peut leur rendre leurs droits pour l'avenir. — Les condamnations judiciaires à la peine de mort ou à des peines perpétuelles emportent une privation si complète des droits civils, que ceux qui en sont atteints sont considérés comme morts civilement. Cette conséquence du jugement ne s'accomplit, à l'égard de ceux qui ont été condamnés sans être présents, qu'après un certain temps, et peut être révoquée s'ils se représentent, et font réformer la condamnation. La mort civile cesse par une *amnistie*, acte du roi qui abolit la condamnation ou même l'accusation : elle ne cesse pas par la *grâce* ou la *commutation*, aussi accordée par le roi, et qui ne fait remise que de tout ou partie de la peine : il faut alors obtenir des lettres de *réhabilitation*, dont nous parlerons ailleurs. Les jugements qui infligent des peines peuvent prononcer une privation partielle des droits civils.

2°. *Actes de l'état civil.* Les droits et les devoirs civils de chaque citoyen forment son état civil; cet état doit être constaté d'une manière certaine. Les actes qui l'établissent s'appellent actes de l'état civil : ils sont principalement relatifs à la naissance, au mariage et au décès. Ils sont inscrits, dans chaque commune, sur des registres tenus par les maires, et conservés dans des dépôts publics, où chacun peut s'en faire délivrer des extraits. Lorsqu'il n'y a pas eu de registres ou qu'ils sont perdus, on y supplée par les papiers de famille et des témoins. Les actes ne contiennent que les énonciations nécessaires, et se font avec l'assistance de témoins. — Les naissances doivent être déclarées sans délai, et les enfants présentés à l'officier de l'état civil : l'acte mentionne la date de la naissance, le sexe de l'enfant, la désignation détaillée des père et mère et des témoins, les prénoms de l'enfant; ces prénoms ne peuvent être pris que parmi ceux des calendriers ou des personnages connus de l'antiquité. Le nom de famille indiqué dans l'acte de naissance ne peut être changé par celui qui le porte, et il ne peut y être rien ajouté qu'en vertu d'une ordonnance du roi, rendue après un certain délai et des formes de publicité qui ont pour but d'avertir ceux qui voudraient former opposition à ce changement. Toute personne qui trouve un enfant nouveau-né doit le remettre à l'officier de l'état civil, et déclarer toutes les circonstances; un procès-verbal est dressé, qu'on inscrit sur les registres et qui sert d'acte de naissance. Nous parlerons plus loin des actes de mariage. Quant aux décès, ils sont constatés par l'inspection des personnes mortes : l'inhumation ne peut avoir lieu que sur une autorisation écrite, et vingt-quatre heures après le décès. L'acte de décès, rédigé sur la déclaration de deux témoins, contient toutes les désignations qui font bien connaître l'individu décédé. Si on soupçonne qu'il y a eu mort violente, l'état du cadavre est constaté d'abord, pour que la justice poursuive au cas où un crime aurait été commis. L'acte ne mentionne le genre de mort que lorsqu'elle a été glorieuse, par exemple, s'il s'agit d'un militaire tué au champ d'honneur. — Quand des erreurs ont été commises dans la rédaction des actes, les parties intéressées peuvent en demander aux tribunaux la rectification; l'acte lui-même n'est pas corrigé, ce pourrait être une cause de confusion dans les registres : mais les jugements de rectification sont inscrits, et il en est fait mention à côté de l'acte réformé.

3°. *Lieu où s'exercent les droits civils; domicile, absence.* Le domicile d'une personne est le lieu où elle exerce ses droits civils. Chacun a son domicile civil là où est son principal établissement ; les femmes mariées n'ont pas d'autre domicile que celui de leur mari, les enfants celui de leurs parents, les ouvriers celui de leur maître s'ils habitent sa maison. — On change de domicile en se déplaçant avec l'intention de se fixer ailleurs, intention qui résulte, soit d'une déclaration expresse, faite à la mairie, soit des circonstances. Celui qui accepte des fonctions à vie dans un endroit, par exemple, celles de juge, est considéré comme ayant voulu y transporter son domicile : il n'en est pas de même de l'acceptation de fonctions révocables. C'est au lieu du domicile d'une personne qu'on lui adresse tous les actes qui concernent ses intérêts, et que s'ouvre sa succession. La loi autorise et quelquefois ordonne de choisir, pour certains actes, un domicile différent du domicile réel.

La loi ne répute absent que celui dont on ignore la résidence, dont on n'a pas de nouvelles, et dont ainsi l'existence semble douteuse. Elle reconnaît deux degrés d'absence : celle de l'individu qui a quitté son domicile sans charger personne du soin de ses affaires, on l'appelle absence présumée ; celle de l'individu dont l'absence sans nouvelles dure depuis quatre ans, et qui peut être déclarée par les tribunaux, après une année employée à provoquer des nouvelles de l'absent. En vertu du jugement de déclaration d'absence, ceux qui ont des droits subordonnés au décès de l'absent, peuvent demander à les exercer, se faire mettre provisoirement en possession de ses biens, sauf à donner des garanties, et à rendre compte si l'absent revient ; ils gardent, en tous cas, une portion du revenu pour s'indemniser des frais de leur administration. Après trente ans ils jouissent de tout, et leur possession devient définitive. Toutefois, ils doivent rendre à l'absent ses biens, s'il vient à reparaître. L'absence la plus longue n'autorise pas l'époux de l'absent à contracter un nouveau mariage.

La surveillance des enfants d'un père absent appartient à la mère, ou, à son défaut, à la famille. Les intérêts des militaires absents sont protégés par des précautions particulières.

Droits et devoirs de famille.

Le mariage est la base des familles; aussi la loi s'en occupe avec beaucoup de soin. Pour pouvoir se marier les hommes doivent avoir dix-huit ans, et les femmes quinze. Le mariage doit être contracté librement, sans erreur, ni violence de part ou d'autre. Les jeunes gens doivent obtenir le consentement de leurs père et mère, ou, à leur défaut, des aïeuls; les fils après vingt-cinq ans, les filles après vingt et un, sont obligés de demander ce consentement trois fois de suite par des actes appelés *respectueux* : après trente ans, un seul de ces actes suffit. Ceux qui n'ont pas d'ascendants capables d'exprimer leur volonté, doivent obtenir le consentement d'un conseil de famille. Le mariage est défendu entre les parents les plus proches : une autorisation du roi peut le permettre entre les beaux-frères et belles-sœurs, oncles et nièces, tantes et neveux. Les mariages sont précédés de publications qui ont pour but d'avertir ceux qui voudraient s'y opposer. Le droit d'opposition appartient aux membres de la famille si le consentement nécessaire n'a pas été demandé, ou si l'un des futurs époux est atteint de folie; les père et mère ou autres ascendants n'ont pas besoin de motiver leur opposition. Les oppositions sont jugées promptement par les tribunaux. — Les mariages sont célébrés à la mairie, et publiquement; l'officier de l'état civil se fait remettre les actes qui constatent l'âge des futurs époux et le consentement des parents : il lit les articles de la loi concernant les devoirs mutuels des époux : il reçoit le consentement de chacun des deux futurs, et les déclare unis au nom de la loi; on dresse immédiatement sur les registres un acte de célébration mentionnant l'accomplissement des formalités. — Si un mariage a été contracté sans qu'on ait observé les conditions prescrites par la loi, la nullité peut en être demandée par les parents, par les époux, quelquefois même par le ministère public, à cause de l'importance des mariages pour le bon ordre de la société. En général, celui qui réclame le titre d'époux et les effets du mariage doit prouver que le mariage existe, preuve qu'il ne peut faire que par la production de l'acte de célébration. — Le mariage impose à ceux qui l'ont contracté l'obligation de nourrir et élever leurs enfants; de leur côté, ceux-ci doivent à leurs père et mère et autres ascendants, des aliments, c'est-à-dire ce qui est nécessaire à leur subsistance. Entre eux, les époux se doivent fidélité, secours, assistance. Le mari est le chef de l'union conjugale; son autorisation est nécessaire à la femme pour agir en justice, disposer de ses biens de son vivant, faire un commerce séparé; quand le mari ne peut donner son autorisation, il y est suppléé par celle de la justice. — Le mariage n'est rompu que par la mort de l'un des époux. Une veuve ne peut se remarier que dix mois après avoir perdu son mari. Quand un des époux a été condamné à une peine infamante, ou s'est rendu coupable, envers l'autre, de mauvais traitements ou injures coupables, les tribunaux peuvent ordonner que les époux seront séparés de corps, c'est-à-dire qu'ils auront chacun une habitation séparée, ce qui laisse subsister, d'ailleurs, les autres effets du mariage; seulement chacun des époux reprend la jouissance des biens qui étaient communs entre eux. La séparation n'est prononcée qu'après que le président du tribunal a essayé de réconcilier les époux.

Celui qui réclame le titre de fils de tel père, doit prouver sa filiation par son acte de naissance, ou à défaut, par la possession d'état, c'est-à-dire par les faits qui concourent à faire considérer, dans la société et dans la famille, un enfant comme fils ou fille de telle personne ; à défaut de possession d'état, la filiation peut se prouver par témoins, pourvu qu'il existe un commencement de preuve résultant d'actes et papiers de famille, ou de graves présomptions. Ceux qui contestent la filiation sont admis à faire la preuve contraire.

Les père et mère, en se mariant, donnent aux enfants qu'ils ont eus avant leur mariage les mêmes droits que s'ils étaient nés depuis le mariage ; cette légitimation ne peut avoir lieu au profit d'enfants nés d'une union contraire aux lois : ces enfants ne peuvent non plus être valablement reconnus par leurs parents.

La loi permet à ceux qui n'ont pas d'enfants de suppléer à la paternité par l'adoption, qui donne à l'adopté sur la succession de l'adoptant les mêmes droits qu'aurait un enfant légitime. L'adoption se fait devant le juge de paix, et doit être approuvée par le tribunal d'arrondissement et la Cour royale. Elle est ensuite inscrite sur les registres de l'état civil.

L'enfant, à tout âge, doit honneur et respect à ses père et mère ; la loi confirme ce principe sacré de religion et de morale : elle y ajoute une autorité positive, qui dirige, protége, et corrige quand il en est besoin. La puissance paternelle dure jusqu'à ce que l'enfant ait vingt et un ans, ou ait été émancipé, acte dont nous parlerons bientôt ; durant le mariage, elle est exercée par le père seul, qui peut, s'il a de graves sujets de mécontentement, faire enfermer son enfant en faisant délivrer l'ordre par le président du tribunal d'arrondissement, ou demander sa détention s'il a plus de seize ans. La puissance paternelle emporte avec elle le droit de jouir des biens personnels des enfants ; c'est une compensation des soins et dépenses de l'éducation : il y a exception pour les biens que les enfants ont gagnés par eux-mêmes, ou qu'on leur a donnés sous la condition qu'ils en garderaient le revenu.

État civil des mineurs, des fous et des prodigues.

Le temps pendant lequel les enfants et jeunes gens sont placés sous la surveillance d'une autorité qui protége leur inexpérience, s'appelle *minorité*; il dure jusqu'à l'âge de vingt et un ans accomplis. Ceux qui l'ont passé sont *majeurs*, et jouissent du plein exercice de leurs droits civils.

Tutelle. Durant le mariage, le père a la puissance paternelle sur ses enfants mineurs; si le mariage se dissout par la mort de l'un des époux, le survivant devient, de droit, *tuteur* des enfants. La mère qui se remarie doit faire décider par un conseil de famille si la tutelle lui demeurera. Le survivant des père et mère peut choisir un tuteur; s'il ne l'a pas fait, la tutelle appartient aux ascendants mâles les plus proches. A leur défaut, le tuteur est nommé par le conseil de famille, convoqué par le juge de paix, et composé par moitié, de six parents paternels et maternels, ou d'amis des père et mère, si les parents demeurent trop loin ou sont en nombre insuffisant. Dans toute tutelle, il y a un *subrogé tuteur*, espèce de surveillant ou d'adjoint, nommé par le conseil de famille; il agit pour le mineur quand ses intérêts sont en opposition avec ceux du tuteur. Certaines fonctions publiques, le grand âge, des infirmités graves, la charge de deux tutelles déja acceptées, l'existence de cinq enfants, dispensent d'accepter une tutelle : le conseil de famille prononce sur les excuses proposées, sauf recours aux tribunaux. Les personnes qui ne jouissent pas de leurs droits civils, et celles qui ont ou dont les père et mère ont avec le mineur un procès important, ne peuvent pas être tuteurs; en sont déclarés indignes les condamnés à des peines graves, et les gens dont l'inconduite, l'incapacité ou l'infidélité sont généralement connues; ces derniers motifs font aussi destituer d'une tutelle commencée : la délibération motivée du conseil de famille qui prononce la destitution peut être déférée aux tribunaux par le tuteur. — L'administration du tuteur concerne la personne ou les biens du mineur : quant à la personne, le tuteur doit en prendre soin, diriger son éducation, sous la surveillance du conseil de famille ; il a les droits de correction que donne la puissance paternelle ; il représente le mineur dans tous les actes, notamment dans les procès. Pour les biens, son obligation générale est de les administrer en bon père de famille et de répondre des suites de sa gestion. Il fait seul les actes d'administration ; par exemple, il loue les biens, fait payer ce qui est dû au mineur, paye ce qui est dû par lui, etc. D'autres actes plus importants ont besoin de l'autorisation du conseil de famille ; telle est l'acceptation d'un don ou d'une succession. D'autres enfin exigent, indépendamment de l'autorisation du conseil de famille, l'approbation du tribunal : tels sont les emprunts, les transactions, les ventes de biens du mineur, opérations dont la nécessité ou l'utilité doit être bien constatée. Les ventes se font avec des formalités qui tendent à attirer le concours des acheteurs. Le partage des biens d'un mineur ne peut avoir lieu qu'en justice. — Tout tuteur doit compte de sa gestion quand elle est finie ; les contestations sur ce compte sont déférées aux tribunaux. — La tutelle des enfants abandonnés et admis dans les hospices appartient aux commissions administratives, qui l'exercent par un de leurs membres ; elle dure autant que la tutelle ordinaire.

Emancipation. L'émancipation est un acte qui fait cesser, avant la majorité, la puissance paternelle ou la tutelle. Le mariage d'un mineur l'émancipe, puisqu'alors il devient lui-même chef de famille. Hors ce cas, l'émancipation se fait devant le juge de paix : elle peut être accordée par le père, ou, à son défaut, par la mère, au mineur qui a quinze ans révolus ; il faut qu'il ait dix-huit ans pour pouvoir être émancipé, s'il n'a plus ni père ni mère, par une délibération du conseil de famille. L'émancipé fait seul les simples actes d'administration : pour les plus importants, il a besoin de l'assistance d'un *curateur*, nommé par le conseil de famille; pour les emprunts, et autres actes qui dépassent les limites de l'administration, il doit suivre les formes prescrites au mineur non émancipé. S'il abuse de l'émancipation, elle peut lui être enlevée; il retombe alors en tutelle jusqu'à sa majorité. Les commissions des hospices peuvent, comme les père et mère, émanciper les enfants qui sont sous leur tutelle.

Interdiction. Un individu majeur peut être *interdit*, c'est-à-dire privé du droit de disposer de sa personne et d'administrer ses biens, quand il est en état d'imbécillité ou de folie. L'interdiction, mesure de précaution, quelquefois de sûreté, peut être provoquée par tous les parents, par l'époux, et s'il n'y en a pas, par le procureur du roi, qui doit toujours agir quand il s'agit d'une folie furieuse. Pour que l'interdiction ne puisse pas servir à couvrir les mauvais desseins des parents, il faut qu'elle soit demandée aux tribunaux, qui ne la prononcent qu'après avoir interrogé la personne qu'on présente comme imbécile ou comme folle, après avoir vu les pièces justificatives, et, au besoin, avoir entendu des témoins. Pendant le procès, la personne et les biens peuvent être confiés à un administrateur provisoire. Si le tribunal rejette l'interdiction, il peut nommer un conseil sans l'assistance duquel la personne dont l'interdiction était démandée ne pourra ni agir en justice, ni disposer de ses biens : car il peut arriver qu'un individu ne soit pas en démence, mais que la faiblesse de son esprit demande une protection spéciale. Les jugements qui prononcent ou qui refusent l'interdiction sont soumis à l'appel; ceux qui la prononcent doivent être affichés, afin d'avertir les personnes qui voudraient traiter avec l'interdit. Celui-ci est pourvu d'un tuteur et d'un subrogé tuteur, comme lorsqu'il s'agit d'un mineur. Les actes qu'il passe depuis le jugement d'interdiction sont nuls : ceux qui ont précédé peuvent être annulés, si, à cette époque, la cause de la nullité existait notoirement. L'interdiction est levée quand sa cause a cessé, d'après un avis du conseil de famille, et en suivant les mêmes formalités que pour la faire prononcer.

Conseil judiciaire. Pour préserver un prodigue de sa ruine complète, les tribunaux peuvent, selon les circonstances, lui donner un conseil, sans l'assistance duquel il ne peut plaider, transiger, emprunter, ni disposer de ses biens. Cette mesure est provoquée, prononcée et révoquée comme l'interdiction.

§ 2. *Des biens et des droits auxquels ils donnent lieu.*

De la distinction des biens.

On appelle *immeubles* les biens qui tiennent ou sont censés tenir au sol, de manière à ne pouvoir être déplacés; et *meubles*, ceux qui se déplacent et se transportent à volonté. Les fonds de terre, les bâtiments sont évidemment immeubles par leur nature : on considère comme faisant partie du fonds, et, par conséquent, comme immeubles par destination, les objets que le propriétaire a placés pour le service et l'exploitation du fonds, tels que les ustensiles de culture, les pressoirs, les pailles et engrais, les objets qu'il y a attachés à perpétuelle demeure, par exemple, les glaces, tableaux, ornements scellés dans le mur ou la boiserie; enfin la loi qualifie d'immeubles les droits exercés sur une chose immobilière. — Les animaux, les étoffes, etc., sont meubles par leur nature. La loi range parmi les choses mobilières les droits qui ont pour objet des choses de cette espèce ou de l'argent, les intérêts dans des entreprises, les rentes sur l'État ou sur des particuliers, les constructions, comme bateaux ou moulins, non fixées sur des piliers, les matériaux de démolition d'un immeuble.

On peut avoir sur les biens un droit de propriété ou de jouissance, ou des services à prétendre.

De la propriété.

La propriété est le droit de jouir et de disposer d'une chose. Ce droit ne s'exerce qu'à la condition de ne pas nuire à autrui.

Le propriétaire a droit à tout ce que la chose produit, ce qu'on appelle *fruits*. Il y a des choses qui par elles-mêmes ne produisent rien, mais qui, aux yeux de la loi, ont néanmoins des fruits; par exemple, une somme d'argent a pour fruit les intérêts qu'elle rapporte quand elle est prêtée. Celui qui possède une chose dont il sait n'être pas propriétaire, n'a pas le droit de garder les fruits; il en est autrement s'il était de bonne foi, c'est-à-dire s'il possédait comme propriétaire en vertu d'un titre dont il ignorait les vices.

Le propriétaire a droit à tout ce qui s'unit à sa chose. Ainsi la propriété du sol emporte le droit de construire et planter dessus, de fouiller et extraire dessous, sauf l'observation des lois sur les mines (chap. 1er, p. 21). Les propriétés qui bordent un fleuve ou une rivière profitent des alluvions, c'est-à-dire des accroissements qui s'y forment insensiblement; si le transport des terres a été brusque et violent, le propriétaire de la portion détachée et reconnaissable peut la réclamer pendant un an. Les îles des rivières navigables ou flottables sont à l'Etat; les autres appartiennent aux riverains de chaque côté. Si un fleuve ou une rivière abandonne son lit, les propriétaires des fonds envahis se partagent l'ancien lit abandonné. Quand une personne emploie son travail à des matériaux qui ne lui appartenaient pas, ou quand il y a mélange de matières appartenant à des propriétaires différents, les tribunaux règlent les droits de chacun selon ce qui leur paraît équitable.

Un auteur, un artiste ont seuls le droit de recueillir ou de céder à d'autres le bénéfice que produisent leurs ouvrages. Ce droit, pour les livres, gravures, lithographies, est subordonné à la condition, établie dans l'intérêt public, du dépôt de deux exemplaires à la Bibliothèque royale. Le droit dure pendant toute la vie de l'auteur, passe à sa veuve et à ses enfants pour vingt ans, et aux autres héritiers pour dix ans. Celui des auteurs dramatiques, pour la représentation de leurs pièces, dure cinq ans après leur mort : quant aux auteurs vivants, leurs pièces ne peuvent être représentées sur aucun théâtre public de France sans leur consentement. La violation des droits de propriété littéraire s'appelle *contrefaçon*.

De l'usufruit, de l'usage et de l'habitation.

L'usufruit est la jouissance d'une chose dont une autre personne garde la propriété; celui à qui ce droit appartient s'appelle *usufruitier*. Il a la jouissance des fruits de toute espèce; il peut se servir des choses qui se consomment par l'usage, comme le blé, le vin, etc., sauf à en rendre, à la fin de l'usufruit, pareille quantité, qualité et valeur, ou le prix. Il ne peut rien faire qui nuise à la propriété : de son côté, le propriétaire ne peut rien faire qui empêche les droits de l'usufruitier. Celui-ci doit, en entrant en jouissance, constater les choses qu'il prend, afin que l'on connaisse ce qu'il sera tenu de rendre, et, s'il n'en a pas été expressément dispensé, donner caution qu'il jouira en bon père de famille. Durant sa jouissance, il est tenu des réparations d'entretien, et des charges annuelles, comme les impôts. Son droit cesse par sa mort naturelle ou civile, par l'expiration de la durée fixée pour l'usufruit, par la réunion, dans la même personne, des droits de propriétaire et d'usufruitier, par le non-usage pendant trente ans, par la renonciation, par la perte de la chose, par des abus graves dans la jouissance. — Le droit d'usage ne donne que la jouissance des fruits nécessaires à l'usager, et à sa famille, actuelle ou future; celui d'habitation ne donne que la faculté de demeurer dans une maison, en n'y prenant que ce qui est nécessaire pour la personne et la famille; du reste, ils s'établissent et se perdent comme l'usufruit.

Des servitudes ou services fonciers.

On appelle ainsi des charges imposées à un fonds pour l'utilité d'un autre fonds, appartenant à un autre propriétaire. Elles proviennent, soit de la situation des lieux, soit de la loi, soit de la volonté des particuliers. Dans la première classe se rangent l'obligation de recevoir les eaux découlant naturellement d'un fonds supérieur, celle de n'user des eaux qui bordent ou traversent une propriété, qu'à charge d'observer les usages ou règlements, et de ne pas nuire aux autres propriétaires, le droit d'exiger le bornage entre deux propriétés contiguës, celui de clore son héritage, quand il n'y a pas nécessité de laisser le passage libre. Les principales servitudes établies par la loi sont : la mitoyenneté, qui consiste à déclarer commune à deux voisins et à soumettre à des obligations communes la propriété des murs, haies ou fossés de separation; l'obligation de laisser une distance entre certaines constructions nuisibles, comme des fosses d'aisance, et le mur voisin; les conditions imposées à l'ouverture des jours sur les propriétés voisines; l'obligation de ne pas faire tomber l'eau des toits sur le voisin; l'obligation de livrer passage, sur son fonds, moyennant indemnité, au propriétaire qui n'a point d'issue pour arriver au chemin public.

Quant aux servitudes établies par la volonté des particuliers, leur nature et leur étendue dépendent des actes qui les constituent. La preuve de l'existence d'une servitude est un titre écrit, ou la possession, selon que son exercice ne se manifeste pas, ou se manifeste par des signes extérieurs permanents : par exemple, il faut un titre pour pouvoir jouir du droit d'empêcher son voisin d'élever un mur à une certaine hauteur, tandis qu'il suffit d'avoir, depuis le temps nécessaire à l'acquisition d'une servitude, une fenêtre ouverte sur le fonds voisin, pour y prétendre un droit de vue. Celui à qui une servitude est due ne peut rien faire qui tende à en diminuer l'usage ou à le rendre plus incommode : celui qui la doit ne peut rien faire qui en rende l'exercice plus onéreux.

Les servitudes finissent par l'événement qui a mis les choses en état tel qu'on ne puisse plus en user, et elles revivent si les choses sont rétablies de manière qu'on puisse l'exercer ; tel serait le cas de l'incendie et de la réédification d'une maison qui avait droit de vue sur le fonds voisin ; par la réunion des deux fonds dans la même main, car on ne peut se devoir une servitude à soi-même ; enfin par le non-usage pendant trente ans, ce qui fait supposer une renonciation.

§ 3. *Des différentes manières d'acquérir.*

Les chasseurs et les pêcheurs deviennent propriétaires des animaux qu'ils prennent. Celui qui trouve un trésor, c'est-à-dire une chose enfouie ou cachée, découverte par le hasard, et dont on ne connaît pas le maître, en acquiert toute la propriété, si la découverte se fait sur son propre fonds, la moitié si c'est sur le fonds d'autrui. On acquiert par la *prescription*, c'est-à-dire par la possession continuée pendant un certain temps. La propriété s'acquiert, le plus souvent, par succession, par donation ou testament, par l'effet des obligations, surtout des contrats.

Des successions.

Ce mode d'acquérir consiste dans la transmission, par la loi, après le décès d'un individu, des biens qu'il possédait, à des personnes appelées dans un ordre déterminé.

La succession d'une personne s'ouvre par la mort naturelle ou civile. Si plusieurs personnes appelées à hériter l'une de l'autre, périssent dans le même accident, les circonstances décident quelle est celle qui a dû mourir la première : dans l'absence de circonstances, on se règle d'après l'âge et le sexe des personnes. Ceux qui n'existent pas encore ou qui sont morts civilement ne peuvent pas succéder. Sont exclus comme indignes ceux qui se sont rendus coupables de torts graves envers le défunt ou sa mémoire.

L'ordre des successions est déterminé par l'affection présumée du défunt; elles sont donc déférées d'abord aux descendants, ensuite aux ascendants et aux parents collatéraux. Les enfants d'une personne morte la représentent dans la succession de leurs ascendants ou de leur oncle ou tante. — Les enfants et descendants succèdent également, sans privilége pour les aînés ni pour les garçons; ceux qui représentent un enfant ou descendant ne prennent ensemble que la part de la personne qu'ils représentent : ainsi, qu'un père meure, laissant un fils et deux enfants d'un autre fils; le premier prendra la moitié de la succession, les deux autres la seconde moitié; on ne divisera pas par tiers, comme on aurait fait s'il y avait eu trois enfants du défunt. Si une personne ne laisse ni enfants ni descendants, mais des frères ou sœurs et des ascendants, ceux-ci prennent la moitié, les autres aussi la moitié; si les père et mère sont morts, les frères ou sœurs prennent la totalité, les trois quarts, si l'un des deux seulement est mort. Les collatéraux plus éloignés concourent avec les ascendants. Après le douzième degré de parenté on ne succède plus.

Les enfants nés de personnes non mariées ont des droits moindres que ceux des enfants nés du mariage, s'ils ont été reconnus. Celui qui n'a aucune espèce d'héritiers, laisse ses biens à son époux, sinon ils sont recueillis par l'Etat; ces deux derniers successeurs sont obligés d'obtenir de la justice la possession des biens, tandis que les véritables héritiers sont saisis de plein droit de la succession.

Personne n'est obligé d'accepter une succession. Celui qui veut accepter, peut le faire ou expressément par écrit, ou tacitement par un acte qui suppose nécessairement la qualité d'héritier, par exemple, s'il vend un bien dépendant de la succession. La renonciation ne se présume pas, car on ne doit pas facilement penser qu'une personne rejette une chose avantageuse; il faut donc que la renonciation à une succession soit expresse, et même qu'elle soit faite au greffe du tribunal d'arrondissement. Celui qui a renoncé peut encore accepter si la succession n'a pas été prise par un autre. On ne peut jamais renoncer à la succession d'une personne vivante, ni traiter des droits qu'on en attend: des spéculations sur la mort d'un parent seraient odieuses. — Entre l'acceptation et la renonciation, il y a un moyen terme qui consiste à n'accepter qu'après avoir constaté l'état de la succession. Cette acceptation, appelée *sous bénéfice d'inventaire*, se fait au greffe du tribunal, et doit être accompagnée, dans le délai de trois mois, d'un *inventaire*, ou description des biens de la succession. L'héritier a quarante jours, après le délai ou après la confection de l'inventaire, pour délibérer s'il acceptera: les délais peuvent être prorogés. Celui qui n'accepte que sous bénéfice d'inventaire n'est tenu des dettes que jusqu'à concurrence de ce qu'il recueille dans la succession; il peut même s'en décharger complétement en abandonnant tout; il peut réclamer personnellement ce qui lui est dû, administre la succession, et paye les créanciers avec le prix des biens qu'il vend à cet effet. — Si personne ne réclame ou ne veut recueillir une succession, elle est réputée vacante; le tribunal lui nomme un administrateur, qui doit rendre compte, et verse les sommes qu'il recueille à l'administration du domaine, puisque, dans ce cas, c'est l'Etat qui hérite.

La possession en commun donnant lieu à des contestations qu'il importe de prévenir, le partage d'une succession peut toujours être demandé par chacun des héritiers : on ne peut, du moins, s'interdire cette faculté pour plus de cinq ans. Entre personnes majeures et présentes, le partage se fait dans la forme et aux conditions qui leur conviennent; s'il y a des mineurs ou des absents, qui ne peuvent agir par eux-mêmes, il exige l'intervention d'un notaire et de la justice, pour l'évaluation des biens, les comptes entre les héritiers, la formation et le tirage des lots à partager et le jugement des difficultés que ces opérations feraient naître. Chaque héritier contribue aux dettes en proportion de ce qu'il prend; les héritiers sont tenus de toutes les dettes du défunt, même quand elles dépasseraient ce qu'ils ont trouvé dans la succession, excepté dans celui d'acceptation sous bénéfice d'inventaire. Les copartageants se garantissent mutuellement leur part s'ils sont troublés ou dépouillés pour une cause antérieure au partage. Celui qui a été victime d'une violence ou d'une fraude, ou qui a reçu une part inférieure de plus d'un quart à ce qu'elle aurait dû être, peut attaquer le partage. Tout héritier doit rapporter à la succession, soit en remettant les objets en nature, soit en prenant d'autant moins pour sa part tout ce qu'il a reçu du défunt, à moins qu'il n'en ait été expressément dispensé par ce dernier, ou par la loi, ce qui arrive quand le don était plutôt l'accomplissement d'un devoir qu'une véritable libéralité, par exemple, les sommes données par un père pour frais d'éducation, d'apprentissage, d'études, etc.

Des dispositions gratuites, donations, testaments.

On acquiert par l'effet d'une libéralité dont on devient l'objet. Les moyens principaux de disposer gratuitement sont les donations entre personnes vivantes, appelées *entre-vifs*, et les *testaments*, mode de disposer de ce qu'on laisse en mourant. Pour pouvoir disposer de ses biens par donation ou par testament, il faut jouir de ses droits civils et de ses facultés d'esprit. Les mineurs ont une capacité de donner moins étendue que les majeurs. La loi restreint aussi, dans certaines circonstances, le droit de recevoir ; les hospices, les pauvres, les communes, les établissements religieux ont besoin d'une autorisation pour accepter valablement. Seraient nulles les dispositions déguisées dans l'intention d'éluder les prohibitions de la loi, par exemple, celles qui, pour arriver à une personne incapable de recevoir, seraient déguisées sous la forme d'une vente, ou s'adresseraient à une personne qui ne serait qu'interposée pour remettre le don à l'incapable. Il ne faut pas qu'on puisse injustement déshériter ses plus proches parents ; c'est pour cela que les libéralités ne peuvent excéder une portion de biens plus ou moins grande selon qu'on laisse plus ou moins d'enfants, ou, à défaut d'enfants, des père et mère ou autres ascendants; cette portion non disponible s'appelle *réserve*. Ceux qui y ont droit peuvent demander la réduction des libéralités qui l'excèdent.

Donations entre-vifs. Elles consistent dans la transmission immédiate et irrévocable de la chose donnée, à une personne qui l'accepte expressément. La donation et l'acceptation doivent être constatées par-devant notaires. Les personnes sous la puissance d'autrui et les établissements publics acceptent par l'organe de leurs représentants. Les donations d'immeubles doivent être transcrites sur un registre particulier, afin de rendre public le changement de propriétaire; celles d'objets mobiliers doivent être accompagnées d'un état estimatif qui en fait connaître l'importance. Comme la donation produit son effet immédiatement, elle ne peut comprendre que des biens présents, et ne peut imposer la charge de payer d'autres dettes que celles qui existent actuellement. Le donateur peut se réserver de reprendre les biens donnés si le donataire meurt avant lui; il est libre d'étendre cette condition à la mort du donataire et de ses enfants. Celui qui a donné ne peut, par sa seule volonté, révoquer sa donation; mais elle est révocable si les conditions sous lesquelles elle a été faite n'ont pas été remplies, si le donataire s'est rendu coupable d'ingratitude envers le donateur par des actes graves que la loi détermine, enfin s'il survient au donateur des enfants, parce qu'on suppose que, si ces enfants avaient existé, la donation n'aurait pas eu lieu. Il n'y a que peu d'exceptions aux deux dernières causes de révocation.

Testaments. Ils sont, selon la forme adoptée par le testateur, de trois espèces: le testament *olographe*, écrit, daté et signé en entier de la main du disposant; le testament *par acte public*, dicté par le testateur, reçu par deux notaires, en présence de deux témoins, ou un notaire et quatre témoins, écrit par le notaire, lu, en présence des témoins, puis signé par toutes ces personnes, précautions qui ont pour but de s'assurer que ce qui a été écrit est bien la volonté du testateur; enfin le testament *mystique* ou *secret*, écrit ou signé par le disposant, ensuite présenté, sous enveloppe, au notaire et à six témoins, auxquels il déclare que cet écrit est son testament; le tout est constaté par un acte dressé sur le papier servant d'enveloppe. D'autres formes de tester sont permises dans des cas exceptionnels où l'on ne pourrait suivre les règles ordinaires; tels sont les testaments faits sur mer, ou durant une maladie contagieuse, ou par des militaires hors de France. — L'inobservation des formalités légales entraîne la nullité des testaments. — Quand on veut obtenir l'exécution d'un testament olographe ou mystique, on le présente au président du tribunal d'arrondissement, qui l'ouvre, en constate la présentation et l'état, et en ordonne le dépôt dans les mains d'un notaire. Le testament par acte public est dispensé de ce préliminaire.

On peut disposer par testament, sous quelque dénomination que ce soit; en général, les dispositions testamentaires sont : ou des *legs universels*, c'est-à-dire comprenant la totalité des biens du disposant, ou des *legs à titre universel*, c'est-à-dire comprenant une part des biens, ou tous les meubles, ou tous les immeubles, ou une quotité fixe des uns ou des autres; enfin des *legs particuliers*, qui sont ceux d'une ou plusieurs choses déterminées. Quand il n'y a pas d'héritier ayant droit à une réserve, le légataire universel se met, de plein droit, en possession : les autres légataires sont tenus de demander à l'héritier naturel la délivrance des choses léguées. Pour l'exécution de ses volontés, le testateur peut nommer un ou plusieurs exécuteurs testamentaires. On peut révoquer son testament par un testament postérieur, ou par un acte notarié, portant déclaration du changement de volonté; on peut le révoquer tacitement, en faisant de nouvelles dispositions incompatibles avec celles d'un testament précédent, ou des actes qui supposent nécessairement un changement de volonté, par exemple, en vendant des choses léguées. L'inexécution des conditions et l'ingratitude sont aussi des causes de révocation. Un testament est *caduc*, c'est-à-dire qu'il tombe, faute de pouvoir être exécuté, dans plusieurs cas, par exemple, si la chose léguée a été totalement détruite, si le légataire meurt avant le testateur. Lorsqu'il y a plusieurs légataires, et que l'un d'eux ne peut ou ne veut pas recueillir sa part, elle augmente celle des autres.

Dispositions diverses. La loi défend de donner à une personne à la charge de conserver les choses données, et de les rendre, après sa mort, à une autre personne, ce qui s'appelle une *substitution*. Toutefois, dans un intérêt de famille, cette condition peut être imposée à un père ou à un oncle, ou même à un étranger, en faveur des enfants, des neveux ou des enfants du donataire. — Les père et mère peuvent, en suivant les formes des donations ou des testaments, faire d'avance entre tous leurs enfants et descendants le partage de leurs biens. — La faveur due au mariage a fait accorder de l'extension, quant aux choses qu'on peut donner et aux conditions qu'on peut imposer, dans les donations faites par des parents ou des étrangers dans le contrat de mariage de deux futurs époux, ainsi que dans les donations entre époux. Ceux-ci peuvent se donner plus qu'ils ne pourraient le faire à un étranger; mais l'époux qui, ayant des enfants, se remarie, ne peut jamais donner plus d'un quart de ses biens à son nouvel époux.

Des contrats en général.

Quand deux ou plusieurs personnes sont d'accord sur un même objet, il se forme une *convention*; si la convention a pour objet de créer un engagement, une obligation, elle s'appelle *contrat*. Celui qui prend l'engagement est le débiteur, celui envers qui on le prend est le créancier.

Conditions de validité. Pour qu'un contrat soit valable, il faut qu'il y ait un consentement libre, sans erreur, violence ni fraude, vices qui entraîneraient la nullité de la convention. En général, on ne donne et on ne reçoit d'engagement que pour soi : on est censé avoir traité aussi pour ses héritiers, à moins qu'il ne s'agisse d'une obligation tout à fait personnelle, comme serait celle d'un peintre pour l'achèvement d'un tableau commencé par lui. Il faut encore, pour la validité des contrats, que les parties soient capables de contracter, capacité appartenant à tous ceux que la loi n'en prive pas d'une manière expresse; un objet déterminé, comme un cheval, ou tel cheval, objet qui peut être futur, comme une récolte attendue; enfin une cause véritable, honnête et conforme aux lois: il y a nullité si l'obligation a une cause contraire aux lois ou aux mœurs, par exemple, la promesse d'une somme pour tuer ou blesser quelqu'un.

Effets. Les contrats lient les personnes qui les ont passés: elles ne peuvent être dégagées que par leur consentement, ou par les causes que la loi détermine. Ceux qui n'ont pas figuré au contrat ne peuvent ni en profiter, ni en souffrir; toutefois, les créanciers peuvent exercer les droits que leur débiteur néglige, et de plus, ils peuvent faire annuler les actes que le débiteur ferait contre leurs droits.—Si une obligation consiste à donner une chose, elle entraîne naturellement l'engagement de garder la chose et d'en avoir soin jusqu'à la livraison. S'il s'agit d'une obligation de faire ou de ne pas faire une chose, celui qui ne l'exécute pas, ou qui tarde de l'exécuter, doit un dédommagement égal à la valeur de ce que le créancier perd et de ce qu'il omet de gagner, ce qui s'appelle *dommages-intérêts.* Lorsque l'engagement est de payer une somme d'argent, l'effet de l'inexécution consiste dans l'obligation de payer les intérêts de la somme.

Espèces diverses. On distingue différentes espèces d'obligations; les principales sont : les obligations *conditionnelles,* c'est-à-dire soumises ou à une condition *suspensive*, qui suspend jusqu'à un événement incertain la formation de l'engagement, par exemple, la promesse d'une somme si tel navire arrive à telle époque; ou à une condition *résolutoire*, qui fait cesser l'engagement existant si tel événement arrive ou n'arrive pas, par exemple, la vente d'une maison à condition que la vente sera nulle s'il survient un fils au vendeur; tous les contrats où les parties sont mutuellement obligées à quelque chose l'une envers l'autre, sont soumis à la condition d'être résolus si l'un ou l'autre contractant manque à ses engagements; — les obligations *à terme*, dont l'accomplissement ne peut être demandé avant un certain délai; — les obligations *alternatives*, qui ont pour objet un de deux ou plusieurs objets, au choix, en général, du débiteur; — les obligations *solidaires* qui sont dues par plusieurs ou à plusieurs personnes pour le tout, circonstance qui n'a pas lieu pour les débiteurs entre eux, chacun n'étant respectivement et en définitive tenu que pour sa part; — les obligations *divisibles* ou *indivisibles*, distinction qui n'est admise que relativement aux héritiers, car entre le débiteur et le créancier la dette ne se divise pas, elle doit être payée tout entière telle qu'elle a été convenue; — les obligations *avec clause pénale*, c'est-à-dire avec l'engagement de faire ou donner une chose déterminée en cas d'inexécution de l'obligation principale.

Modes d'extinction. Les obligations nées des contrats s'éteignent de différentes manières; d'abord, quand elles ont été accomplies, exécution qui s'appelle plus spécialement *payement* quand il s'agit d'une somme d'argent : pour que le payement soit valable, il faut qu'il soit fait par une personne capable de disposer de la chose payée, à une personne capable de la recevoir, ou à une personne ayant pouvoir à cet effet. Le payement ne peut être morcelé malgré le créancier; seulement les tribunaux peuvent accorder des délais modérés au débiteur, selon sa position. Si le créancier refuse son payement, le débiteur peut lui faire des offres, et si elles sont refusées, en faire juger la validité par les tribunaux : si elles sont trouvées suffisantes, et qu'elles soient suivies du dépôt, ou consignation, le débiteur est libéré. Le débiteur qui est hors d'état de payer peut se libérer en abandonnant ses biens, cession qui a lieu ou à l'amiable, ou en justice par le débiteur en personne. Les obligations s'éteignent encore par la *novation*, c'est-à-dire le changement de la dette, du débiteur ou du créancier; par la *remise volontaire*, faite par le créancier au débiteur, du titre qui justifie de son droit; par la *compensation* entre deux dettes de même espèce, portant sur de l'argent ou autres choses qui se consomment par l'usage, et toutes deux certaines et exigibles; par la *confusion* qui réunit dans la même personne les qualités de débiteur et de créancier; par la *perte de la chose* qui était l'objet du contrat, enfin par le résultat de l'action en nullité admise par les tribunaux.

Preuves. Celui qui réclame une dette, ou qui prétend s'être libéré, doit prouver ce qu'il allègue; cette preuve se fait par des actes écrits ou par des témoins, par des présomptions, par l'aveu, par le serment. L'acte écrit auquel la loi accorde le plus de confiance, c'est l'acte authentique, reçu par des officiers publics dans un lieu de leur ressort, et avec les formalités prescrites. Ceux qui servent le plus aux citoyens dans leurs relations d'affaires, ce sont les actes notariés : ils sont reçus par deux notaires ou par un notaire et deux témoins citoyens français. Ils sont rédigés en français, avec les précautions nécessaires pour assurer la fidélité de leurs énonciations. Les notaires sont tenus, en général, de garder les originaux, *minutes*, de leurs actes; ils n'en délivrent que des copies ou expéditions, revêtues d'une formule *exécutoire*, ainsi appelée parce qu'elle confère à l'acte, en vertu du pouvoir royal, le privilége d'être exécuté sans autre formalité. Un acte qui manque des conditions ou formalités nécessaires pour être authentique, mais qui est signé par les parties, a la force d'un acte privé. L'acte authentique fait pleine foi des conventions qu'il renferme. — Les actes sous signature privée font foi aussi entre les parties quand l'écriture ou la signature en a été reconnue volontairement ou par une vérification en justice; ils ne sont généralement soumis qu'à la formalité de la signature; quand ils contiennent des engagements réciproques, il faut qu'il soit fait autant d'exemplaires de l'acte qu'il y a de parties ayant un intérêt distinct; d'un autre côté, si une seule partie s'engage, et que l'acte n'eût pas été écrit en entier de sa main, il doit contenir un bon ou approuvé indiquant, en lettres et non en chiffres, la somme ou la quantité de la chose. — La preuve par témoins n'est admise que pour des objets de peu de valeur, à défaut d'acte; on doit constater par écrit tout ce qui excède 150 fr. Il y a exception, 1° quand il existe un commencement de preuve, c'est-à-dire un écrit émané de celui contre qui on réclame, écrit qui rende vraisemblable le fait allégué; 2° quand il n'a pas été possible de se procurer un acte écrit. Les simples présomptions peuvent servir de preuve, quand elles sont graves, précises, non contradictoires, ou quand il s'agit de fraude, car la fraude cherchant toujours à se cacher, il faut admettre tous les moyens de la découvrir. Il y a des présomptions établies par la loi elle-même, qui dispensent de toute autre preuve, et qui vont jusqu'à repousser toute preuve contraire : par exemple, ce qui a été définitivement jugé par des décisions qui ne sont plus susceptibles d'aucun recours, est présumé la vérité même, et l'on ne peut, en justice, soutenir le contraire. — L'aveu d'une partie, fait devant les juges, est une preuve contre celui dont il émane. Il en est de même du serment, qui peut être déféré par une partie à l'autre, ou d'office par le tribunal.

Des engagements formés sans convention.

Le fait volontaire d'une personne fait quelquefois présumer qu'elle a entendu s'engager, et elle est obligée comme si elle avait contracté expressément; par exemple, celui qui, sans en avoir été chargé, gère les affaires d'autrui, s'engage à les bien gérer et à rendre compte; de même celui qui a reçu ce qui ne lui était pas dû, s'oblige, par cela seul, à le restituer. D'un autre côté, tout fait qui cause à autrui du dommage, oblige celui par la faute, la négligence ou l'imprudence de qui il est arrivé à le réparer; on doit même indemniser du dommage causé par les personnes dont on répond : ainsi les père et mère répondent du fait de leurs enfants mineurs demeurant avec eux, les maîtres répondent pour leurs domestiques, les entrepreneurs de voitures publiques pour leurs conducteurs, cochers, postillons. Le maître d'une bête répond du dommage qu'elle cause; le propriétaire d'un bâtiment répond de celui qu'occasionne sa ruine quand elle provient de vice de construction ou de défaut d'entretien.

Du contrat de mariage.

La loi pose les règles des principaux contrats en usage dans la vie civile; le plus important, c'est le contrat de mariage, qui règle les intérêts pécuniaires de l'association conjugale. La loi n'intervient à cet égard qu'à défaut de conventions passées par les époux eux-mêmes, qui peuvent établir deux manières d'organiser leurs intérêts, le *régime de la communauté* et le *régime dotal*. S'il n'y a pas de contrat de mariage, les époux sont censés avoir voulu être communs en biens : le contrat de mariage doit être rédigé, devant notaire, avant le mariage. La communauté entre époux peut être plus ou moins restreinte, et soumise aux conditions qu'il leur plaît d'établir; à défaut de conventions de ce genre, la loi détermine les effets de la communauté; celle-ci, avec les biens qui y entrent et les dettes qui tombent à sa charge, est administrée par le mari, qui administre aussi, sous sa responsabilité, les biens personnels de sa femme. La communauté se dissout par la mort naturelle ou civile, par la séparation de corps et par celle de biens; cette dernière ne peut être prononcée qu'en justice, quand les biens apportés par la femme sont mis en péril par le désordre des affaires de son mari; la femme séparée reprend l'administration de sa fortune. — Quand une communauté a été dissoute, la femme ou ses héritiers peuvent l'accepter ou y renoncer : pour l'exercice de cette option, la loi accorde des délais pour faire inventaire et délibérer, comme à l'héritier sous bénéfice d'inventaire. Si la communauté est acceptée, on partage les biens et on répartit les dettes entre les époux ou leurs héritiers; si la femme renonce, elle ne prend aucune part aux biens de la communauté, et retire seulement ce qui lui appartenait personnellement.

En général, tout ce que la femme apporte au mari pour supporter les charges du mariage s'appelle sa *dot*. Sous le régime dotal, on donne la qualification de *dotal* à tout ce que la femme se constitue et à ce qui lui est donné dans le contrat de mariage : le mari administre les biens dotaux et en a la jouissance aux mêmes charges qu'un usufruitier; il ne peut disposer des immeubles dotaux que dans des cas prévus de nécessité. La dot est restituée après la dissolution du mariage. La femme a l'administration et la jouissance des biens qu'elle n'a pas apportés en dot, sauf à consacrer une partie des revenus aux besoins du ménage.

De la vente.

La vente est un contrat par lequel une personne s'engage à livrer une chose et l'autre à la payer; elle peut se faire par acte authentique ou privé. Une promesse de vente est obligatoire comme la vente elle-même. Toutes les choses qui sont dans le commerce, et appartenant à celui qui en dispose, peuvent être vendues, s'il n'y a quelque défense expresse dans les lois; toute personne à qui la loi ne l'interdit pas peut acheter et vendre. Dans toute vente, il faut qu'il y ait un prix certain, et déterminé, soit par les parties elles-mêmes, soit par une personne qu'elles chargent de le fixer.

Le vendeur doit expliquer clairement ce à quoi il s'oblige : si le contrat présente des doutes, ils s'interprètent contre lui. Il doit délivrer la chose vendue, au temps et dans le lieu convenus ; si un immeuble délivré est beaucoup au-dessous ou au-dessus de la contenance indiquée dans le contrat, il y a lieu à une diminution ou à une augmentation de prix. Le vendeur doit garantir à l'acheteur la paisible possession de la chose vendue, et les défauts cachés de cette chose. L'acheteur qui a été dépossédé peut demander contre le vendeur la restitution du prix, tout ce qu'il a déboursé, et des dommages-intérêts. Les défauts cachés que le vendeur doit garantir sont ceux qui rendent la chose impropre à l'usage, ou qui sont tels que si l'acheteur les avait connus il n'aurait pas contracté ou n'aurait donné qu'un moindre prix ; l'acheteur a le choix de se faire restituer le prix en rendant la chose, ou de garder la chose en se faisant rendre une partie du prix. La principale obligation de l'acheteur, c'est de payer le prix, comme cela a été convenu, faute de quoi le vendeur peut faire annuler la vente. Si l'acheteur est troublé, ou a juste raison de craindre d'être troublé dans son acquisition, il peut suspendre le payement du prix jusqu'à ce que le vendeur ait fait cesser le trouble, ou ait donné une caution.

Le vendeur peut se réserver, pour un temps qui ne doit pas excéder cinq années, le droit de reprendre la chose vendue, en restituant le prix, et en indemnisant complétement l'acquéreur. C'est ce qu'on appelle *faculté de rachat*, ou *réméré*. — Celui qui a vendu un immeuble pour un prix inférieur de plus de sept douzièmes à la valeur réelle, peut demander à la justice de résoudre la vente, si l'acquéreur n'aime pas mieux payer le supplément du juste prix.

On appelle *licitation* la vente, en justice, d'une

chose commune à plusieurs personnes. On nomme *transport* ou *cession* la vente de droits que l'on peut avoir à exercer, par exemple, de créances, cession qui n'est valable à l'égard de celui qui doit payer qu'autant qu'elle lui a été signifiée afin qu'il connaisse son nouveau créancier; d'une succession ouverte, de droits *litigieux*, c'est-à-dire sur lesquels il y a procès; cette dernière espèce de vente est défendue à toutes les personnes attachées au tribunal dans le ressort duquel le procès a lieu.

De l'échange.

La plupart des règles de la vente s'appliquent à la vente, qui n'est, en effet, qu'un échange d'un objet contre une somme d'argent.

Du louage.

Par ce contrat, l'une des parties s'oblige à faire jouir l'autre d'une chose pendant un certain temps, moyennant un certain prix. On peut louer des maisons, des propriétés de campagne, ou des animaux. Le louage ou bail des maisons ou des biens ruraux peut se faire par un écrit quelconque, ou même verbalement. Celui qui donne à bail, et qui s'appelle *bailleur*, doit livrer la chose louée en bon état, et en faire jouir paisiblement celui qui l'a prise à bail, et qu'on nomme *preneur* ou *locataire*; il garantit les défauts cachés qui empêchent l'usage de la chose louée. De son côté, le preneur doit user sagement de la chose, suivant sa destination, et payer le prix du bail, ainsi qu'il a été convenu. Il répond des dégradations qu'il ne prouve pas avoir existé précédemment ou avoir eu lieu sans sa faute; il répond de l'incendie, s'il ne prouve pas qu'il a été le résultat d'un accident fortuit, ou d'un vice de construction, ou qu'il a été communiqué par une maison voisine. Le preneur qui, à l'expiration du bail écrit, reste et est laissé en possession, est considéré comme ayant voulu passer un nouveau bail, ce qui s'appelle une *tacite* réconduction. — Le locataire d'une maison doit, sous peine d'être expulsé, garnir la maison de meubles suffisants pour garantir le payement du loyer. C'est l'usage des lieux qui détermine quelles sont, dans la maison louée, les réparations d'entretien à la chargé du locataire. Le bail d'une maison fait sans écrit ne cesse, de la part de l'un ou de l'autre contractant, qu'après un avertissement donné dans le délai conforme à l'usage du lieu. La tacite réconduction, et l'obligation, pour le preneur, de garnir les lieux loués d'objets suffisants pour répondre du prix des loyers, existent également pour les baux des biens de campagne.

Le louage d'ouvrage est celui qui est contracté par les domestiques, gens de travail, ouvriers, et qui ne peut avoir lieu que pour un temps déterminé et non pour toute la vie; par les voituriers ou entrepreneurs, pour les transports par terre et par eau; par l'ouvrier qui se charge de faire un travail, en fournissant ou sans fournir la matière. Les entrepreneurs de travaux répondent des personnes qu'ils emploient; les architectes et entrepreneurs répondent, pendant dix ans, de la perte résultant du vice de construction. — Le louage des animaux, qui porte aussi le nom de *cheptel,* consiste à donner un fonds de bétail pour le garder, le nourrir et le soigner, sous des conditions convenues.

Du contrat de société.

On peut s'associer pour une chose déterminée, pour une entreprise, ou pour mettre en commun avec d'autres personnes, soit tous les biens, soit tous les gains que les associés acquerront par leur industrie. La société dure autant que l'affaire qui en est l'objet, ou autant que la vie des associés, s'il n'y a pas de terme fixe et qu'il ne s'agisse pas seulement d'une affaire unique. Chacun doit apporter dans la société ce qu'il a promis d'y mettre, et participe proportionnellement aux bénéfices et aux pertes; aucun associé ne peut se réserver tous les bénéfices ni s'affranchir de toute contribution aux pertes. L'administration de la société se fait par celui des associés que le contrat a désigné, sinon par tous indistinctement. Chacun est tenu, pour sa part, des dettes de la société. La mort naturelle ou civile, la fin de l'entreprise, l'expiration de la durée convenue, et, quand il s'agit d'une société formée pour une durée illimitée, la déclaration d'un des associés qu'il entend se retirer, sont les causes de cessation de la société. Elle peut finir, même avant le terme quand il a été fixé, si des motifs graves, que les tribunaux apprécient, tels que des malversations, en démontrent la nécessité.

Du prêt.

Il y a plusieurs espèces de prêts : 1° le prêt à usage, ou *commodat*, par lequel on livre gratuitement une chose à une personne, à charge de la rendre après s'en être servi; 2° le *prêt* de consommation, par lequel une partie livre à l'autre des choses qui se consomment par l'usage, comme de l'argent, du blé, etc., à charge d'en rendre autant de même espèce et qualité; 3° le *prêt à intérêt*, pour les sommes d'argent; l'intérêt légal est du vingtième de la somme principale, c'est-à-dire cinq pour cent, et six dans les affaires commerciales; on ne peut convenir d'un intérêt plus élevé. La loi prononce des peines contre ceux qui font habituellement l'usure, c'est-à-dire qui prêtent à un intérêt plus haut que l'intérêt légal. 4° *Rentes*; on appelle *constitution de rentes* le prêt à intérêt lorsque le prêteur renonce à exiger le capital; la somme que le débiteur doit payer annuellement comme représentant les intérêts s'appelle *arrérages*. On nomme rente *perpétuelle* celle dont la durée n'est pas limitée; elle dure tant que celui qui la doit ne l'a pas rachetée en remboursant le capital : on peut convenir que le rachat n'aura pas lieu avant un certain temps qui ne peut excéder dix années. Le débiteur peut être obligé de racheter s'il manque à ses obligations pendant deux ans, ou s'il tombe dans un état de fortune qui ne lui permette plus de tenir ses engagements.

Du dépôt et du séquestre.

Le dépôt est un acte par lequel on reçoit la chose d'autrui, à charge de la garder et de la restituer en nature. Celui qu'on nomme volontaire est essentiellement gratuit, et n'a lieu que pour des choses mobilières. Le dépositaire doit garder avec soin et rendre identiquement ce qu'il a reçu, à celui de qui il a reçu ou à ses héritiers, dans le lieu convenu, sinon au lieu même du dépôt, et au premier moment où on demande la restitution. Le déposant doit indemniser le dépositaire de ce qu'il a dépensé ou perdu pour la chose déposée. — Le dépôt *nécessaire* est celui qui a été forcé par quelque accident, comme incendie, naufrage, etc. ; on peut toujours le prouver par témoins. On lui assimile le dépôt des effets des voyageurs logés dans une auberge ou un hôtel, dont les hôteliers répondent. — Le dépôt d'un meuble ou d'un immeuble contesté en justice s'appelle *séquestre* ; il est convenu entre les parties, ou ordonné par les tribunaux ; il peut n'être pas gratuit.

Des contrats aléatoires, de l'assurance, du jeu et du pari, de la rente viagère.

Les contrats aléatoires sont ceux dont les avantages ou les pertes dépendent d'un événement incertain. De ce nombre sont : 1° l'*assurance*, convention par laquelle une partie garantit l'autre, moyennant un prix convenu, des effets d'un risque déterminé ; c'est ainsi qu'on assure les maisons, les meubles, les marchandises contre l'incendie, les récoltes contre la grêle. 2° Le *jeu* ou *pari* ; la loi ne connaît pas les obligations qui naîtraient du jeu ou d'un pari : sont exceptés les jeux qui tiennent à l'adresse et à l'exercice du corps, comme les courses à pied et à cheval, qui sont encouragées même par des prix que le gouvernement décerne. Les *loteries*, autres que celles dont le but est la bienfaisance ou l'encouragement des arts, les maisons publiques de jeux de hasard sont défendues : la loi interdit même l'entreprise ou l'annonce de toutes opérations offertes au public pour faire naître l'espérance d'un gain acquis par la voie du sort, comme vente avec *primes*, c'est-à-dire avec bénéfice attaché à une chance dépendant entièrement du sort. 3° La *rente viagère* est celle dont la durée est limitée à la vie d'une personne ; la chance consiste dans la durée plus ou moins longue de l'existence qui a été prise comme terme de la rente.

Du mandat.

C'est le contrat par lequel une personne donne pouvoir de faire quelque chose pour elle et en son nom. Il peut avoir lieu par un écrit quelconque et même verbalement, et comporte un salaire. Celui qui a accepté un mandat est tenu de l'accomplir jusqu'à la fin, et de rendre compte de sa gestion ; celui qui l'a donné doit exécuter les engagements pris en son nom conformément au mandat, payer le salaire s'il en a été promis, et indemniser le mandataire de ce qu'il a dépensé, ou de ce qu'il a perdu sans faute de sa part. Le mandat peut être révoqué à la volonté de celui qui l'a conféré ; il finit aussi par la renonciation du mandataire, ou par la mort naturelle ou civile de l'une des parties.

Des transactions.

Par ce contrat les parties terminent, au moyen d'un arrangement amiable, une contestation née ou une contestation à naître. Il ne peut se faire que par écrit, et produit, entre les parties, le même effet qu'un jugement ayant toute l'autorité de la chose définitivement jugée. La transaction ne peut être attaquée que pour les causes qui auraient vicié le consentement dès l'origine.

Du cautionnement.

Le cautionnement est un contrat par lequel une personne se soumet, envers le créancier d'une autre, à remplir l'obligation de celle-ci, dans le cas où elle ne la remplirait pas elle-même. Il suppose que l'obligation principale est valable; il ne s'étend pas plus loin qu'elle, mais il peut n'en garantir qu'une partie. Le débiteur, lorsqu'il est obligé à fournir caution, doit présenter une personne domiciliée dans le ressort de la Cour royale, et possédant un immeuble suffisant pour répondre de la dette. La caution n'étant tenue de payer qu'à défaut du débiteur principal, est admise à prouver que ce débiteur a des biens qui suffisent pour acquitter la dette; quand elle a payé, elle a son recours contre le débiteur, et, de plus, elle est subrogée à tous les droits qu'avait contre lui le créancier. Elle peut, dans certains cas, recourir contre le débiteur même avant d'avoir payé. Le cautionnement s'éteint comme les autres obligations.

Du nantissement.

C'est le contrat par lequel un débiteur remet une chose à son créancier pour sûreté de la dette. Quand il consiste dans une chose mobilière, le nantissement s'appelle *gage*. Le créancier n'a pas le droit de s'approprier la chose donnée en gage, sans une décision de la justice; jusque-là c'est un dépôt qui reste entre ses mains, et qui ne doit être rendu qu'après un parfait payement de la part du débiteur. — Le nantissement d'un immeuble se nomme *antichrèse*; il ne s'établit que par écrit, et donne seulement au créancier la faculté de percevoir les fruits de l'immeuble, à valoir sur les intérêts pris sur le capital, et à condition de payer les impôts et les charges de l'immeuble.

Des hypothèques et priviléges.

Une conséquence de toute obligation, c'est que celui qui l'a contractée est tenu de la remplir, sur tous ses biens, lesquels se partagent proportionnellement entre tous ses créanciers, à moins qu'il n'y ait, pour ceux-ci, des motifs de préférence; les causes légitimes de préférence sont les priviléges et les hypothèques.

Le *privilége*, soit sur les meubles, soit sur les immeubles, est un droit que la qualité de la créance donne à un créancier d'être préféré aux autres; ainsi un privilége est accordé à la créance des frais de justice faits pour le payement des dettes du débiteur commun, à celle du vendeur qui n'a pas été payé du prix de sa chose, etc. La loi règle avec précision l'étendue et l'ordre des différents priviléges qu'elle établit. Ils doivent, en général, être rendus publics par l'inscription sur les registres d'un fonctionnaire nommé *conservateur des hypothèques.*

L'*hypothèque* est un droit inhérent aux immeubles affectés à l'acquittement d'une obligation. Elle ne peut porter que sur les immeubles et leurs accessoires réputés immeubles, et sur l'usufruit des immeubles. Il y a trois espèces d'hypothèques : l'*hypothèque légale*, que la loi donne aux femmes sur les biens de leurs maris, aux mineurs et interdits sur ceux de leur tuteur, à l'État, aux communes, aux établissements publics, sur ceux des receveurs et administrateurs comptables; l'*hypothèque judiciaire*, qui résulte des jugements définitifs de condamnation et de ceux qui reconnaissent l'écriture d'un engagement sous seing privé; l'*hypothèque conventionnelle*, spécialement accordée sur des immeubles déterminés, par un contrat passé devant notaire, et pour une somme indiquée; si cette hypothèque est insuffisante, le créancier peut poursuivre son payement, ou exiger un supplément d'hypothèque. — Entre les créanciers, les hypothèques n'ont de rang qu'à dater du jour de leur inscription sur les registres du conservateur; il n'y a d'exception que pour les hypothèques légales, dispensées d'inscription.

Les inscriptions, soit des priviléges, soit des hypothèques se font, au bureau du conservateur de l'arrondissement, sur la présentation de l'acte ou jugement qui les confère, et d'après deux états, ou *bordereaux*, contenant indication de tout ce qui est nécessaire pour opérer l'inscription : l'un reste au conservateur, l'autre est remis au créancier. Les inscriptions conservent leur effet pendant dix ans, après lesquels il faut les renouveler. Une inscription ne peut être rayée que du consentement des parties, ou en vertu d'un jugement. Lorsque les inscriptions portent sur plus de domaines différents qu'il n'est nécessaire à la sûreté des créances, le débiteur peut demander la réduction des inscriptions, ou la radiation de ce qui excède la proportion convenable.

Les priviléges et hypothèques continuent d'exister, même si les immeubles ont changé de propriétaire; celui qui les détient actuellement est tenu, par ce seul fait, ou de payer ce qui est dû, ou de délaisser les immeubles, sinon chaque créancier peut, après une sommation à celui qui était primitivement débiteur, et au détenteur actuel, faire vendre les biens hypothéqués. Le possesseur qui a payé la dette ou délaissé l'immeuble hypothéqué, ou subi l'expropriation, a un recours contre le débiteur principal. La loi a dû donner au détenteur un moyen de se préserver des effets de l'hypothèque ou du privilége, d'en *purger* les biens acquis par lui. Pour y parvenir, il faut d'abord faire transcrire le contrat d'acquisition sur les registres du conservateur, puis faire, aux créanciers inscrits, une signification de ce contrat, avec déclaration qu'on est prêt à payer les dettes hypothécaires jusqu'à concurrence du prix de cette acquisition. Ainsi avertis, les créanciers peuvent requérir que le bien soit vendu publiquement, en offrant de porter ou faire porter le prix à un dixième en sus de celui qui a été convenu ou déclaré, et de donner une caution. Si ces formalités ne sont pas remplies, le prix demeure définitivement fixé comme dans le contrat ou dans la déclaration du nouveau propriétaire, qui se libère en payant ce prix aux créanciers ou en le déposant. Pour purger les hypothèques légales des femmes et des mineurs, lorsqu'il n'a pas été pris d'inscription sur les biens des maris ou des tuteurs, les acquéreurs déposent leur contrat au greffe, et en font connaître le dépôt à la femme ou au subrogé tuteur, et au procureur du roi; un extrait du contrat reste affiché pendant deux mois, durant lesquels des inscriptions peuvent être prises: s'il n'en est point pris, l'immeuble est déchargé de l'hypothèque légale.

Les registres des conservateurs sont publics; chacun peut en obtenir des extraits. Les conservateurs répondent des omissions ou erreurs qu'ils commettent; ils ne peuvent refuser ni retarder les transcriptions ou inscriptions qu'on leur demande. Des amendes punissent les irrégularités dans la tenue des registres.

De l'expropriation forcée.

Le débiteur qui ne remplit pas ses engagements peut y être forcé par la saisie et la vente de ses biens. Le droit de faire vendre les immeubles du débiteur appartient à tout créancier, pourvu qu'il ait un titre authentique et exécutoire, et que la dette soit certaine et non contestée; il faut un jugement pour que le bien saisi soit définitivement vendu. La loi restreint le droit du créancier à ce qui est nécessaire, et protége le débiteur contre ce moyen si rigoureux de l'expropriation ; ainsi, elle autorise les juges à suspendre la poursuite si le débiteur justifie, par des baux authentiques, que le revenu de ses immeubles suffit pour payer toute la dette, et s'il offre au créancier de les toucher.

De la contrainte par corps.

Un débiteur peut être emprisonné, *contraint par corps*, pour l'exécution de ses engagements. Il y a des cas, déterminés avec précision par la loi, où les juges doivent, d'autres où ils peuvent, sans y être obligés, prononcer la contrainte. Parmi les cas de contrainte obligatoire se trouve le *stellionat*, qui existe quand on vend ou qu'on hypothèque un immeuble dont on sait n'être pas propriétaire, ou qu'on fait de fausses déclarations sur l'existence ou l'étendue des hypothèques qui le grèvent. — La loi limite aussi les cas où il est permis de convenir par contrat qu'il y aura lieu à la contrainte. La liberté des citoyens est si précieuse qu'il est interdit de prononcer ou de consentir la contrainte dans tout autre cas que ceux où la loi l'ordonne ou l'autorise. Elle ne peut jamais s'exercer pour une somme moindre de 300 fr. En sont exemptés les mineurs, les septuagénaires, les militaires en activité de service, les femmes et les filles, excepté dans le cas de stellionat. Elle ne s'exerce pas entre mari et femme, ascendants et descendants, frères et sœurs. Elle répugnerait aux relations qui doivent exister entre ces personnes. La durée de la contrainte est toujours fixée dans le jugement de condamnation, et ne peut dépasser dix années. — Quand il s'agit d'un étranger non domicilié en France, qui peut plus facilement échapper aux poursuites, la contrainte peut être exercée en vertu de tout jugement portant condamnation à 150 fr. au moins; avant la condamnation, le créancier peut faire arrêter provisoirement l'étranger, à moins que celui-ci ne présente des garanties; il doit ensuite faire promptement prononcer l'arrestation par les tribunaux : la durée de cette contrainte varie de deux à dix ans, selon l'importance de la dette.

De la prescription.

La prescription est un moyen d'acquérir ou de se libérer par un certain temps, sous les conditions fixées par la loi. — Quand elle a pour résultat l'acquisition de la propriété, elle ne s'applique pas aux choses qui ne sont pas dans le commerce, par exemple les places de guerre, les grandes routes, etc. Sa condition essentielle, c'est la possession, qui fait supposer que le possesseur est propriétaire ; cette possession doit être continue, non interrompue, paisible, publique, non équivoque, et à titre de propriétaire. Celui qui ne possède que pour autrui, comme le fermier, l'usufruitier, etc., ne peut acquérir par prescription. La prescription peut être interrompue *naturellement*, quand le possesseur est privé pendant plus d'un an, de la jouissance de la chose, par l'ancien propriétaire ou par un tiers; *civilement*, quand il reçoit, pour la chose qu'il possède, une citation en justice, un commandement, une saisie, ou quand il reconnait le droit de celui contre lequel il prescrivait. La prescription est suspendue entre les époux, ainsi qu'en faveur des mineurs et des interdits.

Elle se compte par jours, et est acquise lorsque le dernier jour du terme est accompli. Le délai des prescriptions est le même pour les particuliers, pour les établissements publics et pour l'État. La plus longue prescription est celle de trente ans ; après ce temps, tous les droits non exercés sont éteints. Celui qui acquiert de bonne foi et par un titre légitime un immeuble appartenant à autrui, en prescrit la propriété par dix ans, ou par vingt ans, selon que le véritable propriétaire, qui a gardé un si long silence, demeure dans le ressort ou hors du ressort de la Cour royale où l'immeuble est situé. Après dix ans, on ne peut plus demander la nullité des obligations, ni poursuivre les architectes ou entrepreneurs comme responsables de leurs travaux. Diverses réclamations sont couvertes par des prescriptions de cinq, trois, deux ans, d'un an, de six mois; ceux à qui on oppose ces prescriptions peuvent déférer le serment sur la question de savoir si réellement la chose a été payée.

DEUXIÈME PARTIE.

DE LA PROCÉDURE.

La procédure civile est l'ensemble des règles suivant lesquelles on agit devant les tribunaux civils. La poursuite d'un droit en justice est une *action*: l'*exception* est le moyen opposé à l'action. Les actes de procédure doivent être rédigés en français, datés, timbrés et enregistrés: les significations, en général, sont faites par les huissiers. Les actes de procédure ne peuvent avoir lieu la nuit, ni les jours fériés, sans une permission du juge. Il y a deux espèces principales de procédures: l'une *non contentieuse*, c'est-à-dire, qui ne suppose aucune action intentée: telles sont les formalités des ventes publiques, des inventaires, etc.; l'autre *contentieuse*, qui a rapport à tous les actes qui constituent un procès et ses suites; cette dernière a lieu soit devant les juges de paix, les tribunaux d'arrondissement, les Cours royales ou la Cour de cassation, soit devant des arbitres.

§ 1. *De la procédure devant les juges de paix.*

Devant ce tribunal tout se fait promptement et sans frais; les affaires lui sont déférées par une citation, avec un jour au moins de distance avant la comparution, et une augmentation de délai selon la distance du domicile de la personne citée. Les parties peuvent même se présenter volontairement. Les audiences du juge de paix se tiennent dans un local public, ou chez lui, en laissant les portes ouvertes. On discute la cause devant lui sans faire d'écritures. Il peut ordonner, avant de prononcer, toutes les mesures qu'il juge utiles, mais sans que le jugement puisse être retardé de plus de quatre mois. On peut appeler de ses décisions devant le tribunal d'arrondissement, et les attaquer devant lui-même, si elles ont été rendues *par défaut*, c'est-à-dire contre une personne qui ne s'est pas défendue. Il peut être récusé, dans les cas, définis par la loi, où l'on peut redouter sa partialité.

§ 2. *Des différentes parties de la procédure.*

Les parties essentielles d'une procédure sont : la demande, la défense, l'instruction et les incidents qui s'y présentent, le jugement et son exécution. Ces différentes phases se retrouvent dans ce qui se passe devant tous les tribunaux : nous allons les parcourir, principalement pour les tribunaux d'arrondissement, juges ordinaires de la plus grande partie des procès civils de quelque importance.

§ 3. *De la demande.*

En général, et sauf un petit nombre de cas exceptés par la loi, une demande doit être précédée d'un essai de conciliation devant le juge de paix. Si ce magistrat n'a point arrangé le différend, celui qui agit fait signifier à son adversaire une assignation ou *ajournement*, renfermant toutes les indications nécessaires pour faire connaître l'objet de la demande, et désignant un avoué chez lequel se fera la procédure. Cet acte est remis à la personne ou au domicile de la partie, de ses parents et serviteurs, et en cas d'absence, à un voisin; on l'affiche à la porte du tribunal quand il s'agit d'une personne dont on ignore la demeure. Le délai donné pour comparaître est ordinairement de huit jours, avec une augmentation proportionnée à la distance du domicile des personnes assignées.

§ 4. *De la défense.*

La partie assignée doit d'abord choisir son avoué; elle fait signifier des défenses auxquelles le demandeur répond. Les avoués engagent la cause devant le tribunal en *posant qualités*, c'est-à-dire par un acte où ils déclarent comparaître pour telle personne, et indiquent ce qu'elle demande. — Le défendeur peut proposer des exceptions qu'il faut juger d'abord; ainsi, quand le demandeur est un étranger, on peut demander qu'avant tout il soit tenu, s'il n'a pas de propriétés en France, de fournir caution pour le payement des frais et dommages auxquels il pourra être condamné. Une partie assignée devant un juge qui n'est pas le sien peut demander son renvoi devant le tribunal compétent. L'exception fondée sur une nullité d'acte de la procédure doit être proposée avant tout autre moyen, sinon on est censé y avoir renoncé. Il y a des exceptions qui ne tendent qu'à obtenir un délai : telle est, par exemple, celle de l'héritier ou de la veuve qui demandent à faire inventaire et délibérer, de la partie assignée qui demande à mettre en cause une personne qui doit être son garant pour l'objet du procès.

§ 5. *De l'instruction.*

Instruire une affaire, c'est mettre le juge en état de la décider. L'instruction se fait à l'audience ou devant un juge délégué. A l'audience, les parties peuvent se défendre elles-mêmes, assistées de leurs avoués. Les plaidoiries sont publiques à moins qu'un jugement ne les ait rendues secrètes dans la crainte du scandale ou du trouble. Le président a la police de l'audience; il peut expulser et même faire arrêter les perturbateurs. — Voici les principaux moyens d'instruction autres que les plaidoiries.

Communication au ministère public. Le ministère public doit recevoir communication des pièces, et être entendu dans toutes les affaires d'un intérêt public ou concernant des personnes qui ne peuvent se défendre elles-mêmes, comme les mineurs, les absents; il peut prendre communication des autres affaires.

Vérification d'écriture. Elle a lieu pour faire reconnaître l'écriture ou la signature d'un acte privé. Elle se demande au tribunal; quand celui-ci l'a ordonnée, elle se fait, en présence d'un juge qu'il nomme, par des titres, par des experts qui décident d'après les pièces de comparaison, convenues par les parties, ou admises par le tribunal, enfin par témoins. L'opération a lieu au greffe, après avertissement donné aux parties. Si, en définitive, une pièce est déclarée non véritable, elle est rejetée du procès, et ne peut plus jamais être produite entre les mêmes parties.

Faux incident civil. Il consiste à attaquer un acte comme faux, dans le cours d'un procès civil. Après avoir sommé son adversaire de déclarer s'il entend se servir de la pièce prétendue fausse, si celui-ci déclare qu'il veut l'employer, la partie qui a fait la sommation déclare au greffe s'inscrire en faux; un jugement admet l'inscription, et nomme un commissaire pour procéder à l'instruction; puis un jugement prononce sur les moyens présentés comme tendant à établir le faux : s'il les admet, on fait la preuve, devant le juge délégué, par titres ou par témoins; enfin intervient le jugement qui décide si la pièce doit être tenue pour fausse ou pour vraie. Après cette décision, on reprend l'affaire principale.

Enquête. C'est l'instruction à l'aide de témoins; il faut que le juge l'ait permise ou ordonnée. Toute personne appelée comme témoin, doit remplir cet office, à moins qu'elle n'en ait été déclarée incapable ou indigne par la loi. Une partie peut *reprocher*, c'est-à-dire refuser un témoin si son témoignage n'est pas digne de confiance, s'il est suspect de partialité ou de subornation : les tribunaux apprécient les reproches. Les faits à prouver doivent être articulés avec précision ; un jugement en ordonne la preuve, et nomme un juge pour procéder à l'enquête, et à la contre-enquête, ou preuve contraire, toujours permise à l'autre partie. Le juge-commissaire ordonne d'assigner les témoins et la partie adverse, à qui on les fait connaître ; il entend les témoins séparément, et dresse procès-verbal de leurs dépositions qui doivent se faire oralement et jamais être lues. Un témoin qui a été reproché est entendu par le juge ; mais, si le tribunal admet le reproche, la déposition n'est point lue dans la discussion. L'enquête terminée, les procès-verbaux sont signifiés ; on les lit et discute à l'audience où se débat le fond de l'affaire.

Descente sur les lieux. Le tribunal peut, par lui-même, ou par un de ses membres, visiter les lieux objets du procès ; les parties sont averties, et il est dressé procès-verbal de l'opération.

Expertise. C'est l'examen d'un objet litigieux par des *experts*, c'est-à-dire des hommes ayant les connaissances nécessaires ; leur avis ne lie pas le tribunal. L'expertise, ordonnée par jugement, se fait, en général, par trois experts, convenus par les parties ou nommés par le tribunal. Ceux-ci peuvent être récusés comme les témoins : la récusation, si on la conteste, est jugée à l'audience. Le juge-commissaire rend une ordonnance fixant le jour où les experts prêteront serment et commenceront leur opération ; la partie adverse est avertie. Si un expert refuse ou est empêché, on pourvoit à son remplacement. Les experts rédigent leur rapport et le déposent au greffe ; on en prend une copie, et l'on discute ensuite l'affaire au fond devant le tribunal.

Interrogatoire sur faits et articles, comparution, ser-

ment. Ces moyens d'instruction reposent sur l'aveu ou la déclaration d'une partie. On peut toujours faire interroger son adversaire, lorsque le tribunal l'a permis; l'interrogatoire se fait de vive voix, sans qu'on puisse admettre aucune réponse écrite, ni assistance d'un avocat ou autre conseil, par le tribunal ou par le juge-commissaire, au jour et à l'heure indiqués; en cas de non comparution sans motif légitime, ou de refus de répondre, les faits peuvent être tenus pour avérés, sauf les moyens que l'on peut opposer à l'audience. — Le tribunal peut ordonner que les parties comparaîtront, au jour indiqué, devant lui ou un de ses membres, pour donner des éclaircissements. — Le serment ne peut être prêté qu'en vertu d'un jugement; il l'est à l'audience, par la partie en personne, dans les formes consacrées par la religion qu'elle professe.

Matières sommaires. On donne ce nom à des causes pour lesquelles il ne faut qu'une instruction simple et rapide. Elles comportent moins d'écritures et moins de frais que les autres affaires, que l'on appelle *ordinaires*.

§ 6. *Des incidents.*

Dans le cours d'un procès, divers incidents peuvent se présenter. D'abord on peut former une demande incidente à la demande principale, ce qui se fait par un simple acte d'avoué exposant les moyens : de la part d'une partie étrangère au procès, une pareille demande prend le nom d'*intervention*. — On procède à la *reprise d'instance* ou à la *constitution de nouvel* avoué quand la mort d'une partie, ou la cessation de fonctions d'un avoué rendent ces mesures nécessaires. — Une partie peut, par un acte fait au greffe, désavouer ce qui a été fait en son nom par son avoué ou son huissier. Le désaveu doit être apprécié, et jugé valable par le tribunal où s'est fait l'acte désavoué; en cas de désaveu admis, tout ce qui a été la suite de l'acte désavoué est nul; l'officier désavoué doit un dédommagement, et même peut être puni, dans les cas graves. — Si deux ou plusieurs tribunaux veulent juger la même affaire, ou, au contraire, se sont également déclarés incompétents, il y a nécessité de faire cesser ce conflit; on y parvient au moyen d'une assignation en *règlement de juges* devant le tribunal immédiatement supérieur, et qui a dans son ressort les tribunaux en conflit; s'ils sont de ressort de Cours royales différentes, c'est à la Cour de cassation qu'il faut s'adresser. — On peut demander à un tribunal ou à une Cour, avant qu'une affaire soit complétement instruite, de la renvoyer à un autre tribunal ou Cour, pour cause de parenté ou alliance d'un certain nombre de juges avec l'autre partie : il est prononcé sur cette demande après la communication aux juges, et l'avis du ministère public. Si le renvoi est ordonné, il est fait à l'un des tribunaux ressortissant à la même Cour royale, et, pour une Cour, à l'une des trois Cours les plus voisines. Le renvoi peut aussi être demandé si le nombre des juges est insuffisant, s'il y a des motifs de douter de l'impartialité du tribunal, ou si la sûreté publique peut être compromise. — La parenté, l'intérêt personnel ou de famille, l'animosité qui est censée résulter d'un procès, de relations d'affection ou de fonctions supposant une grande intimité, la manifestation d'un avis déjà donné quant à l'affaire à juger, des communications trop intimes avec les parties, une inimitié capitale, ou des agressions, injures ou menaces récentes sont des causes de récusation des juges ou du ministère public. La récusation doit d'abord être déclarée admissible : si elle l'est, le jugement ordonne la communication au juge récusé; si celui-ci convient des faits ou s'ils sont prouvés, il lui est ordonné de s'abstenir. Celui qui succombe dans sa demande en récusation doit une réparation au juge qu'il a offensé, et est soumis au payement d'une amende.

Un procès peut se terminer avant le jugement par

un accord entre les parties, par la *péremption*, c'est-à-dire l'abandon des poursuites pendant trois ans, par le *désistement* du demandeur, enfin par l'*acquiescement* du défendeur, c'est-à-dire l'adhésion qu'il donne à la demande.

§ 7. *Des jugements.*

Le jugement qui termine le procès s'appelle *définitif*; celui qui ordonne une mesure préalable se nomme *préparatoire*, ou *interlocutoire*, selon qu'il ne préjuge pas ou qu'il préjuge quelle pourra être la décision au fond. Le jugement en *dernier ressort* est celui dont on ne peut appeler; le jugement en *premier ressort*, celui dont on peut recevoir l'appel. — Les jugements lient les parties, mais non les tiers étrangers au procès; ils emportent contre la partie qui succombe la condamnation aux *dépens*, c'est-à-dire au payement de ce que coûtent les actes de la procédure et le jugement; les dépens sont réglés par un tarif; un juge intervient pour réduire, s'il y a lieu, les dépens à ce que la taxe autorise. — Tout jugement doit énoncer les motifs sur lesquels il repose. Pour former leur décision, les juges délibèrent en secret, et le président prononce publiquement. S'il y a partage entre les juges, on appelle, pour le vider, un ou deux autres juges, suppléants, avocats ou avoués, devant lesquels on plaide de nouveau. Le jugement est inscrit sur les registres par le greffier, et signé de lui et du président. La copie qui en est délivrée aux parties contient les noms des juges, du procureur du roi, s'il a été entendu, des avoués, la désignation détaillée des parties, leurs conclusions, l'exposé sommaire de la cause, les motifs et le dispositif. Les jugements sont intitulés et terminés au nom du roi, comme chef du pouvoir judiciaire et du pouvoir exécutif. — Au lieu de prononcer immédiatement le jugement, un tribunal peut ordonner que les pièces lui soient remises et qu'il en soit délibéré, sur le rapport d'un juge; il peut aussi, dans les affaires compliquées de détails, ordonner que la cause soit instruite par écrits signifiés respectivement par les parties, et après le rapport d'un juge.

Si le demandeur ne se présente pas pour soutenir sa demande, si le défendeur ne constitue pas avoué, ou si l'avoué constitué ne se présente pas, on juge *par défaut*, c'est-à-dire après qu'il a été constaté qu'ils ont défailli à leur défense. Les jugements par défaut ne peuvent être exécutés avant d'avoir été signifiés : il faut que ceux qu'ils condamnent en aient eu connaissance. La partie qui a été ainsi condamnée sans être entendue, a le droit de présenter sa défense, en formant opposition au jugement par défaut. Cette opposition, si la partie avait un avoué, peut être formée pendant huit jours après la signification à cet avoué; si la partie n'en avait pas, l'opposition peut être reçue tant que le jugement n'a pas été exécuté. La forme de l'opposition consiste dans une simple requête d'avoué.

§ 8. *Des recours contre les jugements.*

Appel. On peut se pourvoir par appel d'un juge inférieur à un juge supérieur contre les jugements rendus en premier ressort. Si celui contre qui l'appel est dirigé veut lui-même appeler d'une partie seulement de la décision, il le peut au moyen d'un *appel incident*. On peut appeler des jugements par défaut, mais seulement quand l'opposition n'est plus recevable. Le délai ordinaire de l'appel principal est de trois mois. Il est formé par un acte d'appel, fait et signifié comme un ajournement; l'appel incident se fait par acte d'avoué à avoué. Les affaires, en appel, s'instruisent comme en première instance; on peut employer des moyens nouveaux, des preuves nouvelles, mais non soumettre aux juges d'appel des demandes nouvelles, car ils ne prononcent, en général, que sur le mérite de ce qui a été décidé par les premiers juges. Le jugement d'une Cour royale s'appelle *arrêt* ; il doit être revêtu des mêmes formes que les jugements de première instance. Si le jugement est confirmé sur l'appel, l'exécution en appartient naturellement au tribunal qui l'a rendu; s'il est infirmé, elle appartient à la Cour royale ou au tribunal qu'elle désigne.

Tierce opposition. On appelle ainsi l'opposition formée par un tiers qui n'a pas figuré, par lui-même ou ses représentants, ou n'a pas été appelé à un jugement ou arrêt qui nuit à ses droits. Elle tend à faire rétracter le jugement par le tribunal qui l'a rendu.

Requête civile. Elle consiste dans une demande ou requête respectueuse tendant à obtenir d'un tribunal ou d'une Cour la rétractation d'un de leurs jugements en dernier ressort, pour des causes déterminées par la loi. Elle doit, par égard pour le juge, être accompagnée d'une consultation de trois avocats, favorable à ce recours et indiquant les moyens qui seuls pourront être discutés devant les juges.

Pourvoi en cassation. Il a lieu contre les jugements ou arrêts en dernier ressort; il ne suspend point, comme l'appel, l'effet des décisions attaquées. En matière civile, il est adressé, en général, à la chambre des requêtes (*voyez* chap. 1er, p. 16).

Prise à partie. Lorsque le juge s'est rendu coupable de fautes graves, déterminées par la loi, envers une partie, il peut être considéré comme partie adverse de celui qu'il a condamné. Cette *prise à partie*, qui, selon le rang hiérarchique du juge ou du tribunal inculpé, se porte devant une Cour royale ou devant la Cour de cassation, ne peut s'exercer sans une permission de la Cour compétente, ni être prononcée sans avoir été communiquée au juge ou tribunal, pour qu'il puisse se défendre.

§ 9. *De l'exécution des jugements.*

L'exécution des jugements, quand elle n'est pas volontaire, se fait par la vente des biens ou la saisie de la personne du débiteur. Les jugements étrangers n'ont point de force exécutoire en France : ils ne l'obtiennent que quand ils ont été revisés par les tribunaux français.

La loi a réglé elle-même le mode d'exécution des jugements qui ordonnent certaines mesures, telles que les réceptions de caution, la fixation des dommages-intérêts, la restitution des fruits, les redditions de comptes, les règlements de dépens.

Pour qu'un jugement soit susceptible d'une exécution forcée, il faut qu'il soit rédigé en forme exécutoire, qu'il ait été signifié et qu'il s'agisse de choses certaines. Il suffit de remettre le jugement à l'huissier pour qu'il ait pouvoir de l'exécuter : toutefois la saisie immobilière et la contrainte par corps, les actes d'exécution les plus importants, ne peuvent se faire qu'en vertu d'un mandat spécial.

§ 10. *Des saisies.*

Saisie-arrêt ou opposition. Un créancier qui a un titre authentique ou une autorisation du juge, peut saisir-arrêter entre les mains d'un tiers les sommes ou effets appartenant à ce débiteur. Il y a des choses que la loi a déclarées insaisissables, comme une partie du traitement dû par l'Etat à un fonctionnaire. Cette saisie, faite par un exploit d'huissier, doit être dénoncée au débiteur, et déclarée valable par le tribunal. La personne sur qui on a saisi doit déclarer au greffe ce qu'elle doit, sinon elle est considérée comme débiteur direct du saisissant. La saisie-opposition empêche le saisi de disposer de la chose, et le tiers saisi de payer au préjudice du saisissant. Quand elle a été déclarée valable, les objets saisis sont vendus, et le prix distribué entre ceux qui y ont droit.

Saisie-exécution. C'est celle des objets mobiliers saisis directement sur le débiteur ou à son domicile. Il y a des objets que, par décence publique ou par humanité, la loi défend de saisir, par exemple les équipements des militaires, les choses nécessaires à la nourriture, au vêtement, au coucher du débiteur. Avant de saisir, le créancier doit avertir son débiteur par un *commandement* de payer, signifié par huissier. Si cet acte reste sans effet, l'huissier, assisté de deux témoins, déclare la saisie et dresse un procès-verbal détaillé des objets auxquels elle s'applique, ou, s'il n'y a rien, constate cette circonstance; il constitue un gardien, qui répond des choses saisies. Dans l'intérêt du débiteur, il est laissé un délai entre la signification de la saisie et la vente, qui n'a lieu qu'après des affiches et des annonces, et dans un lieu public. On ne vend que les objets suffisants pour payer les créanciers qui se sont présentés à la saisie. Le prix de la vente est payé comptant entre les mains des officiers publics qui y procèdent : — quelques formes particulières sont prescrites pour la saisie-brandon, qui est celle des fruits de la terre non encore coupés, et pour celle du capital des rentes perpétuelles ou viagères.

Quand l'argent saisi, ou le produit de la vente ne suffit pas pour payer les créanciers, ceux-ci doivent convenir d'en faire la *distribution par contribution*. S'ils ne s'entendent pas à l'amiable, l'argent est mis en dépôt, et il est procédé à la distribution par un juge, devant lequel les créanciers sont obligés de faire valoir leurs droits dans des délais déterminés. S'il s'élève des contestations, elles sont renvoyées au tribunal entier.

Saisie immobilière. Elle doit être précédée d'un commandement de payer, puis opérée par un huissier, porteur d'un pouvoir spécial, qui en dresse un procès-verbal détaillé. Pour que la saisie soit connue, il en est laissé copie aux greffiers des juges de paix et aux maires du lieu des immeubles, et elle est transcrite sur un registre tenu au bureau des hypothèques de l'arrondissement. Ensuite elle est dénoncée au saisi : à dater de ce moment, ce dernier n'a plus l'administration pour son compte, ni le droit de disposer des biens saisis; les fruits qu'ils produisent sont considérés comme immeubles, au profit des créanciers hypothécaires. Plusieurs formalités tendent à donner de la publicité à la vente; ce sont les extraits de la saisie affichés dans divers endroits choisis comme devant offrir le plus de publicité, et insérés dans un journal du lieu ou du département. Un exemplaire de l'affiche est notifié aux créanciers inscrits. Un *cahier des charges*, c'est-à-dire un exposé des conditions de la vente, est déposé au greffe, et publié trois fois; les parties intéressées sont averties par de nouvelles affiches et annonces. L'adjudication ou vente préparatoire se fait par le ministère des avoués, et à l'audience. Toute personne que la loi n'en déclare pas incapable peut *enchérir*, c'est-à-dire faire une offre pour acheter; la préférence est donnée à la dernière offre la plus élevée. L'adjudication préparatoire contient l'indication du jour de l'adjudication définitive; celle-ci ne peut avoir lieu qu'à un intervalle de deux mois au moins, et après de nouvelles affiches et annonces. L'adjudication définitive, faite dans les mêmes formes que l'adjudication préparatoire, n'est pas encore irrévocable; elle est subordonnée à la condition qu'il n'y aura pas de surenchère pendant huit jours, c'est-à-dire qu'on ne proposera pas un prix plus fort au moins d'un quart; s'il y a une surenchère, on la dénonce aux parties qui ont intérêt de la connaître, et au jour indiqué un nouveau concours s'établit, pour la vente, entre l'adjudicataire et le surenchérisseur. Un jugement d'adjudication contient la copie du cahier des charges, la mention des enchères et du prix définitif; il porte les formes ordinaires des jugements et est sujet à l'appel.

Le tribunal juge dans de courts délais et avec des formes très-simples les incidents qui peuvent se présenter dans le cours d'une saisie immobilière; les principaux sont : la jonction de plusieurs saisies pratiquées sur le même immeuble, la substitution d'un créancier aux poursuites d'un saisissant précédent, la radiation d'une saisie illégale ou abandonnée, la demande formée par les personnes qui se prétendent propriétaires des biens saisis, les demandes en nullité d'actes antérieurs ou postérieurs à l'adjudication préparatoire, l'appel du jugement d'adjudication préparatoire ou définitive, la *folle enchère*, on appelle ainsi la revente poursuivie sur un adjudicataire qui n'exécute pas les clauses de l'adjudication, enfin le changement de la saisie en une vente volontaire devant notaires ou en justice, changement qui, dans le but d'éviter des frais, peut être demandé par les intéressés majeurs capables, et, s'il y a un mineur, avec l'avis des parents.

Ordre. C'est la procédure qui règle la distribution du prix de la vente soit volontaire, soit forcée, d'immeubles susceptibles d'hypothèque; quand la vente n'est pas forcée, les formes compliquées de l'ordre ne peuvent être employées s'il n'y a pas plus de trois créanciers inscrits, cas dans lequel le tribunal règle les créanciers en désaccord par une procédure sommaire. — S'il s'agit d'une adjudication sur saisie immobilière, il faut qu'elle ait été signifiée; s'il n'y a pas eu appel, ou si le jugement a été confirmé sur l'appel, le saisi et les créanciers doivent régler entre eux, dans le mois, la distribution du prix. S'ils ne se sont pas accordés, on demande et le président ordonne la nomination d'un juge devant lequel les créanciers sont sommés de produire leurs titres; ce juge dresse un état provisoire qui peut être contesté dans un délai fixé; il renvoie à l'audience les contestations, et délivre aux créanciers non contestés des *bordereaux de collocation* en vertu desquels le payement s'effectuera;

s'il n'y a pas contestation, il clôt l'ordre, ordonne la délivrance des mandats de payement, et la radiation de ceux qui ne peuvent pas être payés : cette ordonnance de clôture peut être attaquée devant le tribunal. Chaque créancier payé, en vertu de son bordereau de collocation, doit consentir à la radiation de son inscription.

§ 11. *De l'emprisonnement.*

Il ne peut se faire qu'en vertu d'un jugement, et après commandement de payer ; il est mis à exécution par un huissier, porteur d'un pouvoir spécial, et à Paris, par des *gardes du commerce*. Le débiteur sujet à la contrainte par corps doit être arrêté publiquement, sans scandale, en plein jour, mais non un jour de fête, ni dans une église pendant le service divin, ni dans le lieu et durant une séance des autorités, ni dans une maison particulière, si ce n'est par ordre et en présence du juge de paix. L'huissier est accompagné de deux personnes qu'on nomme *recors;* il dresse procès-verbal de l'arrestation. Si le débiteur demande qu'il en soit référé à la justice, il doit être conduit immédiatement au président du tribunal. Il ne peut être déposé que dans une prison légale où son arrestation est constatée sur un registre par le gardien ou geôlier. Le créancier doit déposer d'avance une somme destinée à fournir à la nourriture de celui qu'il a fait arrêter. Quand un créancier veut exercer la contrainte envers un débiteur déjà détenu, il suit les mêmes formes que pour l'emprisonnement, ce qui s'appelle *recommandation.* Le débiteur peut faire annuler par le tribunal l'arrestation si elle a eu lieu sans les formes légales; il peut aussi obtenir sa liberté en déposant entre les mains du geôlier tout ce qu'il doit, ou en faisant cession de ses biens, ou si le créancier a laissé commencer un mois sans consigner la somme fixée pour aliments, ou si le temps déterminé pour la durée de la contrainte est expiré. Les demandes en élargissement se jugent promptement et sans formalités.

§ 12. *Des référés.*

On appelle ainsi les réclamations portées devant le président du tribunal, pour obtenir le règlement provisoire d'une difficulté élevée sur l'exécution d'un acte ou jugement, et, en général, dans tous les cas d'urgence qui peuvent être décidés provisoirement. Les décisions sur référé ne préjugent pas le fond du procès; elles sont exécutoires sur-le-champ, mais susceptibles d'appel, dans les cas où le peu d'importance de la valeur en litige ne permet qu'une décision en premier ressort.

§ 13. *Des arbitrages.*

Les arbitres sont des juges privés, choisis par les parties elles-mêmes; l'acte qui leur soumet le différend s'appelle *compromis*: il est soumis aux règles générales des conventions. Il ne peut être fait que par ceux qui ont la libre disposition des choses sur lesquelles ils compromettent; on ne peut compromettre sur des objets de nécessité ou qui intéressent l'ordre public. Il doit avoir lieu par écrit; il désigne les objets en litige et les noms des arbitres. Les personnes nommées pour arbitres ne sont pas forcées d'accepter, et peuvent même rétracter leur acceptation tant que les opérations ne sont pas commencées. Quand le compromis ne fixe pas sa durée, il n'est valable que pour trois mois, sauf les interruptions forcées: il peut être prorogé par les parties, qui peuvent aussi révoquer leurs arbitres. Ceux-ci ont des pouvoirs plus ou moins étendus, selon les termes du compromis.

Le ministère des avoués n'est pas nécessaire; l'instruction se borne, pour chaque partie, à la production de ses défenses et pièces. Les arbitres jugent sur les pièces produites. Leur jugement est motivé et signé par eux. S'il y a partage d'opinion, il est appelé, soit par les arbitres eux-mêmes, s'ils en ont le pouvoir, soit par le président du tribunal, un tiers arbitre, qui confère avec les deux autres, et se conforme à l'une ou à l'autre des opinions contraires. Le jugement, au fond, doit être conforme à la loi, à moins que les arbitres n'aient été autorisés à juger comme *amiables compositeurs*, c'est-à-dire à prononcer d'après l'équité. Les sentences d'arbitres sont rendues exécutoires par une ordonnance du président du tribunal, ou de la Cour s'il a été compromis sur l'appel d'un jugement.

Quand la cause jugée par des arbitres est susceptible d'appel, et que les parties n'y ont pas renoncé par le compromis, celles-ci peuvent appeler devant le tribunal d'appel de celui que les arbitres ont remplacé. La requête civile est aussi admise. — Dans certains cas, la loi autorise à demander aux arbitres eux-mêmes la nullité de leur sentence. Le pourvoi en cassation ne peut avoir lieu que contre les décisions des tribunaux rendues sur appel ou requête civile d'un jugement arbitral.

CHAPITRE IV.

DU DROIT COMMERCIAL.

Le droit commercial se compose des lois qui règlent les droits et intérêts privés des commerçants, et les effets des actes et contrats commerciaux.

§ 1. *Des commerçants et de leurs obligations générales.*

Chaque profession industrielle a ses règles particulières ; celle de commerçant soumet, en outre, ceux qui l'exercent à certaines obligations générales. Il faut savoir d'abord quelles personnes sont des commerçants ; ce sont celles qui font leur profession habituelle d'exercer des actes de commerce ; la loi considère comme tels les marchands, les fabricants, les banquiers, les agents d'affaires, etc. ; elle range dans les actes de commerce tout achat de marchandises ou denrées pour les revendre, soit en nature, soit après les avoir travaillées et mises en œuvre pour en louer simplement l'usage. Toute personne à qui la loi ne le défend pas peut faire le commerce. Les mineurs ont besoin de l'autorisation publique de leurs père et mère, ou du conseil de famille ; les femmes mariées doivent obtenir le consentement de leur mari.

Les commerçants doivent être patentés, tenir des livres qui retracent toutes leurs opérations, et permettent de voir, jour par jour, leur véritable position ; ils doivent garder les lettres qu'ils reçoivent et copier celles qu'ils envoient ; le mariage pouvant changer leur position pécuniaire, ils sont tenus de publier un extrait de leur contrat de mariage : il en est de même des jugements de séparation de corps, qui entraînent séparation de biens.

Il y a, entre les commerçants, des intermédiaires officiels, considérés comme officiers publics (*voyez* chap. II, p. 69); ce sont les agents de change et les courtiers, qui ne peuvent se livrer, pour leur compte, à aucune opération commerciale. Ils doivent écrire, jour par jour, toutes les affaires qu'ils font. Les agents de change servent seuls d'intermédiaires, quand les parties ne traitent pas directement, pour les achats et ventes de métaux, de billets et papiers de commerce, et *cotent*, c'est-à-dire, constatent le prix, ou *cours* des effets qu'ils négocient; ils ont seuls le droit de vendre et d'acheter pour autrui, et de coter, dans le local de la Bourse, le cours des effets publics. Il y a plusieurs espèces de courtiers ou agents intermédiaires reconnus par la loi : les courtiers de marchandises, d'assurances, les courtiers-interprètes et conducteurs de navires, pour les affaires du commerce maritime et les traductions et l'interprétation des langues étrangères, les courtiers de transports par terre et par eau.

§ 2. *Des contrats commerciaux.*

Les affaires commerciales sont susceptibles de la plupart des contrats ordinaires, régis par les principes du droit civil, quand la loi commerciale n'établit pas des règles particulières. Les dispositions sur les preuves sont modifiées pour les engagements de commerce; les livres des commerçants, s'ils sont régulièrement tenus, font foi entre eux, pour leurs affaires de commerce; vis-à-vis des non commerçants, ils ne font pas preuve pour le commerçant, mais contre lui. La bonne foi et la rapidité qui doivent présider aux contrats commerciaux, font admettre la preuve testimoniale dans tous les cas où il n'y en a pas d'autres, et où le juge trouve convenable de l'autoriser.

Du contrat de change.

Il est éminemment commercial ; c'est la convention par laquelle un des contractants s'oblige à faire payer une somme dans un lieu déterminé, pour une valeur qui lui est promise ou donnée dans un autre ; on évite par là le transport effectif des sommes d'argent. Ce contrat se constate et s'accomplit par une *lettre de change*, par laquelle une personne mande à une autre de payer une somme déterminée à celui qui est désigné dans cet acte, ou à celui qui exercera ses droits : elle doit contenir toutes les indications nécessaires pour faire connaître les personnes et les objets du contrat ; comme elle a pour but de *faire payer* une somme, il faut qu'elle soit à l'*ordre* de celui à qui le payement devra être fait. Les actes qui manquent des caractères ou des formes des lettres de change peuvent valoir comme obligations ordinaires, s'ils remplissent les conditions des actes sous seing-privé. — On transmet la propriété d'une lettre de change par un *endossement*, cession écrite sur le dos de la lettre, et mentionnant la date, la valeur fournie, et le nom de celui à qui la lettre est ainsi passée. — Celui qui a créé la lettre de change s'appelle le *tireur*, celui qu'il a promis devoir la payer s'appelle le *tiré*; celui-ci n'est tenu de la payer qu'autant qu'il l'a acceptée, ou qu'il s'est engagé avant qu'elle lui ait été présentée. L'acceptation se donne par écrit, sur la lettre ou dans un acte séparé. Celui qui a accepté devient débiteur direct de la lettre de change. Si celui qui en est porteur la présente au tiré, et que celui-ci refuse de l'accepter, il constate le refus par une protestation ou acte appelé *protêt faute d'acceptation*, et recourt contre les différents signataires ; après ce protêt, un tiers étranger à la lettre peut accepter *par intervention* pour tous ou quelqu'un des signataires.

Le payement de la lettre peut être garanti par un *aval*, espèce de cautionnement solidaire, qui se donne sur la lettre même ou par acte séparé. — Le payement ne peut être exigé du tiré, à l'époque indiquée, que par celui au profit de qui la lettre a été tirée ou endossée. L'époque du payement peut être indiquée à jour fixe, à certain terme de *vue*, c'est-à-dire, en partant du jour où elle aura été présentée, ou à un certain terme de *date*, ou à *vue*, c'est-à-dire, dès qu'elle sera représentée; le terme à partir de la vue peut être d'un ou plusieurs jours, un ou plusieurs mois, une ou plusieurs *usances*, c'est-à-dire séries de trente jours. Le payement d'une lettre de change protestée peut être fait par intervention, pour tous ou pour tel des signataires.

En général, tous les signataires d'une lettre de change sont solidairement obligés au payement; le porteur peut agir contre le tiré ou contre le tireur, les endosseurs, les donneurs d'aval; mais tous ces derniers ne peuvent être poursuivis qu'autant qu'il est constaté que le tiré n'a pas payé; cette constatation ne peut se faire que par un protêt dressé, à la demande du porteur, par des notaires ou des huissiers, le lendemain de l'échéance de la lettre. Le porteur de la lettre protestée peut exercer son recours contre le tireur, et chacun des endosseurs individuellement, ou contre eux collectivement; il peut, s'il le préfère, tirer, du lieu où la lettre était payable, sur le tireur ou l'un des endosseurs, une autre lettre de change qui se compose du montant de celle qui a été protestée, des intérêts et de tous les frais; c'est ce qu'on appelle une *retraite*. Chacun des endosseurs qui a payé peut en faire une sur le tireur.

Billet à ordre. On appelle ainsi l'engagement d'une personne de payer une somme déterminée, au créancier dénommé, ou à quiconque sera devenu porteur légitime en vertu d'un endossement. La plupart des règles concernant la lettre de change lui sont applicables.

Les actions relatives aux lettres de change, ou aux billets à ordre souscrits par des commerçants ou pour faits de commerce, se prescrivent par cinq ans.

Des sociétés commerciales.

La loi reconnaît trois espèces de sociétés commerciales : 1° *la société en nom collectif*, formée entre deux ou plusieurs personnes, sous le nom d'une ou plusieurs d'entre elles, pour faire un commerce : les engagements pris sous la signature sociale obligent tous les associés solidairement ; 2° *la société en commandite* se contracte entre un ou plusieurs associés gérants responsables et solidaires, et un ou plusieurs associés *commanditaires*, qui ne font que confier de l'argent, et qui ne peuvent jamais rien perdre au delà de ce qu'ils ont mis ou dû mettre dans la société ; lorsque la somme que chaque commanditaire verse dans l'association est représentée par des actions, c'est-à-dire des titres qui confèrent un droit à la propriété et aux bénéfices de l'entreprise, la société s'appelle *en commandite par actions* ; 3° *la société anonyme*, qui ne porte aucun nom de sociétaire, n'est qualifiée que par la désignation de l'objet de son entreprise ; son fonds se divise en actions. Elle est gérée par des administrateurs nommés et révocables par les associés.

Les sociétés doivent être constatées par écrit ; les sociétés anonymes n'offrant pas la garantie d'associés connus, doivent toujours être faites par actes publics, avec l'approbation et l'autorisation du roi. Un extrait des actes de société en nom collectif ou en commandite est publié et affiché ; pour les sociétés anonymes, on affiche l'ordonnance d'autorisation et l'acte d'association : par là les tiers sont avertis de la constitution des sociétés avec lesquelles ils veulent traiter. Le défaut de publication entraîne la nullité; mais les associés eux-mêmes ne peuvent se prévaloir du défaut d'accomplissement des formalités pour se soustraire à leurs engagements.

On donne le nom d'*association en participation* aux réunions passagères que deux ou plusieurs personnes font entre elles pour une ou plusieurs opérations de commerce déterminées, sans d'ailleurs réunir leurs autres affaires, ni mêler aucun autre de leurs intérêts. Elles ne sont sujettes à aucune formalité, et peuvent même se contracter verbalement.

Quand une société est dissoute, il est procédé à la *liquidation*, c'est-à-dire au règlement de ce qu'elle doit et de ce qui lui est dû, au payement de ses dettes et à la perception de ses recettes.

Toute contestation entre associés, pour raison de la société est jugée par des arbitres. Les règles de cet arbitrage forcé sont, presque en tout, semblables à celles de l'arbitrage volontaire.

De la commission et du louage.

Un commissionnaire est un mandataire qui agit, sous son propre nom, pour le compte d'une autre personne, de telle sorte que les tiers ne traitent qu'avec lui et n'ont d'action que contre lui. Il y a des commissions de vendre, d'acheter, de tirer ou accepter des lettres de change, etc. Les commissionnaires de transport font, en leur nom, pour le compte d'autrui, des marchés avec des voituriers, pour conduire les marchandises d'un commettant; ce contrat se constate au moyen d'un acte appelé *lettre de voiture*.

On classe parmi les louages d'ouvrage et d'industrie : les *conventions d'apprentissage*, entre celui qui s'engage à enseigner à un autre un métier, un commerce, et cette personne ou celle que la loi charge de son éducation; le louage du travail des ouvriers, qui se forme avec ou sans écrit : l'ouvrier qui travaille à la *tâche*, à la *pièce*, et non à la journée, peut être considéré comme un entrepreneur d'ouvrages ; l'engagement des facteurs, commis, serviteurs des commerçants, qui donne au chef droit aux services de ces personnes, et à celles-ci droit à être payées et indemnisées de leurs déboursés ; le louage pour le transport des personnes et des marchandises, qui intervient entre un roulier, ou un batelier, et un chargeur ou expéditeur.

§ 3. *Du commerce maritime.*

Les navires, quoique meubles, demeurent affectés à certains priviléges déterminés par la loi ; ils peuvent être vendus par un acte, et saisis avec des formes semblables à celles des saisies-exécutions.

Le propriétaire ou armateur répond du capitaine qu'il nomme et qui le représente : on appelle capitaine, maître ou patron, la personne chargée de la conduite d'un bâtiment de mer. Le capitaine répond des marchandises dont il se charge et dont il fournit un état appelé *connaissement*. Il engage les matelots et gens de mer nécessaires pour former l'équipage. Il tient note de tout ce qui lui arrive pendant le voyage, et est obligé de faire un rapport aussitôt après son arrivée, ainsi que dans le premier lieu où il aborde après un naufrage. Il ne peut vendre le navire sans autorisation des propriétaires, ni l'abandonner qu'après avoir pris l'avis des principaux de l'équipage, et il doit alors sauver l'argent et les choses les plus précieuses du chargement.

Le louage d'un navire s'appelle *affrettement*, *nolissement* ; le prix est le *fret* ou *nolis* ; l'acte qui constate le contrat se nomme *charte-partie*. Ses effets dépendent des conventions des parties et des événements arrivés au navire. — Le contrat *à la grosse aventure* est particulier au commerce maritime ; voici en quoi il consiste : un prêteur fournit à un emprunteur une somme d'argent que celui-ci emploie dans une expédition maritime, à la condition que si les effets achetés avec ces fonds n'arrivent pas sains et saufs, le prêteur n'aura rien à demander, et qu'au contraire, à l'heureuse arrivée, il recevra, avec la restitution de la somme capitale, une augmentation ou prime, convenue en considération de la chance qu'il court. — L'*assurance maritime* est un contrat par lequel une des parties prend à son compte, moyennant un prix convenu, nommé prime d'assurance, tous ou plusieurs des risques auxquels sont exposés les objets du commerce maritime ou de la navigation.

On appelle *avaries* les dommages, moindres que la perte totale, qu'éprouvent le navire ou les objets qui composent le chargement; on répute aussi avaries les dépenses extraordinaires faites pour le navire ou les marchandises, conjointement ou séparément, suivant que les avaries ont eu lieu pour le bien et le salut commun des navires et des marchandises, ou qu'elles n'ont eu en vue que le navire seul ou les marchandises seules; elles sont supportées en commun par tous les intéressés, ou bien par le propriétaire particulier de la chose qui a essuyé le dommage ou occasionné la dépense. — Si le capitaine croit qu'il y a nécessité de sacrifier une partie du bâtiment, ou de jeter en mer une partie du chargement, il prend l'avis des intéressés et des principaux de l'équipage : il jette d'abord les choses les moins nécessaires, les plus pesantes et de moindre prix; au premier port, il rend compte des faits. L'état des pertes est dressé par des experts qui en font la répartition.

§ 4. *Des faillites et banqueroutes.*

La confiance est tellement nécessaire dans le commerce, qu'on regarde comme un événement intéressant l'ordre public, et appelant l'intervention de l'autorité, la *faillite* d'un commerçant, c'est-à-dire l'état de celui qui manque à ses payements. Pour qu'un commerçant soit en faillite, il suffit qu'il cesse de payer ce qu'il doit; par cela seul on suppose qu'il lui est impossible de le faire.

L'état de faillite doit être déclaré par un jugement du tribunal de commerce, qui décide aussi à partir de quelle époque elle a commencé; cette époque est déterminée par toute espèce d'actes constatant cessation effective de payements, ou par la déclaration du failli. De ce jour, le failli est dessaisi de l'administration de ses biens: les actes faits en fraude des droits de ses créanciers sont annulés; la loi va même jusqu'à considérer certains actes comme entachés d'une présomption de fraude. La faillite enlevant toute sécurité dans l'avenir, rend aussitôt exigibles les dettes du failli non encore échues.

Les opérations d'une faillite se divisent en trois périodes: 1°. Informé de la faillite par la déclaration que le failli doit faire lui-même, ou par un créancier, ou par le bruit public, le tribunal ordonne l'apposition des scellés sur les établissements et effets du failli, déclare l'ouverture de la faillite, nomme un de ses membres commissaires, désigne un ou plusieurs agents, et ordonne qu'on s'assure provisoirement du failli. Ce jugement est publié et susceptible d'opposition. Les agents prennent les premières mesures nécessaires. Le juge commissaire rend compte au tribunal de l'état de la faillite et fait prononcer sur la liberté du failli, avec ou sans caution de se représenter. — Le failli doit dresser son *bilan*, c'est-à-dire l'état de ce qu'il a et de ce qu'il doit; s'il ne l'a pas fait, les agents y procèdent au moyen des renseignements qu'ils recueillent.

2°. Aux agents succèdent les syndics provisoires, nommés par le tribunal, sur la présentation des créanciers qui ont été convoqués par le juge commissaire: ils reçoivent les comptes des agents; ils font l'inventaire des biens, vendent les effets et marchandises, font rentrer et gardent en caisse les créances dues au failli, prennent toutes les mesures nécessaires pour conserver les droits de ce dernier. Les créanciers, avertis par lettres et par les journaux, doivent venir faire vérifier et affirmer véritables leurs créances. S'il y a contestation, on renvoie devant le tribunal. Un nouveau délai est accordé aux créanciers qui n'avaient pas comparu. — 3°. Après le délai de l'affirmation, les créanciers admis sont convoqués; les syndics rendent compte de tout ce qui a été fait; l'assemblée discute sur ce qu'il convient de résoudre; d'après le résultat de la délibération, ou les créanciers s'arrangent, et il se forme un *concordat*, ou ils ne s'arrangent pas, et il intervient une *union de créanciers*. Le concordat ne s'établit que par le concours de créanciers formant la majorité, et représentant par leurs créances les trois quarts des sommes dues; à cette condition, il engage même ceux qui ne l'ont pas signé; il n'a son effet qu'après avoir été approuvé par le tribunal. Aucun traité ne peut être accordé au failli soupçonné de fraude. Quand cet arrangement à l'amiable est ainsi terminé, les syndics rendent compte au failli: leurs fonctions cessent, ainsi que celles du juge commissaire. S'il ne se fait pas de concordat, les créanciers présents forment un contrat d'union, nomment des syndics définitifs, chargés de toutes les opérations nécessaires pour amener, autant qu'il est possible, le payement des droits de chacun.

La qualité de failli proprement dit n'est donnée qu'au commerçant malheureux et de bonne foi. S'il a commis des fautes, des imprudences, il peut, et dans certaines circonstances, il doit être poursuivi devant les tribunaux correctionnels, comme coupable de *banqueroute*. S'il a commis des fautes graves, des actes frauduleux, il est poursuivi, comme banqueroutier frauduleux devant la Cour d'assises; il en est de même de ceux qui auraient été ses complices. Les règles de la faillite concernant les biens s'appliquent à la banqueroute.

L'état de faillite entraine la privation des droits politiques et un certain déshonneur. Le failli peut se faire réhabiliter, s'il a payé intégralement tout ce qu'il devait, même dans le cas où il aurait obtenu de ses créanciers un concordat, et si d'ailleurs sa conduite le rend digne de cet avantage. C'est la Cour royale qui prononce sur la demande en réhabilitation, après une information et des renseignements pris avec publicité par le ministère public.

§ 5. *De la procédure et de la contrainte par corps.*

La procédure devant les tribunaux de commerce est simple et rapide : elle n'admet pas le ministère des avoués. Elle commence par une assignation avec le délai d'un jour. Les exceptions, les incidents, les jugements, la somme du premier et du dernier ressort sont les mêmes, à très-peu de chose près, que dans les tribunaux d'arrondissement. Les appels se portent aussi devant les Cours royales.

La contrainte par corps doit être prononcée contre tout débiteur condamné, pour dette commerciale, au payement d'une somme principale de 200 fr. au moins; elle peut l'être en cas de reste de comptes d'administration confiée par la justice, et de dommages-intérêts excédant 300 fr. Elle n'est jamais exécutée qu'en vertu d'un jugement. L'emprisonnement dure de un à cinq ans, suivant l'importance de la dette. On suit au surplus les règles de la contrainte dans les affaires ordinaires (*voyez* p. 139).

CHAPITRE V.

DU DROIT CRIMINEL.

Le droit criminel se compose des lois relatives à la poursuite et à la punition des actions contraires à l'ordre légalement établi. Il se divise, comme le droit civil, en deux parties; la première traite des infractions et des peines qui y sont attachées; la seconde contient des règles sur la manière de les constater et de les juger; de là la division en *droit pénal*, et en procédure ou *instruction criminelle*.

PREMIÈRE PARTIE.

DROIT PÉNAL.

§ 1er. *Des délits et de leurs différentes espèces.*

L'expression générale *délits* désigne toutes les actions frappées d'une peine. Pour qu'un acte soit punissable, il faut qu'il ait été déclaré tel par une loi que les juges ne peuvent jamais suppléer. Les lois pénales s'appliquent aux étrangers; car l'ordre ne doit pas être impunément troublé par qui que ce soit.

Les délits sont divisés en trois grandes espèces, d'après leur gravité et la nature des peines qui les répriment : 1° les *crimes* qui sont punis d'une peine afflictive, c'est-à-dire corporelle, ou infamante; 2° les *délits* proprement dits, punis de peines correctionnelles; 3° les *contraventions*, atteintes par des peines de simple police. Quand une infraction à la loi a été commencée par un acte extérieur, et arrêtée seulement par une cause étrangère à la volonté du coupable, elle peut et doit être punie. Toutefois la loi admet les distinctions suivantes : la tentative de crime est punie comme le crime même ; la tentative de délit n'est considérée comme délit qu'autant que la loi le porte expressément; la tentative de simple contravention n'est jamais punie.

§ 2. *Des peines.*

Leur division correspond à celle des infractions en crimes, délits et contraventions.

1°. *Peines en matière criminelle.* Elles sont ou afflictives et infamantes, ou infamantes seulement. Les premières sont : la *mort*, qui consiste dans la privation de la vie, au moyen de la décapitation; en cas de parricide, ou d'attentat (violence physique) contre la personne du roi, l'exécution est précédée d'un appareil qui tend à augmenter l'horreur qu'inspirent ces crimes. — Les *travaux forcés à perpétuité* consistent dans les travaux physiques les plus pénibles. Les condamnés, qui portent le nom de *forçats*, sont enfermés dans des lieux appelés *bagnes*. Les femmes ne sont employées aux travaux forcés que dans l'intérieur de prisons appelées *maisons de force*. Cette peine ne peut être appliquée aux personnes âgées de soixante-dix ans. — La *déportation*. Elle consiste à être transporté et à demeurer à perpétuité, dans un lieu déterminé par la loi, hors de la France, ou, à défaut de lieu de déportation, dans une forteresse du royaume, ou dans une prison française désignée par les juges hors du territoire continental. Si le déporté revient en France, il est, pour ce seul fait, condamné aux travaux forcés à perpétuité. — Les *travaux forcés à temps*, de cinq à vingt ans. — La *détention*, qui consiste à être renfermé pendant cinq ans au moins, et vingt ans au plus, dans une forteresse située sur le territoire continental du royaume. — La *reclusion*, ou détention dans une maison de force, où le condamné est employé à des travaux dont il peut profiter pour une partie.

Les peines non afflictives, mais seulement infamantes, sont : le *bannissement*, ou transport, par ordre du gouvernement, hors du territoire du royaume, pour cinq ans au moins, et dix ans au plus; le banni qui rentre volontairement en France avant l'expiration de sa peine, est, pour cela seul, condamné à la détention. — La *dégradation civique*, consistant dans la destitution et exclusion des fonctions publiques, la privation des principaux droits civils et de famille, du droit de port d'armes, de celui de servir dans la garde nationale et dans l'armée.

Il y a des peines accessoires à celles dont il vient d'être parlé. Ainsi la condamnation aux travaux forcés, ou à la reclusion entraîne l'exposition aux regards du public pendant une heure. La condamnation aux travaux forcés à temps, à la détention, à la reclusion, au bannissement, ont pour conséquence la dégradation civique. Ces mêmes condamnations, sauf le bannissement, emportent, pendant leur durée, un état d'interdiction légale, en vertu duquel il est nommé un tuteur qui rend compte au condamné après qu'il a subi sa peine. Toutes les condamnations à des peines criminelles sont imprimées par extrait et affichées dans plusieurs endroits : la publicité du châtiment doit produire un effet salutaire sur ceux qui ont connu le crime.

2°. *Peines en matière correctionnelle*. Ce sont : *l'emprisonnement*, de six jours à cinq ans, dans une maison de correction où le condamné travaille. Une partie du produit de ses travaux adoucit son sort, s'il le mérite, une autre lui fournit une réserve pour l'époque de sa sortie de prison. L'*interdiction à temps*, de tout ou partie des droits politiques, des principaux droits civils et de famille ; — l'*amende*.

3°. *Règles communes aux peines criminelles et correctionnelles.* Par suite du *renvoi sous la surveillance de la haute* police, le gouvernement détermine certains lieux dans lesquels le condamné ne pourra paraître après avoir subi sa peine ; le condamné doit alors, sous peine d'emprisonnement, faire connaître le lieu de sa résidence, et avertir l'autorité quand il veut en changer. Cette mesure, qui a pour but de mettre le gouvernement à même de suivre partout et de surveiller les personnes qui sont, à raison de leurs condamnations antérieures, justement suspectes de pouvoir troubler l'ordre public, s'applique toujours aux condamnés aux peines criminelles les plus graves; pour les autres, le juge ne peut la prononcer qu'autant qu'une disposition particulière de la loi l'autorise. — On ne peut plus saisir tous les biens d'un condamné; ce serait frapper sa famille pour un crime qu'elle n'a pas commis; mais les tribunaux peuvent ordonner la confiscation des choses qui sont l'objet, ou le produit d'un crime ou délit, ou qui ont servi à le commettre. — Les amendes n'atteignent que le condamné; il peut être contraint par corps à la payer : mais s'il n'a pas le moyen de l'acquitter, il est remis en liberté après un certain temps d'épreuve, ce qui ne lui est pas accordé s'il ne justifie pas qu'il est hors d'état de payer. — Les choses qui ont été enlevées par le condamné doivent être restituées à leur propriétaire. Les juges peuvent aussi condamner le coupable à une indemnité au profit de la personne lésée : enfin le condamné supporte les frais. S'il y a plusieurs condamnés, ils sont obligés solidairement aux restitutions et au payement des amendes, dommages-intérêts et frais.

4°. *Peines de simple police.* Ces peines sont l'*emprisonnement* de un à cinq jours, l'amende de 1 fr. à 15 fr., et la confiscation des objets saisis.

5°. *Concours des peines, et peines de la récidive.* Si une personne est poursuivie et jugée en même temps pour plusieurs crimes ou délits, on ne lui applique qu'une peine, qui est la peine la plus forte. Celui qui, condamné pour un premier crime ou délit, en commet un nouveau, est en état de *récidive.* Une telle rechute doit provoquer la sévérité de la loi ; elle entraîne donc, pour le nouveau délit, une aggravation graduelle de peines, réglée d'après la gravité de la première condamnation.

§ 3. *Des personnes punissables, excusables ou responsables.*

Le roi étant inviolable ne peut être puni. Les ambassadeurs étrangers, représentant leurs souverains, ne peuvent être traduits devant les tribunaux français : s'ils commettent des crimes ou délits, le gouvernement peut les faire arrêter, et les renvoyer à la puissance qu'ils représentaient. — En général, une personne n'est punissable qu'autant qu'elle a commis le crime ou délit sciemment, et avec une intention coupable. Les fous n'ayant pas la conscience de leurs actions, et les gens opprimés par la crainte ou la violence, n'en ayant pas la liberté, ne sont point passibles de peine. Les enfants peuvent connaître le bien ou le mal ; pour s'assurer s'ils ont agi en connaissance de cause, le tribunal devant lequel des enfants de moins de seize ans sont traduits pour crime ou délit, décide expressément s'ils ont agi avec discernement. S'il juge que non, ils doivent être acquittés; mais ils peuvent, suivant les circonstances, être remis à leurs parents, ou élevés ou détenus dans une maison de correction. S'il juge que oui, ils sont condamnés à une peine mitigée à raison du jeune âge.

Un crime ou délit ne peut être excusé ni la peine adoucie, qu'autant que la loi le déclare expressément, ce qui a lieu quand il a été reconnu qu'il existe des circonstances atténuantes. — Les peines sont personnelles ; mais sont punis, quoique n'ayant pas eux-mêmes commis le crime, ceux qui en sont complices, dans les circonstances déterminées par les lois. — Une personne qui n'est ni auteur, ni complice d'un crime ou délit, ni passible, à ce sujet, d'aucune peine, peut être condamnée à en réparer les conséquences; c'est ce qui arrive dans les cas de responsabilité civile, par exemple, des père et mère à l'égard de leurs enfants mineurs.

§ 4. *Des différentes espèces de crimes ou délits.*

Il y a d'abord deux grandes classes de crimes et délits, ceux qui attaquent la chose publique, les grands intérêts de l'Etat, et ceux qui sont dirigés contre les particuliers.

Crimes et délits contre la chose publique.

1°. Ceux qui attaquent directement la nation ou son gouvernement, ou qui ont pour objet un renversement, s'appellent crimes et délits *contre la sûreté de l'Etat*. S'agit-il de la sûreté extérieure? La loi punit des peines les plus sévères, même de la mort, dans les cas les plus graves : ceux qui portent les armes contre la France, ceux qui pratiquent des machinations ou entretiennent avec les puissances étrangères des intelligences dans le but d'amener la guerre ou l'invasion, ou de faciliter les progrès de l'ennemi; ceux qui donnent à l'ennemi des instructions nuisibles sur la situation de la France; les fonctionnaires ou agents qui révèlent le secret de leur mission, ou livrent les plans des places de guerre ou des établissements militaires; ceux qui cachent des espions de l'ennemi; ceux qui, par des actions hostiles, exposent l'Etat à une guerre, ou les citoyens à des represailles.

Quant à la sûreté intérieure, la loi frappe l'attentat contre la vie ou la personne du roi, ou des membres de sa famille, l'offense publique envers la personne du roi, l'attentat ayant pour but de renverser ou changer le gouvernement ou l'ordre de succession au trône, ou d'exciter les citoyens à s'armer contre l'autorité royale, le complot ou la conspiration ayant pour but un attentat contre le roi, ou sa famille, ou contre le gouvernement; les attentats ou complots pour exciter à la guerre civile, ou massacrer, piller, dévaster, dans une ou plusieurs communes; ceux qui, sans autorisation, lèvent ou commandent des troupes, ou empêchent la levée régulière des gens de guerre; ceux qui figurent ou commandent dans des bandes ou associations armées pour des actes de dévastation, de sédition ou de guerre civile; ceux qui ont participé à des actes d'insurrection; ceux qui gardent des armes défendues; ceux qui fabriquent, débitent, ou distribuent de la poudre, des cartouches ou autres munitions de guerre, ou détiennent sans autorisation des armes ou de la poudre de guerre, ou plus d'une certaine quantité de poudre de chasse. Ceux qui provoquent, par des moyens de publicité, aux crimes ou délits contre la sûreté publique, sont considérés comme complices.

2°. Sous la dénomination de *crimes et délits contre la Charte*, la loi punit de peines rigoureuses, et principalement de la dégradation civique, l'empêchement apporté à l'exercice des droits politiques, l'infidélité, la corruption dans l'exercice de ces droits, la violation, par les ministres ou les fonctionnaires, de la liberté individuelle ou des précautions prises contre les arrestations arbitraires; les mesures concertées entre des fonctionnaires contre les lois ou les ordres du gouvernement, ou de manière à entraver un service public quelconque; enfin l'usurpation commise par des magistrats qui se seraient immiscés dans l'exercice du pouvoir législatif ou administratif, et les empiètements des administrateurs sur le pouvoir législatif ou sur les tribunaux.

3°. Lorsque les crimes et délits n'ont pas pour objet de renverser, mais seulement de troubler l'ordre établi, ils s'appellent *crimes et délits contre la paix publique*. Les principaux sont : *le faux*, qui altère la confiance et la sécurité dans les affaires; il est fortement réprimé par les lois qui atteignent et frappent la contrefaçon ou altération des monnaies, ainsi que l'émission des fausses monnaies, la contrefaçon des sceaux de l'Etat, marques et effets publics, et l'emploi de ces objets contrefaits, le faux dans les actes authentiques ou sous seing privé, dans les passeports, feuilles de route, ou certificats ayant pour but d'exempter d'un service public, ou de procurer des avantages. Les personnes qui font usage d'un objet faux, ne sont passibles d'aucune peine quand le faux n'a pas été connu d'elles. — La *forfaiture*, c'est-à-dire les crimes commis par les fonctionnaires dans l'exercice de leurs fonctions, et les délits de ces fonctionnaires; tels sont : les soustractions d'argent ou de pièces par des comptables ou dépositaires publics, les concussions, c'est-à-dire perception de ce qui n'est pas dû; la pratique d'affaires ou l'exercice de commerce incompatibles avec les fonctions, la corruption, dont la peine atteint celui qui a corrompu ou voulu corrompre, et celui qui a cédé à la corruption; les abus d'autorité contre les particuliers ou contre la chose publique, par exemple par l'introduction illégale dans le domicile d'un citoyen, par le refus de rendre la justice, par la suppression ou l'ouverture des lettres confiées à la poste, par l'emploi de la force publique contre l'exécution d'une loi ou d'un ordre de l'autorité légitime; l'entrée en fonctions sans avoir prêté serment, la conservation de fonctions par celui qui sait officiellement qu'il n'a plus le droit de les exercer. — Les troubles apportés à l'ordre par les ministres des cultes dans l'exercice de leurs fonctions, ce qui arrive s'ils bénissent un mariage avant qu'il ait été justifié de sa célébration à la mairie; si, dans un discours pastoral et public, ou dans un écrit pastoral, ils critiquent une loi ou un acte du gouvernement, ou excitent les citoyens à la désobéissance ou à la guerre civile, s'ils correspondent, sur des matières religieuses, avec une puissance étrangère, sans l'autorisation du gouvernement.

La *rébellion*, c'est-à-dire l'attaque ou la résistance avec violences et voies de fait, envers des officiers ou agents chargés de l'exécution des lois ou actes de l'autorité publique, est punie plus ou moins rigoureusement suivant qu'elle est exercée par un plus ou moins grand nombre de personnes, avec ou sans armes. — Pour maintenir la dignité et la sécurité des magistrats et officiers publics, la loi réprime les outrages, c'est-à-dire les attaques directes, par paroles, gestes ou menaces contre la personne, et à plus forte raison, les violences, comme des coups, commises sur les membres des Chambres, les fonctionnaires, prêtres, jurés, témoins, officiers ministériels, commandants ou agents de la force publique. — Des peines sont établies contre ceux qui, étant requis par une autorité compétente, et dans les formes prescrites par les lois, refusent un service public, par exemple les témoins ou jurés qui allèguent une excuse reconnue fausse. — Une punition frappe tous ceux qui rendent ou veulent rendre illusoires les mesures prises pour la répression des crimes ou délits, en contribuant à l'évasion des détenus : la peine est plus sévère, si l'évasion a été accompagnée de violences, à l'aide de transmission d'armes. — Briser des scellés, c'est violer le droit de l'autorité qui les a apposés : la peine de ce délit devient plus rigoureuse, s'il a été commis par des gardiens négligents. Il en est de même des enlèvements et destructions de pièces dans un greffe ou autre dépôt public. — Dégrader des monuments ou objets destinés à l'utilité ou à la décoration publique; s'immiscer, sans titre, dans des fonctions publiques; empêcher ou troubler les exercices d'un culte reconnu; outrager ou frapper ses ministres, ce sont des délits que la loi a dû réprimer.

Les associations de malfaiteurs, parmi lesquels il faut ranger les pirates, sont évidemment des crimes contre la sûreté publique. Le vagabondage, c'est-à-dire l'état de ceux qui n'ont ni profession, ni domicile certain, ni moyens de subsistance, est par lui-même un délit qui entraîne une peine et des mesures particulières de surveillance. Il en est de même de la mendicité, dans les lieux où il n'y a pas de dépôt de mendicité, quand il y a habitude de mendier et absence d'infirmités, ou menaces, fraudes, associations entre mendiants.

La publication des pensées ou opinions peut exercer une grande influence sur la paix publique; on considère comme moyens de publication les discours, cris ou menaces proférés publiquement, les écrits, imprimés, dessins, gravures, peintures, emblêmes vendus, distribués, exposés, affichés en public : la presse est le plus puissant de ces moyens. Les délits de la presse sont de deux espèces; les uns sont relatifs à la police, les autres aux faits mêmes objets de la publication; les premiers consistent à ne pas faire connaître l'auteur ou l'imprimeur d'un écrit publié, à avoir exercé l'état d'imprimeur sans un brevet du gouvernement, à avoir affiché ou crié publiquement des écrits politiques, falsifié des extraits pour les vendre, à n'avoir pas fait connaître à l'autorité municipale les écrits qu'on veut crier ou afficher, à exercer sans autorisation la profession de crieur, vendeur, chanteur sur la voie publique. — Quant aux délits de publication, qu'on impute généralement, non à l'auteur, mais à celui qui donne de la publicité à l'ouvrage, ils sont plus nombreux. La loi punit la provocation à des crimes ou délits par un des moyens de publication. Elle considère et frappe comme formant par eux-mêmes des délits : les outrages contre la religion ou la morale, les attaques contre la royauté et l'autorité ou les droits constitutionnels du roi, contre le gouvernement établi, contre les droits consacrés par la Charte, contre ceux des Chambres ; les offenses envers le roi, sa famille, les Chambres, les souverains étrangers ; l'excitation à la haine ou au mépris du gouvernement, ou des citoyens contre une ou plusieurs classes de personnes ; les attaques contre la propriété, les cris séditieux publiquement proférés, et quelques autres faits de la même nature. La loi regarde comme portant atteinte à la paix publique les diffamations, outrages, injures même contre les simples particuliers ; elle les punit sévèrement, mais justement, car on ne saurait trop protéger l'honneur des citoyens contre les attaques funestes de la publicité ; le délit de diffamation consiste dans la publication d'un fait nuisible à la considération d'une personne, alors même que ce fait serait vrai ; on ne peut donc se défendre en alléguant la vérité du fait publié, excepté quand il s'agit de fonctionnaires publics, lesquels doivent être à l'abri du moindre soupçon ; les diffamations ou injures ne sont poursuivies que sur la demande de ceux qui se croient offensés, injuriés ou diffamés. — Quelques règles spéciales sont prescrites à l'égard des délits de publication commis par les journaux. — Des peines atteignent ceux qui publient, exposent, vendent sans autorisation, des dessins, gravures, etc. ; et ceux qui exploitent un théâtre ou spectacle public non autorisé.

Les associations illicites peuvent causer dans l'Etat de grandes perturbations : elles doivent donc être réprimées ; la loi considère comme illicite toute association de plus de vingt personnes, formée sans autorisation. Elle punit aussi ceux qui, après sommation, ne se sont pas retirés d'un attroupement.

Crimes et délits contre les particuliers.

Les uns attaquent les personnes, les autres la fortune des citoyens.

1°. *Crimes et délits contre les personnes.* Les plus horribles sont ceux qui portent atteinte à la vie humaine. On appelle, en général, *homicide*, l'action de priver un autre de la vie; ce n'est qu'un malheur, et non une faute punissable, quand il a été commis dans la légitime défense de soi-même. L'homicide commis dans un duel doit être poursuivi. — L'homicide commis volontairement est un *meurtre*, qui n'existe que quand il y a eu intention, non pas de blesser ou de frapper, mais bien précisément de tuer; c'est un crime qui, lorsqu'il se rattache à un autre crime, est puni de mort. Le meurtre commis avec préméditation, ou de *guet-apens*, c'est-à-dire, en attendant quelqu'un pour lui donner la mort ou exercer sur lui des actes de violence, est qualifié *assassinat*. La loi le punit de mort, ainsi que le *parricide*, meurtre des père et mère, l'*infanticide*, meurtre d'un enfant nouveau-né, et l'empoisonnement. Après ces crimes, celui que la loi regarde comme tendant à troubler le plus la sécurité générale, ce sont les *menaces*, punies sévèrement, surtout quand elles portent l'ordre de déposer une somme ou de remplir une condition. Puis viennent les coups et blessures volontaires, mais sans intention de donner la mort : leur punition varie selon qu'ils ont produit des résultats plus ou moins malheureux ; dans la même classe de faits se rangent la mutilation, la destruction d'un enfant dans le sein de sa mère, un mal donné par l'administration de substances nuisibles, quoique non susceptibles de faire mourir; la fabrication et le port des armes prohibées, la vente des boissons falsifiées.

Les voies de fait dont il vient d'être question sont toutes supposées volontaires. Si un homicide a été causé involontairement, par maladresse, imprudence, inattention, négligence, inobservation des règlements, il ne doit pas rester impuni; mais il n'est passible que d'une peine correctionnelle, diminuée encore s'il n'y a que des coups ou blessures. Aucune peine ne peut être appliquée lorsque les coups et blessures étaient légalement commandés par l'autorité légitime, par exemple dans la répression d'une sédition; il en est de même dans le cas de légitime défense de soi-même. Le meurtre, excepté le parricide, les coups et blessures, sont excusables, s'ils ont été provoqués par des coups ou violences, ou en repoussant, de jour, une attaque contre la propriété; l'effet de l'excuse est d'abaisser la peine.

La punition des attentats aux mœurs varie selon les circonstances avec lesquelles ils ont été commis; parmi ces attentats se place la *bigamie*, crime de celui qui, engagé dans les liens d'un mariage, en contracte un autre; l'officier public qui célèbre le second mariage, connaissant l'existence du premier, est également punissable. — Les atteintes portées à la liberté individuelle par des arrestations ou détentions illégales, ne sont pas punies seulement quand elles proviennent de fonctionnaires publics (*voyez* p. 175), mais encore quand elles sont l'œuvre des citoyens ou de fonctionnaires sans compétence, circonstance qui les assimile aux particuliers. — L'état civil des personnes, leur existence sociale peut être l'objet d'infractions que la loi punit; ainsi sont frappés par elle ceux qui enlèvent, suppriment, recèlent, supposent, substituent un enfant mineur, ne déclarent pas une naissance à laquelle ils ont assisté, ne remettent pas à l'officier de l'état civil un enfant trouvé par eux, exposent ou délaissent des enfants au-dessous de sept ans, enlèvent des mineurs qui ont dépassé cet âge. Sont également réprimées, comme pouvant cacher des crimes, les violations des règlements relatifs aux inhumations.

Plusieurs espèces de crimes ou délits peuvent être commis contre l'existence morale, la dignité ou la considération des citoyens ; la loi a dû les punir. Nous avons déjà parlé de la diffamation, de l'injure, de l'outrage. Le faux témoignage contre une personne peut entraîner les conséquences les plus graves : le degré de la peine varie selon que le faux témoignage a été rendu en matière criminelle, correctionnelle, de police, ou civile. Le faux serment en matière civile est également puni. L'honneur des citoyens est encore protégé par les peines établies contre les dénonciations calomnieuses, adressées par écrit à des magistrats, et contre la révélation de secrets par les personnes qui, par état, en sont dépositaires; comme les médecins, les notaires, les avocats.

2°. *Crimes et délits contre les propriétés.* Le *vol* est la soustraction frauduleuse d'une chose appartenant à autrui. S'il n'est accompagné d'aucune circonstance aggravante, il est, ainsi que les *filouteries* (vols exécutés furtivement), puni de peines correctionnelles. On appelle *vol qualifié* celui qu'accompagnent des circonstances aggravantes ; la gravité ou la réunion de ces circonstances détermine la peine qui doit être appliquée. Les principales circonstances aggravantes sont : la nuit, la réunion de deux ou plusieurs personnes, le port d'armes, l'emploi d'effraction, c'est-à-dire, rupture ou dégradation d'une fermeture quelconque, l'emploi d'escalade, c'est-à-dire, entrée par-dessus les clôtures, de fausses clefs, l'emploi d'un faux titre, costume ou ordre de l'autorité, la violence ou menace de faire usage des armes, le fait d'avoir volé sur les grands chemins, l'état de domesticité, d'ouvrier ou autre, travaillant habituellement dans la maison. Des peines correctionnelles frappent les vols d'objets ruraux commis dans les champs, tels que bestiaux, instruments aratoires, récoltes coupées et laissées exposées à la foi publique; le *maraudage*, ou enlèvement de productions utiles non encore détachées du sol. Est puni sévèrement celui qui extorque, par violence ou contrainte, la signature ou la remise d'un acte emportant obligation ou décharge.

La loi réprime, comme atteintes à la propriété des citoyens, la banqueroute simple ou frauduleuse, l'*escroquerie*, délit qui consiste à se faire donner de l'argent ou autres valeurs à l'aide de manœuvres frauduleuses ou de promesses chimériques; l'*abus de confiance*, qui se manifeste sous des formes diverses, par exemple en écrivant une obligation compromettante au-dessus d'une signature confiée, ou en détournant et dissipant des objets remis en dépôt, etc.

L'industrie et le commerce sont exposés à des fraudes que la loi frappe quand elles deviennent assez graves pour blesser l'intérêt public : telles sont les coalitions entre les maîtres pour forcer abusivement l'abaissement des salaires des ouvriers, et celles des ouvriers pour faire cesser, empêcher ou renchérir le travail; l'embauchage des ouvriers ou commis pour l'étranger, dans la vue de nuire à l'industrie française, la révélation des secrets d'une fabrique; les manœuvres frauduleuses et coalitions pour faire hausser ou baisser d'une manière extraordinaire et factice le prix de certaines marchandises ou denrées, les fraudes sur la nature ou le poids des marchandises. — La violation de la propriété littéraire forme le délit de *contrefaçon*, qui consiste dans le débit d'ouvrages contrefaits, ou l'introduction, en France, d'ouvrages qui, après avoir été publiés en France, ont été contrefaits à l'étranger, ou dans l'indue représentation d'une pièce de théâtre : les peines sont l'amende et la confiscation des produits.

Toute action qui tend à détruire, dégrader ou endommager les propriétés d'autrui, est punie par la loi. De ces crimes ou délits, le plus grave est l'incendie, qui menace la vie des personnes en même temps que les propriétés; selon le dommage causé, ou la perversité de l'intention, ou les périls qu'il a fait courir, il est frappé de peines graduées qui s'élèvent jusqu'au supplice de mort, et d'une simple amende quand il n'est que le résultat de l'imprudence ou de la négligence. La loi réprime encore la destruction volontaire des digues, ponts, édifices, les voies de fait opposées aux travaux autorisés par le gouvernement, le brûlement ou la destruction d'un acte public ou privé, le pillage ou les dégâts commis en bande et à force ouverte, la dévastation des récoltes sur pied, l'abattage ou la mutilation des arbres, la coupe des grains ou fourrages d'autrui, la destruction d'instruments d'agriculture, l'empoisonnement ou la destruction, sans nécessité, des animaux; le renversement des clôtures, l'inondation des propriétés voisines, la contravention aux règlements de salubrité concernant les maladies contagieuses des animaux.

Les prévarications du capitaine, maître ou patron d'un navire, et des gens de mer sous ses ordres, au préjudice de ceux qui leur ont confié le navire ou les marchandises, forment une atteinte grave à la propriété, et sont punies avec rigueur sous le nom de *baraterie*.

Enfin on considère comme une attaque contre les propriétés, et on frappe d'une amende, augmentée en cas de récidive, la chasse, en temps prohibé, sur les terres d'autrui ou les terrains ensemencés, ou avec des instruments prohibés, et la pêche, dans les temps ou avec des instruments prohibés, ou en violation des règlements destinés à prévenir la trop grande destruction du poisson.

§ 5. *Des contraventions de police.*

Elles sont rangées en trois classes, selon l'importance de la peine : 1° Celles qui entraînent une amende de 1 à 5 fr. avec un emprisonnement pour le cas de récidive; par exemple, le fait d'avoir violé la défense de tirer, dans certains lieux, des pièces d'artifice, d'avoir cueilli ou mangé, sur le lieu même, des fruits appartenant à autrui, d'avoir contrevenu aux règlements de police de l'autorité administrative ou municipale. 2° Celles qui emportent une amende de 6 à 10 fr. avec emprisonnement dans certains cas, et toujours en cas de récidive; sont rangés dans cette classe les individus qui excitent ou ne retiennent pas leurs chiens quand ils attaquent ou poursuivent les passants, ceux qui jettent des pierres, des corps durs ou immondices contre une propriété ou une personne, etc. 3° Celles dont la peine est une amende de 11 à 15 fr. avec emprisonnement dans certains cas, et toujours en cas de récidive; sont punis de cette manière ceux qui ont occasionné la mort ou la blessure des animaux d'autrui par jet de pierres ou corps durs, ceux qui enlèvent méchamment les affiches posées par ordre de l'administration, etc.

DEUXIÈME PARTIE.

DE L'INSTRUCTION CRIMINELLE.

On appelle ainsi les règles concernant la manière de constater, poursuivre et juger les crimes, délits et contraventions. L'application de la peine à un acte coupable est l'objet de l'*action publique,* et la réparation du dommage qu'il a causé s'obtient par l'*action civile.* Ces deux actions peuvent s'intenter séparément; l'action civile peut aussi, au moyen d'une plainte, se porter devant les mêmes juges que l'action publique dont elle est un accessoire. Quand la solution d'une question civile doit avoir une influence décisive sur l'action publique, celle-ci est provisoirement suspendue. — L'instruction criminelle a deux périodes principales, celle de la poursuite, et celle du jugement : la première appartient à la police judiciaire, la seconde à la justice proprement dite.

§ 1er. *De la police judiciaire.*

Elle recherche les crimes, délits et contraventions, en rassemble les preuves, et en livre les auteurs aux tribunaux chargés de les juger.

Officiers de police judiciaire; leurs fonctions.

La loi donne cette qualité aux gardes champêtres et forestiers, pour la constatation des atteintes aux propriétés rurales et forestières, aux commissaires de police, aux maires et adjoints, pour les contraventions de police, aux procureurs du roi et leurs substituts, aux officiers de gendarmerie, aux commissaires généraux de police, aux juges d'instruction, aux préfets des départements, au préfet de police à Paris, enfin, dans certains cas, à des agents spéciaux, par exemple ceux des intendances sanitaires. C'est par des procès-verbaux, ayant plus ou moins de force, suivant l'autorité de ceux qui les rédigent, que tous ces officiers constatent les faits donnant lieu à poursuites. Les officiers de police sont, dans le ressort de chaque Cour royale, sous la surveillance du procureur général.

Les plus importants sont le procureur du roi et le juge d'instruction. Le procureur du roi est chargé de rechercher et poursuivre tous les faits de la compétence des tribunaux correctionnels ou des Cours d'assises; il peut requérir directement la force publique, comme tous les officiers de police judiciaire en ont la faculté. Il reçoit les dénonciations. Ses pouvoirs sont nécessairement très-étendus, en cas de *flagrant délit*, c'est-à-dire de délit qui se commet actuellement ou qui vient de se commettre; on assimile à ce cas celui où, dans un temps voisin du délit, le prévenu est poursuivi par la clameur publique, ou est saisi porteur d'effets, armes, instruments ou papiers faisant présumer qu'il est auteur ou complice. Quand il s'agit d'un fait emportant peine afflictive ou infamante, le procureur du roi doit se rendre immédiatement sur les lieux, après avoir prévenu le juge d'instruction, mais sans être obligé de l'attendre : il prend toutes les mesures nécessaires pour découvrir le crime, peut défendre que personne ne sorte de la maison, saisir les objets ou papiers propres à conduire à la manifestation de la vérité, faire saisir le prévenu, s'il y a des indices graves contre lui, ou lancer un *mandat* ou ordre, pour le forcer à comparaître, et l'interroger. En cas d'une mort violente ou dont la cause soit inconnue ou suspecte, il se fait assister d'officiers de santé, qui font leur rapport sur la cause de la mort et l'état du cadavre. Toutes les pièces et les choses saisies sont envoyées au juge d'instruction, qui examine immédiatement la procédure, et la complète s'il y a lieu.

Le juge d'instruction, désigné par le roi parmi les membres du tribunal d'arrondissement, exerce, dans les cas de flagrant délit, les mêmes droits et attributions que le procureur du roi. Hors ces cas, il ne fait, en général, aucun acte sans avoir communiqué la procédure au procureur du roi, qui l'accompagne, avec le greffier, quand il se déplace. Il reçoit les plaintes des particuliers ; pour qu'elles donnent aux plaignants le droit de profiter, dans leur intérêt, des condamnations qui pourront intervenir, il faut qu'ils se joignent au procès, qu'ils s'y constituent *partie civile*, soit dans leur plainte, soit pendant l'instruction : quand il ne s'agit que d'un délit et non d'un crime, le plaignant peut s'adresser directement au tribunal. Le juge d'instruction fait citer et entend séparément les témoins, qui déposent oralement, et signent leurs dépositions quand elles leur ont été lues et qu'ils ont déclaré y persister. Les témoins qui, sans excuse légitime, ne se présentent pas, sur la citation du magistrat, sont condamnés par lui à une amende ; quand il y a impossibilité de déplacement d'un témoin, le juge d'instruction peut se transporter auprès de lui. Il peut, dans tous les cas, faire, au domicile du prévenu, et partout ailleurs, les recherches qu'il croit nécessaires à la découverte de la vérité. — Les officiers de police auxiliaires du procureur du roi, qui sont les maires, juges de paix, commissaires généraux et de police, officiers de gendarmerie, reçoivent les dénonciations, et agissent, en cas de flagrant délit, comme le procureur du roi.

Arrestation du prévenu; mise en liberté provisoire.

Les visites domiciliaires, les arrestations ne peuvent être faites dans l'intérieur des habitations, que de jour, sauf les cas d'incendie, inondation, ou réclamation venant de l'intérieur. On ne peut arrêter que les personnes recherchées pour crime ou pour délit; l'arrestation et la détention ne doivent être accompagnées d'aucune rigueur non nécessaire; et comme on ne s'assure de la personne du prévenu que pour arriver au jugement, cette détention doit être abrégée par le magistrat, autant que cela est compatible avec les actes qu'exige l'instruction. Les ordres ou mandats délivrés par le juge d'instruction diffèrent de noms et d'effets, selon les circonstances déterminées par la loi, d'après la gravité de l'inculpation, qui autorise, plus ou moins, la crainte de voir le prévenu, laissé libre, échapper à l'action des tribunaux; ce sont les *mandats de comparution*, *d'amener*, *de dépôt*, et enfin, le *mandat d'arrêt*, le plus sévère de tous. Les mandats doivent contenir l'énonciation du fait qui les motive, et de la loi qui déclare ce fait crime ou délit; il en est laissé une copie au prévenu; l'exécution des mandats est assurée, s'il en est besoin, par la force publique. Dans les cas de flagrant délit, s'il s'agit d'un crime ou délit très-grave, toute personne peut et même doit, sans qu'il y ait eu mandat, saisir le prévenu, et le conduire devant le procureur du roi, ou un de ses auxiliaires.

La détention avant le jugement doit cesser quand elle n'est pas indispensable ; c'est pourquoi la loi autorise, dans certains cas, la mise en liberté provisoire du prévenu arrêté, moyennant un cautionnement qui garantisse qu'il ne se soustraira pas au jugement. Cette faveur n'est pas accordée quand le fait imputé au prévenu emporte une peine afflictive ou infamante, ni aux vagabonds et aux gens repris de justice. C'est le tribunal qui décide s'il y a lieu de permettre la mise en liberté provisoire et si la caution est suffisante ; le cautionnement ne peut jamais être moindre de 500 fr.

Rapport du juge d'instruction, ordonnances de la chambre du conseil.

Le juge d'instruction rend compte à la chambre du conseil (*voyez* p. 14) des affaires qu'il instruit. Si les juges pensent qu'il n'y a ni crime ni délit, ni contravention, ils déchargent le prévenu de la poursuite; s'ils estiment qu'il y a contravention, ils le renvoient devant le tribunal de police, et devant le tribunal correctionnel s'il y a délit. S'ils pensent que le fait est de nature à emporter peine afflictive ou infamante, et que l'inculpé en est suffisamment prévenu, les pièces sont envoyées par le procureur du roi au procureur général pour procéder à la mise en accusation.

§ 2. *De la justice criminelle.*

Les audiences sont publiques comme dans les matières civiles. Celui qui, après l'instruction, est renvoyé devant le tribunal correctionnel ou de police, s'appelle *prévenu* ; celui qui est traduit devant la Cour d'assises s'appelle *accusé* : ce dernier doit toujours comparaître en personne, avec l'assistance d'un défenseur. Le prévenu ou accusé qui abuse du droit de défense peut être réduit au silence, ou renvoyé de l'audience s'il cause du trouble ou du scandale ; dans ce dernier cas, il est jugé comme s'il était présent. S'il refuse de comparaître devant ses juges, il doit être amené de force, ou bien le président peut décider qu'on jugera en son absence, sauf à lui signifier, après chaque audience, les actes ou jugements qui auront eu lieu. Ces mesures sont nécessaires pour empêcher la violence ou la mauvaise volonté d'arrêter le cours de la justice.

Tribunaux de police et correctionnels.

On comparaît devant un tribunal de police en vertu d'une citation du procureur du roi, ou même d'un simple avertissement. L'instruction est publique; le greffier lit les procès-verbaux, s'il y en a, qui font foi d'une manière plus ou moins complète selon le caractère des fonctionnaires qui les ont rédigés; les témoins sont entendus, après avoir prêté serment de dire toute la vérité, rien que la vérité; ne doivent pas être entendus les proches parents et l'époux du prévenu; ensuite la partie civile présente sa demande : le prévenu se défend et fait entendre ses témoins; le ministère public résume l'affaire et conclut. Le prévenu peut présenter des observations, puis le tribunal prononce sur la peine, s'il y a lieu, et sur les dommages-intérêts. Le jugement doit contenir les motifs et les termes de la loi appliquée. S'il est par défaut, le condamné peut y former opposition; il peut appeler si la condamnation est d'un emprisonnement ou de plus de 5 fr. d'amende. L'appel est porté au tribunal correctionnel. Le pourvoi en cassation est reçu contre les décisions en dernier ressort.

Une affaire correctionnelle est déférée au tribunal compétent par le renvoi du tribunal de police, de la chambre du conseil ou de la chambre d'accusation, ou par une citation directe. L'instruction se fait comme devant les tribunaux de simple police. L'opposition et l'appel sont reçus contre le jugement; l'appel est déclaré au greffe; le ministère public soit du tribunal qui a jugé, soit du tribunal qui prononcera sur l'appel, a la faculté d'appeler. L'appel s'instruit et se juge, après le rapport d'un des magistrats, comme devant le premier tribunal correctionnel. Le pourvoi en cassation est admis.

Cour d'assises.

1°. *Mise en accusation.* En général, et sauf quelques exceptions, notamment en matière de délits de la presse, une affaire criminelle est renvoyée à la Cour d'assises par un arrêt d'accusation, rendu par la chambre d'accusation de la Cour royale, après un rapport du procureur général, sur la lecture des pièces, et sans comparution de personne. La chambre peut ordonner des informations nouvelles, ou prononcer, selon l'appréciation des faits, la mise en liberté du prévenu, sa traduction devant le tribunal de police ou correctionnel, ou devant les assises. Dans ce dernier cas, le procureur général rédige un acte d'accusation, exposant le fait avec toutes les circonstances, et signifié à l'accusé qui doit connaître ce qu'on lui impute, afin de préparer sa défense. Si la Chambre décide qu'il n'y a pas lieu de le renvoyer devant la Cour d'assises, il ne peut plus y être traduit qu'autant qu'il s'élèverait contre lui des charges nouvelles.

2°. *Procédure préalable.* Avant que l'affaire ne s'instruise à l'audience, le président de la Cour d'assises interroge l'accusé dans la maison de justice où il a été transféré; il lui demande s'il a choisi un défenseur, et lui en nomme un s'il n'en a pas. Après l'interrogatoire, l'accusé peut communiquer avec son conseil, et concerter avec lui sa défense. Il est averti qu'il a cinq jours pour se pourvoir contre l'arrêt qui le renvoie devant la Cour d'assises. Le président, s'il y a lieu, fait procéder par le juge d'instruction à l'audition de nouveaux témoins, ordonne le renvoi à une autre assemblée du jury, prononce la jonction des accusations formées contre plusieurs pour un même délit. La dernière opération qui précède l'instruction à l'audience, c'est la composition du jury.

3°. *Du jury.* Pour pouvoir être juré, il faut avoir trente ans et jouir de ses droits politiques. Les jurés sont pris parmi les électeurs des députés, et parmi des classes de personnes choisies de manière à donner des garanties de lumières et d'indépendance. Le jury se forme au moyen de plusieurs listes. D'abord le préfet dresse une liste de tous les citoyens du département aptes à être jurés. Cette liste donne lieu aux mêmes réclamations et rectifications que celle des électeurs (*voir* ch. 1er). Quand elle est définitive, le préfet en extrait, pour le service du jury pendant l'année suivante, une liste qui est du quart des listes générales : pour que la charge du jury ne soit accablante pour personne, nul ne peut être porté deux ans de suite sur la liste annuelle. Pour chaque session du jury, le président de la Cour royale tire au sort, en audience publique, parmi les noms de la liste annuelle, trente-six jurés et quatre jurés supplémentaires; il procède, de la même manière, au remplacement des personnes décédées ou devenues incapables de faire partie du jury. La liste des trente-six et des quatre jurés supplémentaires est notifiée à l'accusé la veille du jour où doit se former le tableau des jurés qui prononceront sur sa culpabilité. Au jour indiqué et pour chaque affaire, on fait l'appel des jurés; le nom de chacun d'eux est déposé dans une urne; puis on tire au sort, et le tirage peut être augmenté, sur l'ordre du président, du nom d'un ou de deux jurés de remplacement, si le procès est de nature à entraîner de longs débats. A mesure que les noms sortent de l'urne, l'accusé ou l'accusateur qui ne trouvent pas dans les personnes désignées les qualités qu'ils voudraient rencontrer dans leurs juges, peuvent exercer un droit de récusation, qui ne s'arrête que quand il ne reste plus que douze jurés non récusés. Une fois ce nombre complété, les jurés ne peuvent plus être changés. Le premier désigné par le sort est le chef du jury, à moins que les jurés n'en choisissent un autre qui y consente. Les jurés prêtent serment de remplir consciencieusement leur mission. Ils ne peuvent, tant que dure l'affaire, s'entretenir avec personne sur ce qui concerne cette affaire. — Les jurés qui, après avoir été avertis par une notification et avoir été convoqués, ne se rendent pas à leur poste, ou l'abandonnent avant l'expiration de leurs fonctions, sont condamnés à une forte amende, qui augmente en cas de récidive.

4°. *Instruction et débats.* L'examen public commence aussitôt après la formation du tableau des douze jurés. Les débats sont dirigés par le président, qui a un pouvoir discrétionnaire pour ordonner les mesures qu'il croit utiles à la découverte de la vérité. Quand les magistrats de la Cour d'assises ont pris séance, les jurés se placent en face de l'accusé. Celui-ci est amené libre, sans fers, accompagné de gardes seulement pour empêcher son évasion. Le greffier donne lecture de l'accusation; le président en rappelle l'objet à l'accusé; le ministère public fait l'exposé de l'affaire, et produit la liste des témoins qui doivent avoir été indiqués d'avance. Les témoins, qui ne peuvent être pris parmi les proches parents, déposent séparément, après avoir prêté serment, et restent dans la salle pour être entendus de nouveau, ensemble ou séparément. Si une déposition paraît fausse, le témoin peut être mis sur-le-champ en état d'arrestation, et on instruit sur l'accusation de faux témoignage : dans ce cas, l'affaire en jugement peut être renvoyée à la session suivante. Si l'accusé, les témoins ou l'un d'eux ne parlent pas la même langue, ou s'il y a un sourd-muet, il est nommé un interprète. — Après les dépositions et les discussions qu'elles peuvent avoir occasionnées, la partie civile et le ministère public sont entendus; l'accusé et son conseil peuvent répondre, et ont toujours la parole les derniers. Ensuite le président déclare les débats terminés; il résume l'affaire, fait remarquer les principales preuves pour ou contre l'accusé, et pose les questions que les jurés devront résoudre; elles peuvent être critiquées par l'accusé, dont la Cour apprécie les réclamations. Les questions arrêtées sont remises aux jurés avec les pièces du procès, pour aider au besoin leur mémoire. Le président fait retirer l'accusé de l'auditoire. — Les questions embrassent les faits tels qu'ils résultent de l'acte d'accusation, et les circonstances aggravantes manifestées par les débats, ainsi que les excuses qui ont été proposées. Le président avertit les jurés qu'ils doivent déclarer les circonstances atténuantes en faveur de l'accusé, si, à la majorité, ils pensent qu'il en existe.

5°. *Délibération et déclaration du jury*. Les jurés se retirent dans un local particulier, et ne peuvent en sortir avant d'avoir arrêté leur décision : personne ne peut entrer auprès d'eux sans une permission écrite du président. Le vote sur chaque question se fait, au scrutin secret, par des bulletins sur lesquels chaque juré écrit ou fait écrire le mot *oui* ou le mot *non*, qu'il remet fermés au chef du jury, et qui sont brûlés immédiatement après chaque scrutin. La décision se forme à la majorité de sept contre cinq; le nombre des voix n'est exprimé que dans le cas où l'accusé n'a été déclaré coupable du fait principal qu'à la majorité de sept contre cinq. Quand la délibération est finie, les jurés rentrent à l'audience; leur chef lit la déclaration, et la remet au président. Cette déclaration, quand elle est régulière, n'est soumise à aucun recours; toutefois si les juges sont unanimement convaincus qu'en déclarant l'accusé coupable, les jurés se sont trompés au fond, ils peuvent, aussitôt après la lecture de la déclaration, ordonner que l'affaire sera, dans la session suivante, soumise à de nouveaux jurés. Si la déclaration est obscure, incomplète, contradictoire, entachée d'erreurs matérielles, la Cour d'assises peut exiger que les jurés retournent à une nouvelle délibération.

6°. *Jugement et exécution.* Le président fait rentrer l'accusé; le greffier lit la déclaration des jurés. Si l'accusé a été déclaré non coupable, le président prononce son acquittement, et il ne peut plus être poursuivi pour le même fait. S'il a été déclaré coupable, le procureur général demande l'application de la peine, et la partie civile ses réparations pécuniaires. L'accusé et son conseil ne doivent plus parler que sur ces deux demandes. Si le fait reconnu par les jurés n'est pas défendu par une loi pénale, la Cour prononce l'absolution de l'accusé; s'il est défendu, elle applique la peine, quelle qu'elle soit, et statue sur les dommages-intérêts. Avant de prononcer l'arrêt de condamnation, le président est tenu de lire le texte de la loi sur lequel il est fondé. Il avertit le condamné qu'il a trois jours pour se pourvoir en cassation, et l'arrêt n'est exécuté que dans les vingt-quatre heures après ce délai. Les exécutions se font par des agents appelés *exécuteurs des arrêts de justice criminelle*, nommés par le ministre de la justice.

Recours en cassation ou en révision.

En général, et sauf quelques exceptions, on ne se pourvoit en cassation qu'après le jugement définitif en dernier ressort, afin de ne pas le retarder. Le pourvoi n'est admis que pour les causes déterminées par la loi, par exemple, la violation d'une formalité prescrite à peine de nullité. La partie civile ne peut se pourvoir que contre les dispositions relatives à ses intérêts pécuniaires ou réparations. Les ordonnances d'acquittement sont inattaquables; le ministère public peut attaquer les arrêts d'absolution en se fondant sur l'existence de la loi pénale qui aurait dû être appliquée. — Le pourvoi doit être déclaré au greffe du tribunal qui a prononcé, et accompagné d'une copie authentique de la décision attaquée. S'il n'est pas formé par l'accusé, il doit lui être notifié. La chambre criminelle de la Cour de cassation prononce après le rapport d'un juge; son arrêt peut être attaqué par opposition, s'il a été rendu par défaut. Si la Cour annule, elle renvoie devant un autre tribunal, à moins qu'elle ne décide que le fait ne présente ni crime, ni délit, ni contravention; si elle rejette le pourvoi, un extrait de son arrêt est envoyé au tribunal qui a jugé, afin que l'on passe à l'exécution.

La révision est un recours extraordinaire accordé à des accusés condamnés à des peines afflictives ou infamantes, par exemple lorsque, après une condamnation, un des témoins à charge est poursuivi et condamné pour faux témoignage; la Cour de cassation décide s'il y a lieu d'admettre la révision, et, en cas d'admission, renvoie devant une Cour d'assises.

Procédures particulières.

Parmi les procédures qui exigent des formes spéciales, se trouve celle de la *contumace*, état de l'accusé non présent, soit qu'il n'ait pu être saisi, soit qu'il se soit évadé; elle ne commence qu'après l'arrêt de mise en accusation, et une publication avec sommation de se présenter à la justice : si cet avertissement est demeuré sans effet, la Cour d'assises procède au jugement sans assistance de jurés, sans défense verbale, sans audition de témoins, et sur la simple lecture des pièces; l'arrêt de condamnation ne peut être attaqué que par l'accusé qui se représente, et qui, dans tous les cas, supporte les frais occasionnés par son absence. — Les délits correctionnels commis par un certain nombre de fonctionnaires ou de magistrats, dans l'exercice ou hors de l'exercice de leurs fonctions, sont de la compétence des Cours royales; s'il s'agit d'un crime, l'instruction se fait par un magistrat spécial; lorsque le crime a été commis par un membre de Cour royale ou par un tribunal entier, c'est la Cour de cassation qui juge. — Certains dignitaires ou fonctionnaires sont dispensés par la loi de se déplacer pour venir déposer en justice; leurs dépositions sont reçues par un magistrat qui les adresse au tribunal où l'affaire sera jugée. — Lorsque, après une condamnation, le condamné s'est évadé et a été repris, il est traduit devant le juge qui l'a condamné: des témoins sont entendus, et le tribunal ou la Cour décide si l'individu repris est bien le même qui a été condamné, et si, en conséquence, la condamnation lui est applicable.

Règlements de juges, renvois et récusations.

Quand il y a lieu à un règlement de juges (*voyez* p. 147), il se fait par le juge supérieur des tribunaux en conflit, sinon à la Cour de cassation, devant laquelle on se pourvoit par une requête adressée à la Chambre criminelle. — Le renvoi d'un tribunal ou d'un juge d'instruction à un autre peut être demandé si la sûreté publique l'exige, ou s'il y a lieu de redouter la partialité des juges; c'est la Cour de cassation qui prononce, dans la même forme que pour les règlements de juges. — Pour les récusations, on suit les mêmes règles qu'en matière civile (*voyez* p. 147).

§ 3. *Des prisons, maisons d'arrêt et de justice.*

Indépendamment des prisons destinées à renfermer des condamnés, il y a, près de chaque tribunal d'arrondissement, une *maison d'arrêt* pour retenir les prévenus, et près de chaque Cour d'assises, une *maison de justice* pour les accusés. Les préfets surveillent la tenue de ces maisons ; ils en nomment les gardiens, qui doivent avoir un registre où est inscrit tout ce qui concerne l'entrée et la sortie des prisonniers. Le juge d'instruction, le président des assises, le préfet, le maire, sont tenus de visiter, à certaines époques, les maisons de justice et les prisons.

§ 4. *De la réhabilitation des condamnés.*

Il est juste, humain, utile que les condamnés dont la conduite offre des garanties, puissent, après avoir subi leur peine, reprendre l'exercice de leurs droits civils. Cette réhabilitation est accordée aux condamnés à une peine afflictive ou infamante, après une épreuve de cinq années écoulées depuis la cessation de la peine. Celui qui veut se faire réhabiliter doit avoir fixé sa demeure depuis plusieurs années, et présenter des attestations de bonne conduite, délivrées par l'autorité. La demande est adressée à la Cour royale : un avis, publié dans un journal, provoque des renseignements. Si l'opinion de la Cour est favorable, elle est transmise au ministre de la justice, qui doit faire un rapport au roi. L'effet de la réhabilitation accordée par le roi est de faire cesser pour l'avenir les incapacités qui résultaient de la condamnation.

§ 5. *De la prescription.*

Les effets d'un acte punissable par la loi cessent par le laps de temps, de même que les effets des actes ou contrats civils. Il y a, en matière criminelle, deux sortes de prescriptions, celle de l'action, et celle de la peine. Quant à la première, s'il s'agit d'un crime, on ne peut plus poursuivre après dix années révolues depuis que le crime a été commis, s'il n'a été fait aucun acte de poursuite, ou depuis le dernier acte ; pour les délits, le délai est de trois ans, et d'un an pour les simples contraventions. — La prescription de la peine exige plus de temps, parce qu'elle efface les conséquences d'une décision judiciaire. Pour les crimes, la prescription de la peine est de vingt ans, à partir du jour où la condamnation a été irrévocable ; pour un délit elle est de cinq ans, et, pour une contravention, de deux ans. Elle n'efface que la peine, et non les réparations civiles, lesquelles sont soumises à la prescription civile. Dans un grand nombre de cas, des lois spéciales établissent des prescriptions particulières; par exemple, les délits des journaux se prescrivent par six mois.

FIN.

ERRATA.

Page 21, ligne 29, au lieu de, *objets de dépenses*, lisez : *objet de défense.*

Page 54, ligne 3, au lieu de, *la vente en ses conditions*, lisez : *la vente et ses conditions.*

TABLE DES CHAPITRES.

CHAPITRE III. — DU DROIT CIVIL.

PREMIÈRE PARTIE. — DES DROITS CIVILS, CONSIDÉRÉS EN EUX-MÊMES.

DEUXIÈME PARTIE. — De la Procédure.

CHAPITRE IV. — DU DROIT COMMERCIAL.

CHAPITRE V. — DU DROIT CRIMINEL.

PREMIÈRE PARTIE. — Droit pénal.

DEUXIÈME PARTIE. — De l'Instruction criminelle.

FIN DE LA TABLE DES CHAPITRES.

TABLE ALPHABÉTIQUE

DES MATIÈRES.

A

B

C

D

E

F

G

H

I

J

L

M

N

O

P

R

S

T

U

V

FIN DE LA TABLE DES MATIÈRES.

QUESTIONNAIRE

POUR LES NOTIONS ÉLÉMENTAIRES

DE

DROIT FRANÇAIS.

INTRODUCTION.

Qu'est-ce que les lois?
Qu'est-ce qu'on appelle droits?
Qu'est-ce qu'on appelle devoirs?
Quel est le chef du gouvernement?
Quelles personnes succèdent au Roi?
Qu'est-ce qu'un régent?
Comment chaque département est-il administré?
Comment chaque arrondissement est-il administré?
Comment se subdivisent les cantons?
Comment les communes sont-elles administrées?
Qu'est-ce que la charte constitutionnelle?
Qu'est-ce qu'un code?

CHAPITRE PREMIER.

DU DROIT PUBLIC.

§ 1. *Des différents pouvoirs existant dans l'État.*

Qu'est-ce que le pouvoir législatif?
Qu'est-ce que le pouvoir exécutif?
Qui exerce en France le pouvoir législatif?
Comment est composée la Chambre des Pairs?
Qui nomme les Pairs, et sous quelles conditions?
Qui préside la Chambre des Pairs?
Qu'est-ce que le grand référendaire de la Chambre des Pairs?
Comment est composée la Chambre des Députés?
Qui nomme les Députés?

Quelles conditions faut-il remplir pour pouvoir être nommé Député?

Pour combien de temps les Députés peuvent-ils être élus?

Quelles conditions faut-il remplir pour être électeur?

Combien faut-il qu'il y ait d'électeurs au moins dans un collége électoral?

Si ce nombre n'est pas atteint, comment y supplée-t-on?

Comment les femmes participent-elles indirectement aux droits électoraux?

Quand et par qui la liste des électeurs est-elle dressée?

Comment s'assure-t-on qu'elle est exacte et complète?

Comment peut-on être effacé d'une liste électorale où l'on a été porté?

Qui a le droit de convoquer les colléges électoraux?

Quand un collége doit-il se diviser en sections?

Quels fonctionnaires les électeurs nomment-ils pour procéder à l'élection?

Quel serment chaque électeur doit-il prêter?

Par quelles précautions la liberté des votes est-elle assurée?

Qui juge définitivement si l'élection est valable?

Qui préside la Chambre des Députés au moment où elle s'assemble?

Qui nomme le président et les secrétaires de la Chambre?

Qu'est-ce que les deux questeurs?

Comment la Chambre des Députés examine-t-elle les propositions qui lui sont soumises?

Qui décide l'acceptation ou le rejet d'une proposition?

Qu'est-ce qu'une session des Chambres?

Quand les Chambres se réunissent-elles?

Par qui sont-elles convoquées?

Que se passe-t-il à l'ouverture de chaque session?

Qui peut ordonner la clôture des sessions, la suspension des séances, dissoudre la Chambre des Députés?

Qu'est-ce que le Roi doit faire quand il a prononcé la dissolution d'une Chambre?

A qui doivent être proposées d'abord les projets de loi concernant les impôts?

Quand une proposition faite par un membre d'une Chambre devient-elle une loi?

Que faut-il pour qu'un membre d'une Chambre puisse être arrêté?

Par qui les Pairs peuvent-ils être jugés en matière criminelle?

Qu'est-ce que la sanction royale?

Qu'est-ce que la promulgation d'une loi?

A qui appartient le pouvoir exécutif?

Quelles sont les prérogatives du Roi?

Qui est responsable des actes du pouvoir exécutif?

Qui a le droit d'accuser, et celui de juger les ministres?

Les ministres peuvent-ils, doivent-ils être entendus dans les Chambres?

Quel est le conseil établi à côté du Roi et des ministres?

Comment se divise le conseil d'État?

Quel titre portent ses membres?

Sous quelle condition les agents du pouvoir exécutif, les fonctionnaires publics peuvent-ils être poursuivis en justice?

Comment la France est-elle divisée pour l'administration de la justice, et quel tribunal est préposé à chacune de ces divisions?

Qu'est-ce que la Cour de Cassation, et où siége-t-elle?

Quels sont les juges des commerçants?

Par quel moyen le public peut-il s'assurer que la justice est bien rendue?

Qui maintient l'ordre dans la salle d'audience?

Qui nomme les magistrats?

Comment perdent-ils leurs fonctions?

Qu'est-ce que le ministère public?

Qui le nomme et le révoque?

Quel titre portent ses membres?

Qu'est-ce que les greffiers?

Qu'est-ce que les avoués?

Qu'est-ce que les huissiers?

Qui exerce le pouvoir de discipline sur les tribunaux?

Sous quelle surveillance sont les avoués et les huissiers?

Qu'est-ce que les causes ou procès civils?

Qu'est-ce que les causes ou procès criminels?

Qui juge les causes civiles d'une valeur considérable ou qui demandent de la célérité?

Qui prononce sur l'appel des sentences des juges de paix?

Sur quoi prononce le tribunal d'arrondissement ou de première instance?

Sur quoi prononcent les cours royales?

Qui juge les contraventions de police?

Qui juge les délits correctionnels?

Quelles sont les fonctions du juge d'instruction et de la Chambre du conseil?

Qui prononce sur l'appel des jugements correctionnels?

Quelles sont les fonctions des Chambres de mise en accusation dans les Cours royales?

Qu'est-ce que les Cours d'assises?

Comment sont-elles composées?

Qu'est-ce que juge la Cour des Pairs?

Qu'est-ce que juge la Chambre des Députés?

Sur quoi prononcent les conseils de guerre, les conseils de révision, les tribunaux maritimes?

Comment se divise la Cour de Cassation?

Quelles sont les fonctions de la Chambre des requêtes, de la Chambre civile, et de la Chambre criminelle de la Cour de Cassation?

Qu'arrive-t-il si la Cour de Cassation annulle une décision rendue dans le même sens qu'une autre décision rendue, dans la même affaire, par un autre tribunal?

§ II. *Des personnes et de leurs droits.*

Qu'est-ce que les droits civiques ou politiques?

Qu'est-ce que la naturalisation?

Qu'est-ce des grandes lettres de naturalité?

Qu'est-ce que l'égalité devant la loi?

Qu'est-ce que la liberté individuelle?

Peut-on toujours former des associations sans autorisation?

Comment les rassemblements tumultueux ou séditieux peuvent-ils être repoussés?

Quel est l'effet de la mise d'une ville en état de siége?

Peut-on embrasser telle profession qu'on veut?

Peut-on résider où l'on veut?

Sous quelle condition peut-on voyager?

Qu'est-ce que la liberté des cultes?

Qu'est-ce que le concordat?

Qu'est-ce que la liberté de la presse?

Quelles sont les conditions de l'établissement d'un journal?

Qui peut exiger l'insertion gratuite d'une réponse dans un journal?

Qu'est-ce que la propriété?

Sous quelle condition ne peut-on être privé de la propriété?

Comment doivent être autorisés les travaux pour lesquels on peut demander le sacrifice d'une propriété?

Comment est-il déclaré que les travaux sont d'utilité publique?

Avec quelles formalités fait-on la désignation des propriétés particulières qui devront être prises ?

Si les propriétaires ne s'entendent pas avec l'administration pour le prix, qui prononce l'expropriation ?

A qui et pourquoi le jugement d'expropriation est-il notifié ?

Si l'indemnité à payer par suite de l'expropriation n'est pas convenue avec le préfet, comment est-elle réglée ?

Comment sont nommés les jurés chargés de fixer l'indemnité ?

Comment procèdent ces jurés ?

En quoi les formalités d'expropriation pour utilité publique sont-elles différentes quand il s'agit de la confection des fortifications ?

Comment le gouvernement peut-il procéder au desséchement des marais ?

Si le gouvernement concède à des particuliers l'entreprise du desséchement, quel est l'effet de cette concession ?

Si le desséchement ne se fait pas par entreprise concédée, à quelles conditions l'abandon de la propriété peut-il être ordonné ?

A quelles conditions une mine peut-elle être exploitée ?

A quelle condition peut-on faire des travaux de recherche d'une mine dans le terrain d'autrui ?

Pourquoi les demandes de concession de mines sont-elles rendues publiques ?

A quoi sont tenus ceux qui ont obtenu une concession de mines ?

Que faut-il pour pouvoir exploiter une minière ?

A quelle condition peut-on exploiter les simples carrières ?

Les entrepreneurs des travaux publics peuvent-ils prendre sur les terrains des particuliers les matériaux nécessaires ?

A quelles conditions ?

Dans quelles circonstances et comment se font les réquisitions pour le service militaire ?

Qu'est-ce que les servitudes militaires ?

Qu'est-ce que le rayon de défense autour des places fortes ?

§ III. *Des charges imposées sur les personnes dans l'intérêt public.*

Qui est astreint au service militaire ?

Comment l'avancement a-t-il lieu dans l'armée ?

Comment un officier peut-il être privé de son grade ? comment peut-il l'être de son emploi actuel ?

Quand les militaires ont-ils droit à une pension de retraite ?

Quand et comment est fixé le nombre d'hommes qui doivent faire partie de l'armée?

Quelle est la durée du service militaire?

A quel âge peut-on s'engager?

A quel âge est-on appelé forcément pour le service militaire?

Comment sont désignés ceux qui doivent faire partie de l'armée?

Quelles personnes sont indignes ou exemptées du service militaire?

Par qui les exemptés sont-ils remplacés?

Qu'est-ce que le tableau de recensement, et par qui est-il dressé?

Comment s'assure-t-on que tous ceux qui doivent y figurer y sont compris?

Où et comment se fait le tirage au sort?

Quelles sont les fonctions des conseils de révision?

Que deviennent les jeunes gens désignés par le sort?

Qu'est-ce que le changement de numéro et le remplacement?

Peut-on se rengager, et pour combien de temps?

Comment se recrute l'armée de mer?

Comment est divisée l'administration maritime?

Quel est le devoir de la garde nationale?

A qui obéit-elle?

Qui est appelé au service de la garde nationale dans l'intérieur de la commune?

Qu'est-ce que les listes de recensement?

Qu'est-ce que le conseil de recensement? quelles sont ses fonctions?

Qu'est-ce que le jury de révision?

Comment est organisée la garde nationale?

Qui lui délivre les armes, et qui en répond?

Comment sont conférés les grades?

Qui inflige les peines pour les contraventions relatives au service?

Qu'est-ce que le service de détachement?

Combien de temps peut-il durer?

Qu'est-ce que le service des corps détachés de la garde nationale?

Qui y est appelé?

Combien peut durer ce service?

Quand les citoyens sont-ils tenus de loger des militaires?

Quand le logement est-il gratuit, et quand est-il payé?

§ 4. *Des biens de l'État.*

Avec quoi l'État paye-t-il ses dépenses?
Qu'est-ce qu'on appelle domaine public?
De quoi se compose principalement ce qu'on appelle domaine de l'État?
Qui administre le domaine de l'État?
Qu'est-ce que la liste civile?
Quand et par qui la liste civile est-elle fixée?
De quoi se compose la liste civile?
Pourquoi la liste civile ne peut-elle être vendue ni affectée au payement des dettes du Roi?
Quelle règle suit-on pour les biens personnels du Roi?

§ 5. *Des impôts.*

Qu'est-ce que les impôts?
A quoi servent les impôts?
Comment les impôts sont-ils établis?
Combien y a-t-il d'espèces d'impôts?

Comment sont votés les impôts directs?
Comment est organisée l'administration des contributions directes?
Sur quoi porte la contribution foncière?
Qu'est-ce que le cadastre?
Qu'est-ce que les états de section?
Qu'est-ce que la matrice des rôles?
Qui prononce sur les réclamations?
Quelles personnes doivent payer les contributions personnelles?
Sur quelle base est établie la contribution personnelle?
Comment est calculée la contribution mobilière?
Qu'est-ce que l'impôt des portes et fenêtres?
Qui le paye?
Qu'est-ce que l'impôt des patentes?
Qui doit le payer?
Comment se divise-t-il?
Comment se paye-t-il?
Qu'est-ce que les centimes additionnels?
Par qui sont-ils votés?
Qu'est-ce que le fonds commun?
Qui dresse l'état ou rôle des contribuables de chaque commune?
Où sont indiqués les changements survenus dans l'année?
Qui met les rôles à exécution?

Comment peut-on partager le payement de l'impôt direct?

A qui sont adressées les réclamations, et qui les juge?

Par quels moyens les contribuables peuvent-ils être contraints à payer leurs impôts directs?

Comment est organisée l'administration des contributions indirectes?

Sur quoi se perçoivent les droits sur les boissons?

A quoi sont tenues les personnes qui fabriquent, manipulent ou vendent des boissons?

Quels droits sont perçus sur les cartes à jouer?

Quels sont les droits sur le sel?

Quels droits paye le sucre indigène?

Quels sont les droits sur les voitures publiques?

Qu'est-ce que les droits de navigation intérieure et de passages d'eau?

Qu'est-ce que les droits de garantie sur les matières d'or et d'argent?

Qu'est-ce que le monopole du tabac, et comment est-il exercé?

Par qui et comment s'exerce le monopole de la poudre à tirer?

Qu'est-ce que l'octroi?

Par quels moyens peut-on être contraint à payer un impôt indirect?

Qui juge les fraudes commises pour échapper aux impositions indirectes?

Qu'est-ce que les droits d'enregistrement?

Combien y a-t-il d'espèces de droits d'enregistrement?

Qui gère cette partie du revenu public?

Qui juge les procès élevés entre les particuliers et l'administration de l'enregistrement?

Par quels moyens peut-on être contraint à payer des droits d'enregistrement?

Qu'est-ce que le timbre?

Combien y a-t-il d'espèces de droits de timbre?

Qu'est-ce que le timbre de dimension?

Qu'est-ce que le timbre proportionnel?

Comment est organisée l'administration des postes?

Quels sont les droits exclusifs de la poste?

Qui paye les droits de poste d'une lettre?

A qui doit être remise une lettre envoyée par la poste?

Qu'est-ce que les maîtres de poste?

A quoi sont-ils tenus? quels sont leurs privilèges?
Quel est l'objet des douanes?
Comment est organisée l'administration des douanes?
Comment peuvent s'établir les droits des douanes?
Qu'est-ce que le rayon frontière?
Qu'est-ce que les entrepôts?
Comment peut-on contraindre au payement des droits de douanes?
Quelles marchandises sont exceptées du droit de navigation maritime?
Qu'est-ce que le cabotage?
Quels sont les principaux droits particuliers établis par l'État sur divers objets?

§ 6. *Des dépenses de l'État.*

Quelles sont les principales dépenses de l'État?
Qu'est-ce que le Grand-Livre de la dette publique?
Qu'est ce que les livres auxiliaires du Grand-Livre?
Qu'appelle-t-on effets publics?
A quelles conditions l'État peut-il emprunter?
Qu'est-ce que l'amortissement?
Qu'est-ce que la caisse d'amortissement?

§ 7. *De la comptabilité publique.*

Qu'est-ce que la comptabilité?
Qu'est-ce que le budget de l'État?
Comment est fixé le budget?
Comment se divise le budget?
Comment sont répartis les fonds alloués pour le budget?
Quand y a-t-il lieu à des crédits supplémentaires? quand à des crédits extraordinaires?
Comment sont alloués les crédits supplémentaires et extraordinaires?
Quelle est l'administration qui régit tous les revenus de l'État?
Comment les recettes se font-elles dans les communes?
Par qui se font les payements?
Qu'est-ce qu'un payement ordonnancé?
Comment est arrêté chaque année le compte de l'emploi des sommes reçues et payées?
Qui examine les détails de la comptabilité publique?
Qu'appelle-t-on arrêt de conformité?

§ 8. *Des colonies.*

Qu'est-ce que les colonies?
Comment les colonies sont-elles réglées?
Qu'est-ce que la traite des nègres, défendue par les lois et par les traités?
Comment est gouvernée l'Algérie?

CHAPITRE II.

DU DROIT ADMINISTRATIF.

Qu'entend-on quand on dit que le Gouvernement administre?
Quels sont les principaux objets de l'administration publique?

§ 1er. *Des cultes.*

Comment la religion catholique est-elle exercée?
Sous quelle condition les actes du pape peuvent-ils être publiés et exécutés en France?
Comment le territoire français est-il divisé sous le rapport de la religion?
Comment sont nommés les divers membres du clergé?
Par qui sont-ils payés?
Quels membres du clergé peuvent ou non être révoqués?
Qu'est-ce qu'un appel comme d'abus?
A quoi s'exposent ceux qui troublent l'exercice du culte, ou qui outragent ses ministres?
A quelles conditions peuvent exister les communautés religieuses?
Sous quelles conditions les communautés ou les établissements religieux peuvent-ils recevoir des dons?
Qu'est-ce que les fabriques des églises?
Comment se compose une fabrique?
Quel est le droit du maire à l'église?
Les prêtres sont-ils obligés de donner les prières de l'Église à ceux qui ne se conforment pas aux lois de l'Église?
Par qui sont payés les ministres des cultes non catholiques et du culte israélite?
Comment sont organisés les cultes réformés et protestants?
Comment est organisé le culte israélite?
Qui règle ce qui regarde les cérémonies funèbres?

§ 2. *De l'instruction publique.*

Qu'est-ce que l'Université?
Quel est le chef de l'Université?
Qu'est-ce que le Conseil royal de l'instruction publique?
Combien y a-t-il d'académies?
Comment sont administrées les académies?
Qui juge les membres de l'Université pour les infractions à leurs devoirs universitaires et à l'exercice de leurs fonctions?
Qui les juge pour leurs crimes ou délits non réservés à l'Université?
A quoi s'exposent ceux qui, excepté pour l'instruction primaire, enseignent publiquement sans l'autorisation du grand-maître?
Qu'est-ce que les facultés?
Quels sont les grades académiques?
Quelles sont les diverses facultés?
Qu'est-ce que les colléges?
Combien y a-t-il d'espèces de colléges?
Combien y a-t-il de degrés dans les écoles primaires?
Qu'est-ce que l'instruction primaire élémentaire?
Que comprend l'instruction primaire supérieure?
Quelles conditions sont exigées pour être instituteur primaire?
Comment sont entretenues les écoles primaires publiques?
Qu'est-ce qu'une école normale?
Qu'est-ce que les comités de commune ou d'arrondissement?
Qui surveille, dans chaque département, l'instruction primaire?
Qu'est-ce que les salles d'asile?
Qu'est-ce que les séminaires? sous quelle autorité sont-ils?
Qu'est-ce que les petits séminaires?
Qu'est-ce que l'École polytechnique?
Quelles sont les écoles destinées à l'état militaire?
Quelles sont les principales écoles pour les administrations non militaires? — pour les beaux-arts? — pour les arts et métiers?

§ 3. *De la sûreté publique.*

En quoi l'obligation, imposée aux communes, de dresser chaque année le tableau de leur population, intéresse-t-elle la sûreté publique?
Que doivent faire ceux qui veulent se fixer dans une commune?
De quel acte doit-on se munir pour passer d'un arrondissement dans un autre?

A quelles personnes les préfets délivrent-ils des passe-ports particuliers?

Que doivent faire les aubergistes et logeurs à l'égard des personnes qui viennent coucher chez eux?

Quand peut-on détenir des armes de guerre?

Quelles armes peut-on porter avec soi, et quand?

A quelles conditions peut-on porter des armes de chasse?

Quelles mesures peuvent être prises pour la destruction des animaux nuisibles, et notamment des loups?

§ 4. *De la salubrité publique.*

Où les inhumations ne peuvent-elles plus avoir lieu?

Où doivent-elles se faire?

Où doivent être placés les cimetières?

Que doit-il se passer après la fermeture d'un cimetière?

Qu'est-ce qu'une patente de santé d'un navire?

Qu'appelle-t-on patente brute, patente suspecte, et patente nette?

Qu'est-ce que des quarantaines, et où se font-elles?

Comment s'établit le régime sanitaire, sur terre, et quel est son effet?

Par qui s'exerce la police sanitaire?

Quelles précautions sont prises contre les épidémies?

Qui doit prendre les mesures nécessaires en cas d'épizootie?

Qui a la police des eaux minérales? Qui en a la surveillance?

§ 5. *Des forêts, de la chasse et de la pêche.*

Quels sont les principaux agents de l'administration chargée de veiller sur les forêts?

Comment les agents forestiers peuvent-ils être reconnus du public?

Qui répond des dégâts causés par les délits non constatés?

Qu'appelle-t-on régime forestier?

Comment se fait la délimitation entre des bois soumis au régime forestier et ceux des particuliers?

Qu'est-ce que l'aménagement?

Comment est-il réglé?

Que fait-on après que la coupe a été autorisée?

Comment les coupes sont-elles vendues?

A quoi l'acheteur est-il tenu pour exploiter?

De quels délits répond l'acheteur?

Que fait l'administration quand la coupe est finie?

Qu'est-ce qu'un cantonnement?

Quand les bois des communes et des établissements publics sont-ils soumis au régime forestier?

Comment est-il subvenu aux frais d'administration de ces bois?

Qu'est-ce que l'affouage? comment s'exerce-t-il?

A quoi sont soumis les particuliers dans l'exploitation de leurs bois?

A quoi sont tenues les forêts de l'Etat pour les ouvrages de fortification?

Qu'est-ce que le martelage, et où peut-il s'exercer?

Que faut-il pour pouvoir enlever des matériaux, du sable, des engrais, fruits, feuilles, semences, dans les forêts?

Quels sont les principaux faits punissables s'ils sont commis dans les bois?

Quelles précautions sont prises auprès des bois pour leur conservation?

Qui constate et poursuit les délits forestiers dans les bois de l'État?

Qui les juge?

Qui les constate dans les bois des particuliers?

Quelles sont les peines des délits forestiers?

Quand les père et mère répondent-ils des délits forestiers commis par leurs enfants?

A quelles conditions sont soumis les défrichements des forêts?

A qui appartient le droit de chasser sur un terrain?

En quel temps la chasse est-elle prohibée?

Où et à qui la chasse est-elle permise en toutes saisons?

Qui juge les délits de chasse?

Qui a le droit de pêcher dans une eau dormante?

A qui appartient le droit de pêcher dans les eaux courantes?

Comment l'État exerce-t-il le droit de pêche?

Quelles précautions sont prises pour prévenir la trop grande destruction du poisson?

Quels faits de pêche entraînent l'application d'une peine?

Qui constate et qui juge les délits de pêche?

§ 6. *Agriculture, troupeaux, chevaux.*

Qui répartit les sommes allouées par l'État pour encouragement à l'agriculture?

Quel conseil siége auprès du ministre?

Qu'est-ce que des comices agricoles?

Qu'est-ce que le code rural?

Dans quel cas les municipalités doivent-elles faire serrer les récoltes d'un cultivateur?

Qui peut avoir des gardes champêtres?

Qui nomme les gardes champêtres?

Qui constate et qui juge les délits ruraux?

Qu'est-ce que les haras?

§ 7. *De l'industrie, du commerce et des manufactures.*

Qu'est-ce que l'industrie?

Qu'est-ce que les manufactures?

Qu'est-ce que le commerce?

Qu'entend-on par la liberté des industries?

Quand il y a-t-il exception à cette liberté?

Qu'est-ce qu'un brevet d'invention, d'importation, ou de perfectionnement?

Que faut-il faire pour obtenir un brevet?

Au nom de qui et à quelle condition pécuniaire le brevet est-il délivré?

Quels sont les droits résultant du brevet?

Pour combien de temps les brevets sont-ils délivrés?

Comment cessent-ils avant l'époque fixée?

A quelles conditions les fabricants ont-ils la propriété exclusive des dessins dont ils sont inventeurs?

Quels droits l'accomplissement des formalités analogues donne-t-il aux fabricants sur leurs marques?

A quelles conditions est assujetti l'exercice de la profession de libraire ou imprimeur, et de celles de crieurs, afficheurs, colporteurs d'écrits?

A quoi sont soumis les pharmaciens et herboristes?

Qui délivre aux ouvriers le livret?

Quel est le but et le contenu du livret?

Qu'est-ce qui est prescrit pour les livrets quant au congé des ouvriers?

A quelle condition est soumis l'établissement des banques, tontines, monts-de-piété?

Qu'est-ce que les banques?

Qu'est-ce que les tontines?

Qu'est-ce que les monts-de-piété?

Comment les manufactures et ateliers sont-ils classés sous le rapport de la sûreté ou de la salubrité publique ?

Comment sont accordées les autorisations ou permissions nécessaires à ces établissements ?

Comment sont exploités les ateliers établis dans les prisons pour les condamnés ?

Comment les expositions encouragent-elles l'industrie ?

Quels conseils existent auprès du ministre pour les manufactures ?

Qu'est-ce que les chambres consultatives des manufactures ? où siégent-elles ?

Qui nomme le conseil général du commerce ?

Qui nomme le conseil général des manufactures ?

Quand se réunissent ces conseils ?

Quelles sont leurs fonctions ?

De qui est composé le conseil supérieur du commerce ?

Quelles sont ses fonctions ?

Qu'est-ce que les chambres de commerce ?

Quel système de poids et mesures est obligatoire et seul permis ?

Par qui sont vérifiés les instruments de pesage ou mesurage ?

Quel est, à l'égard des poids et mesures, le devoir de l'autorité municipale ?

Quel est, dans les grandes villes, le but des bureaux de pesage et mesurage ?

Où se fabriquent les monnaies ?

Quelles monnaies sont permises en France ?

Quelles précautions sont prises pour prévenir la contrefaçon des monnaies ?

Où peuvent se fabriquer les médailles et jetons ?

Que faut-il pour établir ou changer les foires et marchés ?

Qu'est-ce que les mercuriales ?

Qu'est-ce que les bourses de commerce ?

Qui en règle la police ?

A qui est confiée la police des ports maritimes ?

Qu'est-ce que les pilotes lamaneurs ?

Quels navires peuvent porter le pavillon français ?

Quels navires peuvent transporter des marchandises d'un port de France à un autre ?

Qui commande les navires de la marine marchande ?

Qu'est-ce que le cabotage, grand et petit ?

Au moyen de quels droits paye-t-on les frais de surveillance de la navigation ?

Qu'est-ce que la grande et la petite pêche maritime ?

Comment la pêche est-elle encouragée ?

Qu'est-ce que des lettres de marque ?

Quand la prise peut-elle s'exercer sur les bâtiments d'une puissance neutre ?

Quelles sont les formalités nécessaires pour arriver au partage d'une prise ?

§ 8. *Des professions non industrielles, des offices, des notaires*, etc.

A quelles conditions peut-on exercer l'art médical ?

Quelle peine encourent ceux qui exercent cet art sans accomplir les conditions légales ?

Qu'est-ce que des charges ou offices ?

Quelles sont les obligations et les droits de ceux qui possèdent une charge ?

Qu'est-ce que les notaires ?

Qui nomme les notaires ?

Que faut-il pour pouvoir être reçu notaire ?

Quelles sont les principales obligations des notaires ?

Quels actes les notaires ne peuvent-ils pas recevoir ?

Comment la discipline se maintient-elle parmi les notaires ?

Combien y a-t-il de chambres de discipline des notaires, et comment sont-elles nommées ?

Qu'est-ce que les commissaires priseurs ?

Qui les nomme ?

§ 9. *Des routes et chemins.*

Quelles sont les principales obligations des commissaires-priseurs ?

Qu'est-ce que les agents de change et courtiers ?

Qui les nomme ?

Qu'appelle-t-on grande et petite voirie ?

Combien y a-t-il d'espèces de routes ?

Combien y a-t-il de classes de routes royales ?

Qui les entretient ?

A la charge de qui sont les routes départementales ?

Qui supporte les frais des routes stratégiques ?

Où les routes doivent-elles être le plus larges ?

A quoi sont tenus les propriétaires pour les études et les matériaux nécessaires à une route ?

Qui a l'usage des grandes routes ?

Qui en a la propriété ?

A qui appartiennent les fossés qui bordent les grandes routes?
Qui doit planter des arbres au bord des routes?
A qui appartiennent ces arbres?
Quand ces arbres peuvent-ils être abattus ou élagués?
A quoi doivent se conformer ceux qui veulent bâtir au bord d'une grande route?
Comment procède-t-on à l'égard des constructions existantes qui ne sont pas dans l'alignement?
Comment procède-t-on quand un bâtiment ou un mur, qui se trouve dans l'alignement, menace ruine?
Quelles autorités règlent ce qui concerne l'éclairage, le nettoyage, la sûreté, la salubrité des routes?
Quelle est la destination des ponts à bascule, établis sur les grandes routes?
Où et quand le roulage peut-il être suspendu?
Sur quoi prononcent, en cette matière, les conseils de préfecture?
Sur quoi prononcent les tribunaux?
Quelles mesures provisoires peut ordonner l'Administration?

Qu'appelle-t-on voirie urbaine?
Qu'est-ce que les chemins vicinaux?
Comment reconnaît-on quels chemins sont vicinaux?
A la charge de qui sont les chemins reconnus vicinaux?
Comment pourvoit-on à la dépense si les ressources ordinaires ne suffisent pas?
Pour quelle personne ou quel objet est due la prestation?
Comment se paye la prestation?
Si la commune n'a pris aucune mesure, que peut faire le préfet?
Qu'est-ce que les chemins vicinaux de grande communication?
Sur quels fonds peuvent-ils être secourus?
Sous quelle autorité sont-ils?
A qui appartient le sol des chemins vicinaux?
Quel droit ont les riverains qui perdent quelque chose de leur terrain quand la largeur des chemins a été fixée par le préfet?
Qui prend les mesures concernant la surveillance et la conservation des chemins vicinaux?
Qui en a la police?
Qui nomme les agents voyers?
Sur quoi prononcent, en cette matière, les juges de paix?
Que jugent les conseils de préfecture?
A qui appartiennent et comment sont régis les rues, places, quais, promenades des villes, bourgs et villages?

Qui y donne l'alignement, et que se passe-t-il si on a contrevenu à l'alignement?

A quelle condition peut-on placer dans la rue un objet qui fait saillie?

A la charge de qui est le pavage des rues?

§ 10. *Des eaux.*

Combien reconnaît-on d'espèces d'eaux?

Quels sont les droits de l'administration à l'égard des étangs?

Quels sont les droits et devoirs des particuliers sur les grands lacs?

A qui appartient la mer?

Quelle est la règle relativement aux lais et relais de la mer?

Comment divise-t-on les cours d'eau?

A qui appartiennent les rivières navigables ou flottables?

Comment se détermine le caractère d'une rivière et l'endroit où elle commence à être navigable?

Par qui et comment sont supportées les dépenses relatives à la navigation des rivières?

A quelle condition peut-on faire une construction dans un cours d'eau?

Quels droits sont perçus par l'Administration sur la navigation?

Qu'appelle-t-on chemin de halage?

Que doit-on aux propriétaires riverains quand on établit un chemin de halage.

Qui répare les chemins de halage?

A qui appartient le terrain de ces chemins?

Comment est réglé le mode d'usage des eaux non navigables ni flottables?

Qui supporte les dépenses d'entretien, de curage, ou de constructions nouvelles, sur ces cours d'eaux?

Que faut-il pour pouvoir établir une usine sur un cours d'eau?

Quand l'Administration peut-elle supprimer une usine?

Que faut-il pour pouvoir construire un canal?

Comment l'État qui fait un canal, entre-t-il dans les frais?

Que faut-il pour l'établissement d'un canal d'arrosement? pour les prises d'eau nécessaires à des usines?

A qui appartiennent les canaux de desséchement?

A la charge de qui sont les ponts?

Comment se couvrent les frais des ponts?

Par qui sont régis les bacs et bateaux servant à traverser les rivières?

A quelles conditions les propriétaires et les pêcheurs peuvent-ils avoir des barques pour leur usage?

Comment est concédée l'exploitation des bacs?

Qui punit le refus de payer les droits, ou l'exigence d'autres droits que ceux du tarif?

Qui peut avoir le passage gratuit?

§ 11. *Des travaux publics et des marchés passés par l'État.*

A quelle administration est confiée l'exécution des travaux publics les plus importants?

Comment cette administration est-elle organisée?

Sur quels fonds se payent les travaux publics à la charge de l'État?

Comment sont votés les fonds pour les travaux publics à la dépense desquels doivent participer les départements et les communes?

Quand les particuliers peuvent-ils être obligés à participer aux dépenses des travaux publics?

Comment le Gouvernement peut-il éviter de faire les frais des grands travaux publics?

Que faut-il pour sanctionner un traité de concession pour des travaux publics importants?

Quels sont les deux modes d'exécution des travaux publics?

S'il a été traité avec un entrepreneur, quels sont, à son égard, les droits de l'ingénieur surveillant les travaux?

Comment les travaux sont-ils payés à l'entrepreneur?

Comment s'exécutent les travaux publics non confiés à l'administration des ponts et chaussées?

Comment s'exécutent les travaux militaires?

Sous les ordres de qui se font les travaux des ports?

Par qui se font les marchés de fourniture ou de confection d'objets pour l'État?

Comment ces marchés sont-ils ordinairement accordés?

Quelles sont les principales obligations des fournisseurs?

Qui juge les contestations sur l'exécution des marchés administratifs?

Quelle est la forme ordinaire des marchés passés au nom de l'État?

Quelles formalités précèdent les adjudications?

Comment et par qui se font les marchés passés de gré à gré?

§ 12. *De l'administration départementale et communale.*

Où s'exercent les droits de l'administration d'un département?

Quelle est la limite respective de deux départements séparés par une rivière?

Comment les limites d'un département ou d'un arrondissement peuvent-elles être changées?

Quel département a une organisation qui lui est particulière?

Quelles sont les principales propriétés des départements?

Quels noms portent les contributions locales que les départements peuvent être autorisés à s'imposer pour payer leurs dépenses?

Comment sont classées les dépenses des départements?

Qui nomme et révoque le préfet?

Qui remplace le préfet en cas d'absence ou d'empêchement?

Qui nomme et révoque les conseillers de préfecture?

Quelles sont, en général, les fonctions des préfets?

Qu'est-ce que les décisions du préfet prises en conseil de préfecture?

Quand les arrêtés des préfets peuvent-ils être exécutés?

Quels recours a-t-on contre un arrêté approuvé?

Qu'est-ce que le conseil général du département?

Combien un conseil général a-t-il de membres?

Par qui les conseillers sont-ils élus?

Quelles conditions faut-il remplir pour pouvoir être élu?

Quelles personnes ne peuvent être nommées membres du conseil général?

Pour combien de temps le conseil est-il nommé?

Comment se renouvelle-t-il?

Qui convoque l'assemblée? Qui nomme le conseil?

Quand l'assemblée électorale se divise-t-elle en sections?

Qui préside l'assemblée?

De quoi doit-elle s'occuper exclusivement?

Quelles sont les formes du vote et du scrutin?

Que fait-on des procès-verbaux?

Qui peut demander au conseil de préfecture la nullité des opérations?

Qui prononce sur le recours contre les décisions du conseil de préfecture?

Quand se réunissent les conseils généraux?

Quelles sont les fonctions et les droits du préfet dans le conseil général?

Les séances sont-elles publiques?

Qu'arrive-t-il si les conseils généraux sortent de leurs attributions?

Quelles sont les attributions des conseils généraux en général?

Quelles sont leurs attributions en matière de contributions?

Quel compte le préfet doit-il, chaque année, aux conseils généraux?

Quels vœux peuvent émettre les conseils généraux?

Dans quels cas principalement l'avis du conseil général doit-il être pris?

Les arrondissements ont-ils des biens distincts?

Qui fait leurs recettes et pourvoit à leurs dépenses?

Qui nomme et révoque les sous-préfets?

Qui remplace le sous-préfet en cas d'absence ou d'empêchement?

A qui sert-il d'intermédiaire?

De combien de membres se compose le conseil d'arrondissement?

Qui nomme les membres de ce conseil?

Pour combien de temps sont-ils nommés, et comment se renouvellent-ils?

Quelles sont les formes de l'élection, et la tenue des séances?

Quelles sont les attributions du conseil d'arrondissement?

Quand le conseil d'arrondissement se réunit-il?

Dans quels cas, par exemple, l'avis du conseil d'arrondissement doit-il être demandé?

Qu'est-ce que les communes?

Qui prononce sur les difficultés relatives aux limites des communes?

Quelles formes doivent être suivies pour créer une nouvelle commune, en réunir plusieurs ou les diviser?

Quel est l'effet de la réunion ou de la division des communes ou sections de commune, quant à la jouissance des biens communaux?

A qui passent les édifices servant à un usage public?

Comment se compose le corps municipal?

Quelles sont les deux espèces de fonctions qu'exerce le maire?

Comment les maires et adjoints sont-ils nommés?

Pour combien de temps sont-ils nommés?

Qui peut les suspendre? qui peut les révoquer?

Quel est le nombre des adjoints?

Qui remplace le maire en cas d'absence ou d'empêchement?

Quelles fonctions principales sont incompatibles avec celles de maire?

Où peut-il y avoir un receveur spécial, nommé par le Roi?

Dans les autres communes, qui fait les recettes?

Qui fait la police dans les villes?

Quand le maire agit-il sous l'autorité ou sous la surveillance du sous-préfet et du préfet?

Quelles sont les principales fonctions du maire relativement aux propriétés, droits et obligations pécuniaires de la commune?

Quelles sont les fonctions du maire relativement à la police de la commune ?

A quelles conditions le maire prend-il des arrêtés de police ?

Quel est le but de ces arrêtés ?

Qui punit ceux qui contreviennent à un arrêté pris légalement ?

A qui doit être demandée la réformation d'un arrêté du maire ?

Comment le préfet peut-il suppléer à la négligence ou à la mauvaise volonté du maire ?

Comment est composé le conseil municipal de chaque commune ?

Pour combien de temps les conseillers municipaux sont-ils élus ? comment se renouvellent-ils ?

Quand se réunissent-ils ?

Qui peut les convoquer extraordinairement ?

Qui préside le conseil municipal ?

Comment connaît-on les délibérations du conseil municipal ?

Qui peut dissoudre le conseil municipal, et à quelle condition ?

Quand les délibérations du conseil sont-elles nulles ?

Les séances sont-elles publiques ?

A quelle condition peut-on publier officiellement les débats du conseil municipal ?

Qui nomme les conseils municipaux ?

Par qui est dressée la liste des électeurs communaux ?

Comment la liste est-elle rendue publique ?

Qui décide sur les réclamations contre les omissions ou inscriptions illégales ?

A qui appelle-t-on des décisions du maire ?

Qui convoque les électeurs municipaux ?

De quoi doivent s'occuper exclusivement les assemblées électorales ?

Qui préside ces assemblées ?

Quelles sont les formes du vote et du scrutin ?

Dans quels cas peuvent être annulées les élections municipales ?

Quelles délibérations du conseil municipal sont exécutées, si le préfet ne les a pas annulées ou suspendues ?

Quelles autres délibérations ont besoin d'approbation, sans pouvoir être annulées ?

Qui donne cette approbation ?

Dans quels cas, par exemple, doit-on prendre l'avis des conseils municipaux ?

Quelles autres réclamations, délibérations, expressions de vœux sont permises aux conseils municipaux ?

Qu'est-ce qui est défendu aux conseils municipaux ?

Quels biens des communes demeurent consacrés à un usage public?

Quels biens s'exploitent au profit de la commune en masse?

Qu'appelle-t-on proprement biens communaux?

Qui détermine le mode de jouissance des biens communaux?

Qui participe à la jouissance des biens communaux?

Qu'est-ce que le partage par feux?

Qui juge les réclamations contre le partage?

Les habitants peuvent-ils se partager le fonds même des propriétés communales?

Qu'est-ce que les dépenses obligatoires des communes?

Qu'est-ce que les dépenses facultatives?

Comment est-il pourvu aux dépenses obligatoires?

Comment doivent être autorisés les constructions et reconstructions entreprises par les communes?

Dans quelles formes se font les entreprises pour travaux et fournitures au nom des communes?

Quelles règles suit-on pour les adjudications?

De quoi se composent les recettes ordinaires et extraordinaires des communes?

Comment empêche-t-on l'abus des emprunts et des contributions extraordinaires?

Qu'est-ce que l'octroi?

Quelles sont les classes d'objets soumis à l'octroi?

Où sont établis les bureaux de recette pour l'octroi?

Que peuvent faire, pour assurer la perception, les employés de l'octroi?

Quelle part le gouvernement prélève-t-il sur les droits d'octroi?

Qui juge les contestations relatives aux droits d'octroi?

Quelle est l'amende encourue pour contravention en matière d'octroi?

Comment le budget des communes est-il proposé et réglé?

Qui peut rejeter ou réduire les dépenses proposées?

Quand et comment peut-il être ajouté aux dépenses proposées?

Qui autorise les dépenses reconnues nécessaires après le règlement du budget?

Pourquoi l'autorité doit-elle intervenir dans les engagements pris par une commune?

Quand et comment, à cet égard, sont rendues exécutoires les délibérations du conseil municipal?

Que faut-il pour autoriser un créancier d'une commune à se faire payer?

Comment doivent être approuvées les délibérations d'un conseil municipal qui accepte des libéralités?

Que faut-il pour qu'une commune puisse intenter ou soutenir un procès?

Qui représente la commune en justice?

Qui représente en justice une section de commune?

Qui remplace le maire s'il a un procès contre la commune?

Comment se fait-on payer d'une commune contre laquelle on a gagné son procès?

Qui approuve les transactions consenties par les communes?

Qui approuve les comptes présentés par le maire au conseil municipal?

Qui ordonnance les payements?

Sur quelles pièces se font les recettes?

Qui règle les comptes du receveur municipal?

Qui surveille les receveurs municipaux?

Qui peut vérifier leur comptabilité?

Comment les comptables en retard peuvent-ils être contraints de présenter leurs comptes?

Comment et où peut-on prendre connaissance des budgets et comptes des communes?

Dans quel cas la commune entière répond-elle des fautes de ses habitants?

Qui prononce sur les cas de responsabilité?

§ 13. *Des établissements qui se rattachent, soit aux départements, soit aux communes.*

Qu'est-ce que les maisons de police municipale?

Qu'est-ce que les maisons de correction?

Qu'est-ce que les maisons centrales de détention?

Qui surveille le régime des prisons?

Qui en a l'inspection?

Qui doit visiter les prisons?

Est-il permis de mendier?

Que fait-on des pauvres incapables de travailler?

Qu'est-ce que les ateliers de charité?

Qu'est-ce que les hospices?

Qu'appelle-t-on hôpitaux?

Comment sont administrés les hospices?

Qui fait le service des malades dans les hôpitaux?

Avec quoi les hospices payent-ils leurs dépenses?

Qu'est-ce que les bureaux de bienfaisance?

Comment sont-ils nommés et renouvelés ?

Quels sont leurs droits et leur régime ?

Comment se payent les dépenses des fous indigents ?

Comment se paye l'indemnité de cinq centimes payée aux voyageurs indigents ?

Qu'appelle-t-on enfants trouvés ?

Que fait-on pour eux ?

Qu'appelle-t-on enfants abandonnés ?

Qu'appelle-t-on orphelins pauvres ?

Qui a soin de ces enfants ?

Où sont-ils placés ?

Comment est-il pourvu aux frais d'entretien et d'éducation de tous ces enfants ?

Quels droits ont les hospices sur les biens des enfants qu'ils entretiennent ?

A quelles conditions les parents d'enfants exposés ou abandonnés peuvent-ils les retirer des hospices ?

§ 14. *Des tribunaux administratifs.*

Quels tribunaux peuvent juger les contestations auxquelles donnent lieu des actes de l'Administration ?

Qu'est-ce qu'un conflit ?

Qui peut élever un conflit ?

Qui peut le juger ?

Quel est le juge ordinaire du premier degré en matière administrative ?

Comment procèdent les conseils de préfecture ?

Devant qui peut-on attaquer leurs décisions ?

Comment prononcent les ministres ?

Devant qui peut-on recourir contre leurs décisions ?

Quel est le tribunal administratif suprême ?

Sur quoi prononce le comité de justice administrative du conseil d'État ?

Quand prononce-t-il comme juge d'appel ?

Quand juge-t-il comme tribunal de cassation ?

Dans quelles formes les décisions de ce comité sont-elles rendues ?

Qu'est-ce que le recours au conseil d'État par voie contentieuse ?

Quand et dans quelle forme ce recours doit-il être intenté ?

Comment l'affaire est-elle instruite ?

Quand l'ordonnance qui prononce est-elle lue publiquement ?

De quoi est chargée la cour des comptes ?

Comment la cour des comptes est-elle organisée?

Sur l'appel de quelles décisions prononce la cour des comptes?

Quand juge-t-elle sans recours?

Qu'est-ce que constate l'arrêt annuel de conformité?

Qui doit envoyer ses comptes à cette cour?

Qui fait le rapport de chaque compte?

Quelle est la forme des rapports?

Qu'arrive-t-il après le rapport?

Pour quelles causes et par qui les arrêts définitifs de la cour des comptes peuvent-ils être cassés?

S'il y a cassation, où l'affaire est-elle renvoyée?

Quand y a-t-il lieu à révision des arrêts définitifs de la cour des comptes?

Comment est-il statué sur la demande en révision?

CHAPITRE III.

DU DROIT CIVIL.

Qu'appelle-t-on lois civiles?

PREMIÈRE PARTIE.

DES DROITS CIVILS CONSIDÉRÉS EN EUX-MÊMES.

§er. *Des personnes, et de leurs droits et devoirs civils.*

Quels Français jouissent des droits civils?

Quelles personnes, étrangères de naissance, sont considérées comme Français?

De quels droits les étrangers jouissent-ils en France?

Que faut-il pour que des étrangers deviennent tout à fait Français?

Comment se perd la qualité de Français?

Quelles condamnations judiciaires font perdre les droits civils?

Quand s'accomplit cette conséquence des jugements?

Comment la mort civile cesse-t-elle?

Cesse-t-elle par la grâce ou commutation?

Qu'est-ce que les actes de l'état civil?

Quels sont les principaux?

Comment sont inscrits les actes de l'état civil ?

Comment supplée-t-on à la perte des registres de l'état civil ?

Que contiennent les actes de l'état civil ?

Que doit-il être fait pour les déclarations de naissance ?

Que mentionne l'acte de naissance ?

Quels prénoms peuvent être donnés à un enfant ?

Quelles formalités sont nécessaires pour changer le nom de famille qu'on a dans son acte de naissance ?

Que doit faire celui qui trouve un enfant nouveau-né ?

Comment sont constatés les décès ?

Comment et quand l'inhumation d'une personne morte est-elle permise ?

Comment est rédigé l'acte de décès ?

Que fait-on s'il y a soupçon de mort violente ?

Quand l'acte de décès peut-il mentionner le genre de mort ?

Comment sont rectifiés les actes de l'état civil qui renferment des erreurs ?

Qu'est-ce que le domicile d'une personne ?

Où chacun a-t-il son domicile ?

Où est le domicile des femmes mariées, celui des enfants, celui des ouvriers habitant dans la maison du maître ?

Comment change-t-on de domicile ?

Quel est le domicile des fonctionnaires publics ?

Où s'adressent les actes concernant les intérêts d'une personne ?

Où s'ouvre une succession ?

Qui la loi répute-t-elle absent ?

Qu'appelle-t-on absence présumée ?

Quand l'absence peut-elle être déclarée par les tribunaux ?

Quel est l'effet du jugement de déclaration d'absence pour ceux qui ont des droits subordonnés au décès de l'absent ?

L'époux d'un absent peut-il contracter un nouveau mariage ?

Qui surveille les enfants d'un père absent ?

A quel âge peut-on se marier ?

Qu'entend-on quand on dit que le mariage doit être contracté librement ?

Quel consentement doit-on obtenir pour pouvoir se marier ?

Qu'appelle-t-on actes respectueux, et combien en faut-il ?

Entre quelles personnes le mariage est-il défendu ?

Quels parents peuvent obtenir du Roi une autorisation de se marier entre eux ?

Quel est le but des publications antérieures au mariage ?

A qui appartient le droit d'opposition ?

Qui juge les oppositions?

Où et comment se célèbrent les mariages?

Que fait l'officier de l'état civil pour célébrer le mariage?

Qui peut demander la nullité d'un mariage contracté sans qu'on ait observé les conditions légales?

Par qui et comment l'existence du mariage doit-elle être prouvée?

Que se doivent, relativement à la subsistance, les enfants et les parents?

Que se doivent les époux entre eux?

Quels sont les droits du mari?

Comment est-il suppléé à l'autorisation du mari?

Comment le mariage est-il rompu?

Quand une veuve peut-elle se remarier?

Quand les tribunaux peuvent-ils ordonner entre époux la séparation de corps?

Quels sont les effets de cette séparation?

Quelle tentative doit être faite avant que la séparation puisse être prononcée?

Comment peut-on prouver la filiation?

Qui peut-on adopter?

Quels sont les effets de l'adoption?

Comment se fait et se publie l'adoption?

A quoi l'enfant est-il tenu, à tout âge, envers ses parents?

Quelle est la durée de la puissance paternelle légale?

Qui exerce la puissance paternelle durant le mariage?

Quels sont les droits du père sur la personne de ses enfants?

Quels droits la puissance paternelle donne-t-elle sur les biens des enfants?

Qu'est-ce que la minorité?

Combien dure-t-elle?

De quels droits civils jouissent les majeurs?

En cas de mort d'un des deux époux, qui a la tutelle des enfants?

Que doit faire la mère qui se remarie?

Si le père ou la mère survivant n'a pas choisi de tuteur, à qui appartient la tutelle?

Quand le conseil de famille nomme-t-il le tuteur?

Comment est composé le conseil de famille?

Qu'est-ce que le subrogé-tuteur?

Qui le nomme?

Quand agit-il?

Quelles causes dispensent d'accepter une tutelle ?
Qui prononce sur les excuses ?
Quelles personnes ne peuvent pas être tuteurs ?
Qui est indigne d'être tuteur ?
Qui prononce la destitution d'un tuteur ?
Quels sont les droits et devoirs du tuteur quant à la personne du mineur ?
Quelle est son obligation générale quant aux biens ?
Quels actes fait-il seul ?
Pour quels actes le tuteur a-t-il besoin de l'autorisation du conseil de famille ?
Pour quels actes faut-il, en outre, l'approbation des tribunaux ?
Comment se partagent les biens d'un mineur ?
A quoi le tuteur est-il tenu après sa gestion ?
A qui appartient la tutelle des enfants abandonnés et admis dans les hospices ?

Qu'est-ce que l'émancipation ?
Comment l'émancipation a-t-elle lieu de plein droit ?
Quand et comment l'émancipation peut-elle être conférée ?
Quels actes l'émancipé fait-il seul ?
Pour quels actes lui faut-il l'assistance d'un curateur ?
Pour quels actes doit-il suivre les mêmes règles que le mineur non émancipé ?
Pour quelle cause l'émancipation peut-elle être retirée ?
Par qui peuvent être émancipés les enfants mis en tutelle dans les hospices ?

Quand un individu majeur peut-il être interdit ?
Par qui l'interdiction peut-elle être provoquée ?
A qui l'interdiction est-elle demandée ?
Que doit-on faire avant que l'interdiction puisse être prononcée ?
Quelle mesure peut être prise durant le procès ?
Que peut faire le tribunal s'il refuse l'interdiction ?
Quelle publicité est donnée aux jugements d'interdiction ?
Qui nomme-t-on pour veiller sur l'interdit ?
Quel est l'effet des actes faits par l'interdit depuis, et de ceux faits avant l'interdiction ?
Quand et comment l'interdiction peut-elle être levée ?
A qui et pourquoi les tribunaux peuvent-ils nommer un conseil judiciaire ?
Comment cette mesure peut-elle être provoquée, prononcée et révoquée ?

§ 2. *Des biens, et des droits auxquels ils donnent lieu.*

Qu'est-ce que les immeubles?
Qu'est-ce que les meubles?
Qu'est-ce que l'on considère comme immeubles par destination?
Quelles choses la loi range-t-elle parmi les meubles?

Qu'est-ce que la propriété?
A quelle condition, envers autrui, s'exerce le droit de propriété?
Qu'appelle-t-on fruits d'une chose?
Quels sont les fruits d'une somme d'argent?
Quels sont, sur les fruits, les droits d'une personne qui n'est pas propriétaire de la chose qu'elle possède?
Quels droits a le propriétaire sur ce qui est au-dessus et au-dessous de sa propriété?
Qu'est-ce que les alluvions?
Qui profite des alluvions?
A qui appartiennent les îles qui se forment dans les rivières?
A qui appartient le lit abandonné par une rivière?
Comment sont réglés les droits respectifs, quand le travail et la matière employée ne sont pas à la même personne, ou qu'il y a mélange de matériaux appartenant à plusieurs?
A qui appartient le bénéfice de l'ouvrage d'un auteur ou d'un artiste?
A quelle condition ce droit est-il soumis pour les livres, gravures, lithographies?
Quelle est la durée du droit d'un auteur?
Combien dure le droit d'un auteur de pièces de théâtre?
Comment s'appelle la violation des droits de propriété littéraire?

Qu'est-ce que l'usufruit?
Quel est le droit de l'usufruitier?
Quelles sont les obligations de l'usufruitier au moment de son entrée en jouissance?
Quelles sont-elles durant sa jouissance?
Comment cesse l'usufruit?
Que permet le droit d'usage?
Que permet le droit d'habitation?
Comment s'établissent et se perdent l'usage et l'habitation?

Qu'appelle-t-on servitudes ou services fonciers?
D'où proviennent les servitudes?
Quelles servitudes proviennent de la situation des lieux?

Quelles sont les principales servitudes établies par la loi?

Comment sont réglées les servitudes établies par la volonté des particuliers?

Comment se prouvent les servitudes?

Qu'est-il interdit à celui à qui une servitude est due et à celui qui la doit?

Comment finissent les servitudes?

§ 3. *Des différentes manières d'acquérir.*

Qui devient propriétaire des animaux pêchés ou chassés?

Qu'est-ce qu'un trésor?

Qui en est propriétaire?

Qu'est-ce que la prescription par laquelle on acquiert?

Qu'est-ce qu'une succession?

Comment s'ouvre la succession d'une personne?

Comment se règle la succession quand plusieurs personnes, devant hériter l'une de l'autre ont péri dans le même accident?

Qui ne peut pas succéder?

Quelles personnes sont exclues comme indignes?

Quel est l'ordre des successions?

Que représentent, dans une succession, les enfants d'une personne morte?

Y a-t-il, parmi les descendants, des priviléges pour l'âge ou pour le sexe?

Quelle part prennent ensemble ceux qui représentent un enfant ou descendant?

Comment se partage la succession d'une personne qui ne laisse ni enfants ni descendants, mais des frères, des sœurs et des ascendants?

Qu'arrive-t-il dans ce cas, si les père et mère sont morts, ou si l'un d'eux seulement est mort?

Après quel degré de parenté cesse-t-on de succéder?

A qui appartiennent les biens d'une personne décédée sans héritiers?

Comment les successeurs, dans ce cas, peuvent-ils entrer en possession des biens?

De quelle manière peut-on accepter une succession?

Comment doit-être faite la renonciation à une succession?

A quelle condition celui qui a renoncé peut-il encore accepter?

Peut-on rien faire à l'égard de la succession d'une personne vivante?

Qu'appelle-t-on acceptation sous bénéfice d'inventaire? comment se fait-elle?

Dans quel délai peut se faire l'acceptation bénéficiaire?

De quoi est tenu celui qui accepte sous bénéfice d'inventaire?

Qu'arrive-t-il si personne ne réclame ou ne veut recueillir une succession?

Quand peut-on demander le partage d'une succession recueillie par plusieurs en commun?

Dans quelle forme se fait le partage entre majeurs? et s'il y a des mineurs ou des absents?

Comment les héritiers sont-ils tenus de payer les dettes?

Qu'est-ce que se partagent mutuellement les copartageants?

Qui peut attaquer le partage d'une succession?

Qu'est-ce qu'un héritier doit rapporter à la succession?

Comment s'effectue le rapport?

Quels sont les moyens principaux de disposer gratuitement de ses biens?

Qui peut disposer par donation ou par testament?

A l'égard de qui la faculté de disposer gratuitement est-elle restreinte?

Quel serait le sort des dispositions déguisées dans l'intention d'éluder les prohibitions de la loi?

Qu'appelle-t-on réserve ou portion non disponible?

Que peuvent demander ceux qui ont droit à la réserve?

En quoi consistent les donations entre vifs?

Comment se constatent la donation et l'acceptation?

Quelles donations doivent être transcrites?

Quelles donations doivent être accompagnées d'un état estimatif?

Quels biens et quelles charges peuvent être compris dans une donation entre vifs?

Qu'est-ce que le donateur peut se réserver en cas de mort du donataire avant lui?

Comment les donations sont-elles révocables?

Combien y a-t-il d'espèces de testaments?

Qu'est-ce qu'un testament olographe?

Qu'est-ce qu'un testament par acte public?

Qu'est-ce qu'un testament mystique?

Quels testaments sont soumis, par exception, à d'autres formes?

Que résulte-t-il de l'inobservation des formes légales des testaments?

Que doit-on faire pour obtenir l'exécution d'un testament olographe ou mystique?

Sous quelle dénomination peut-on disposer par testament?

Qu'est-ce qu'un legs universel ?

Qu'est-ce qu'un legs à titre universel ?

Qu'est-ce qu'un legs particulier ?

Quel légataire se met, de plein droit, en possession des choses léguées ?

Quels légataires doivent demander la délivrance des choses léguées ?

Qu'est-ce que le testateur peut faire pour assurer l'exécution de ses volontés ?

Comment peut-on révoquer son testament ?

Comment s'opère la révocation tacite ?

Quand un testament est-il caduc ?

Qu'arrive-t-il s'il y a plusieurs légataires, et que l'un d'eux ne puisse ou ne veuille pas en recueillir sa part ?

Qu'appelle-t-on substitutions ? sont-elles permises ?

Dans quels cas y a-t-il exception à la prohibition des substitutions ?

Dans quelles formes les père et mère peuvent-ils partager d'avance leurs biens entre tous leurs enfants et descendants ?

Quelle faveur la considération du mariage a-t-elle fait accorder aux donations renfermées dans les contrats de mariage ?

Qu'est-ce que peut donner à un nouvel époux celui qui se remarie ayant déjà des enfants ?

Comment une convention se forme-t-elle ?

Qu'est-ce qu'un contrat ?

Qu'appelle-t-on débiteur et créancier ?

Que doit être le consentement pour qu'un contrat soit valable ?

Pour qui contracte-t-on ?

Quelles personnes sont capables de contracter ?

Quel peut être l'objet d'une convention ?

Quelles qualités doit avoir la cause d'un contrat ?

Quelles personnes sont liées par les conventions ?

Quels droits peuvent exercer des créanciers à l'égard de leur débiteur ?

Qu'est-ce qu'entraîne l'obligation de donner une chose ?

Que doit celui qui n'exécute pas une obligation de faire ou de ne pas faire une chose ?

Qu'appelle-t-on dommages-intérêts ?

Que doit celui qui n'exécute pas l'obligation de payer une somme ?

Qu'appelle-t-on obligations conditionnelles ?

Qu'est-ce que la condition suspensive ?

Qu'est-ce que la condition résolutoire ?

A quelle condition sont soumis tous les contrats où les parties sont mutuellement obligées à quelque chose ?

Qu'est-ce que les obligations à terme ?
Qu'est-ce que les obligations alternatives ?
Qu'est-ce que les obligations solidaires ?
Qu'est-ce que les obligations divisibles ou indivisibles ?
Qu'est-ce que les obligations avec clause pénale ?
Que devient l'obligation quand elle est exécutée ?
Qu'appelle-t-on payement ?
Quelle personne peut faire ou recevoir un payement ?
Le payement peut-il être divisé ?
Qui peut accorder des délais au débiteur ?
Que peut faire le débiteur, si le créancier refuse le payement ?
Quelles sont les conséquences des offres du débiteur ?
Que peut faire un débiteur hors d'état de payer ?
Quelles sont les formes de la cession de biens ?
Qu'est-ce que la novation ?
Qu'est-ce que la remise volontaire ?
Qu'est-ce que la compensation ?
Qu'est-ce que la confusion ?
Qui doit prouver l'existence ou l'extinction d'une dette ?
Comment se fait la preuve ?
Qu'est-ce qu'un acte authentique ?
Qu'est-ce qu'un acte notarié ?
En quelle langue doivent-ils être rédigés ?
Qu'est-ce que les notaires sont tenus de garder, et que délivrent-ils aux parties ?
Qu'appelle-t-on formule exécutoire ?
Quel est l'effet d'un acte manquant des formalités de l'acte authentique, mais signé par les parties ?
Quand les actes sous signature privée font-ils foi entre les parties ?
A quelles formes sont soumis les actes sous-signature privée ?
Que faut-il quand ils contiennent des engagements réciproques ?
Que faut-il si une seule partie s'engage ?
Quand et jusqu'à quelle somme peut-on admettre la preuve par témoins ?
Quand y a-t-il exception ?
Quand les simples présomptions peuvent-elles servir de preuves ?
Quel est l'effet des présomptions établies par la loi elle-même ?
Contre qui l'aveu est-il une preuve ?
Comment le serment, considéré comme preuve, peut-il être déféré ?

A quoi s'oblige celui qui, sans en être chargé, gère les affaires d'autrui ?

A quoi s'oblige celui qui a reçu ce qui ne lui était pas dû ?

Que doit celui qui a causé à autrui du dommage par sa faute, sa négligence ou son imprudence ?

Qui, par exemple, doit réparer les dommages causés par des personnes dont il répond ?

De quoi répond le maître d'un animal, le propriétaire d'une maison ?

Qu'est-ce que le contrat de mariage ?

Quand la loi intervient-elle à cet égard ?

Quelles sont les deux manières générales de régler les intérêts pécuniaires des époux ?

Qu'arrive-t-il s'il n'y a pas eu de contrat de mariage ?

Quand et comment doit être fait le contrat de mariage ?

Quelles sont l'étendue et les conditions de la communauté ?

Qui a l'administration de la communauté et des biens personnels de la femme ?

Comment se dissout la communauté ?

Quand et comment se prononce la séparation de biens ?

Quels sont les droits de la femme ou de ses héritisrs après la dissolution de la communauté ?

Qu'arrive-t-il si la femme accepte la communauté ?

Qu'arrive-t-il si elle y renonce ?

Qu'appelle-t-on dot d'une femme ?

Sous le régime dotal que qualifie-t-on dotal ?

Quels sont les droits du mari sur les biens dotaux ?

Quand la dot est-elle restituée ?

Quels droits a la femme sur ses biens non apportés en dot ?

Qu'est-ce que la vente ?

Dans quelle forme la vente peut-elle se faire ?

Quelle force a une promesse de vente ?

Quelles choses peuvent être vendues ?

Qui peut acheter ou vendre ?

Quelles qualités doit avoir le prix d'une vente ?

Qui doit bien expliquer les obligations du vendeur ?

Quelles sont les obligations du vendeur quant à la délivrance de la chose vendue ?

Que doit garantir le vendeur à l'acheteur ?

Que peut demander au vendeur l'acheteur dépossédé ?

Quels défauts cachés le vendeur doit-il garantir, et quels sont les effets de cette garantie ?

Quelle est la principale obligation de l'acheteur ?

Que peut faire l'acheteur troublé ou qui a juste raison de craindre de l'être ?

Qu'appelle-t-on faculté de rachat ou réméré ?

Que peut demander celui qui a vendu un immeuble pour moins de 7/12 de sa valeur réelle ?

Qu'appelle-t-on licitation ?

Que nomme-t-on transport ou cession ?

Que faut-il pour qu'une cession soit valable à l'égard de celui qui doit payer ?

Qu'appelle-t-on droits litigieux ?

A qui les cessions de droits litigieux sont-elles défendues ?

Quelles sont les règles de l'échange ?

Qu'est-ce que le louage ?

Quelles choses peut-on louer ?

En quelle forme se fait la location des maisons et des biens ruraux ?

Quelles sont les obligations de celui qui donne à bail ?

Quelles sont les obligations du preneur ?

De quoi répond le preneur ?

Qu'appelle-t-on tacite reconduction ?

Que doit faire le locataire d'une maison pour garantir le payement du loyer ?

Comment se déterminent les réparations d'entretien à la charge du locataire ?

Que faut-il pour faire cesser le bail d'une maison, fait sans écrit ?

Qu'est-ce que le louage d'ouvrage ?

Le louage d'ouvrage des domestiques et ouvriers peut-il se faire pour un temps indéterminé ?

De qui répondent les entrepreneurs de travaux ?

Pendant combien de temps les entrepreneurs et architectes répondent-ils des vices de construction ?

Qu'est-ce que le cheptel ?

Pour quel objet peut-on s'associer ?

Combien dure une société ?

Qu'est-ce que chaque associé doit apporter ?

Comment les bénéfices et les pertes se repartissent-ils entre les associés ?

Qui administre la société ?

Quelles sont les causes de la cessation d'une société ?

Comment une société peut-elle finir avant le terme fixé pour sa durée ?

Qu'est-ce que le prêt à usage ou commodat ?
Qu'est-ce que le prêt de consommation?
Qu'est-ce que le prêt à intérêt ?
Quel est le taux légal de l'intérêt ?
Qu'est-ce que faire l'usure, fait puni par la loi?
Qu'est-ce que la constitution de rentes ?
Qu'appelle-t-on arrérages ?
Qu'est-ce que la rente perpétuelle ?
Comment le débiteur peut-il faire cesser cette rente ?
Pendant quel temps au plus peut-on convenir que le rachat n'aura pas lieu ?
Quand le débiteur peut-il être obligé de racheter ?

Qu'est-ce que le dépôt ?
Quelles sont les conditions du dépôt volontaire ?
Quelles sont les obligations du dépositaire ?
Quelles sont les obligations du déposant ?
Qu'est-ce que le dépôt nécessaire ?
Quels dépôts lui sont assimilés ?
Comment se prouve le dépôt ?
Qu'est-ce que le séquestre ?
De quelle manière peut-il être établi ?

Qu'appelle-t-on contrats aléatoires ?
Qu'est-ce que l'assurance ?
Quels peuvent en être les objets ?
Quel est l'effet légal du jeu ou pari ?
Quelles exceptions sont admises sur ce point ?
Quelles loteries sont seules permises ?
Quelles annonces sont défendues à cet égard ?
Qu'est-ce que la rente viagère ?
En quoi consiste la chance d'une rente viagère ?

Qu'est-ce que le mandat ?
En quelle forme peut-il se faire ?
Quelles sont les obligations de celui qui a accepté un mandat?
Quelles sont les obligations de celui qui a donné un mandat ?
De quelles manières finit le mandat ?

Quel est l'objet d'une transaction ?
Quel est son effet ?
En quelle forme une transaction peut-elle se faire ?
Pour quelles causes une transaction peut-elle être attaquée ?

Qu'est-ce que le cautionnement?

Peut-on cautionner une obligation nulle?

Quelle peut être l'étendue du cautionnement?

Quelle personne doit être présentée pour caution?

Quels sont les droits de la caution à l'égard du débiteur principal?

Comment s'éteint le cautionnement?

Qu'est-ce que le nantissement?

Qu'est-ce que le gage?

Quel droit le créancier a-t-il sur le gage?

Qu'est-ce que l'antichrèse?

Quel droit l'antichrèse donne-t-elle au créancier?

Comment se partagent entre les créanciers les biens de leur débiteur?

Quelles sont les causes de préférence entre les créanciers?

Qu'appelle-t-on privilége entre créanciers?

Donnez des exemples de priviléges?

Comment les priviléges sont-ils rendus publics?

Qu'est-ce que l'hypothèque?

Sur quoi peut porter l'hypothèque?

Combien y a-t-il d'espèces d'hypothèques?

Qu'est-ce que l'hypothèque légale?

Qu'est-ce que l'hypothèque judiciaire?

Qu'est-ce que l'hypothèque conventionnelle?

Si l'hypothèque conventionnelle est insuffisante, quel droit a le créancier?

Quel est le rang des hypothèques entre les créanciers?

Quelles hypothèques sont dispensées d'inscriptions?

Où et comment se font les inscriptions de priviléges ou hypothèques?

Qu'est-ce que les bordereaux?

Que deviennent les deux bordereaux dressés?

Combien dure l'effet d'une inscription?

Que faut-il pour qu'une inscription puisse être rayée?

Dans quels cas le débiteur peut-il demander la réduction ou la radiation partielle des inscriptions?

De quoi est tenu un nouveau propriétaire de biens grevés de priviléges ou hypothèques?

Quand le possesseur a-t-il, dans ce cas, un recours contre le débiteur principal?

Que faut-il faire pour purger les hypothèques d'un bien qu'on a acquis?

Que peuvent faire les créanciers à qui le détenteur a fait la signification exigée par la loi ?

Qu'arrive-t-il si ces formalités ne sont pas remplies ?

Comment parvient-on à purger les hypothèques légales ?

Qui peut obtenir des extraits des registres des conservateurs ?

De quoi répondent les conservateurs ?

Comment sont punies les irrégularités dans la tenue des registres ?

Quel créancier peut faire vendre les immeubles d'un débiteur qui ne paye pas ?

Quel acte faut-il pour que le bien saisi puisse être définitivement vendu ?

Dans quel cas les tribunaux peuvent-ils suspendre la poursuite d'expropriation ?

Qu'est-ce que la contrainte par corps ?

Qu'est-ce que le stellionat, qui entraîne forcément la contrainte par corps ?

Peut-on étendre les cas de contrainte au delà de ce que porte la loi ?

Pour quelle somme peut-on exercer la contrainte ?

Quelles personnes sont exemptes de la contrainte par corps ?

Entre quelles personnes ne peut-elle avoir lieu ?

Comment est fixée la durée de la contrainte, et quel temps ne peut-elle dépasser ?

Comment et pour quelle somme la contrainte peut-elle s'exercer contre un étranger ?

Quelle mesure le créancier peut-il prendre, avant le jugement, contre le débiteur étranger ?

Quelle peut être la durée de la contrainte exercée contre un étranger ?

Qu'est-ce que la prescription ?

A quelles choses ne s'applique pas la prescription pour acquérir ?

Quels sont les caractères de la possession nécessaires pour cette prescription ?

Quelles personnes ne peuvent acquérir par prescription ?

Quand la prescription est-elle interrompue naturellement ?

Quand est-elle interrompue civilement ?

Dans quels cas la prescription est-elle suspendue ?

Quand la prescription est-elle acquise ?

Quelle est la plus longue prescription, et quel est son effet ?

Quel temps faut-il pour prescrire la propriété d'un immeuble qu'on a acquis de bonne foi et par un titre légitime ?

Aprés combien d'années ne peut-on plus demander la nullité des obligations?

Diverses réclamations ne sont-elles pas couvertes par des prescriptions plus courtes?

Dans ces cas, que peuvent faire ceux à qui on oppose la prescription?

DEUXIÈME PARTIE.

DE LA PROCÉDURE.

Qu'est-ce que la procédure?
Qu'est-ce qu'une action?
Qu'est-ce qu'une exception?
Comment doivent être rédigés les actes de procédure?
Par qui les actes sont-ils signifiés?
Quels actes ont besoin de la permission de la justice?
Quelles sont les deux espèces principales de procédure?

§ 1er. *De la procédure devant les juges de paix.*

Comment et avec quel délai cite-t-on devant le juge de paix?
Où se tiennent les audiences du juge de paix?
Que peut ordonner le juge de paix avant de prononcer?
Comment peut-on recourir contre les décisions du juge de paix?
Quand le juge de paix peut-il être récusé?

§ 2. *Des différentes parties de la procédure.*

Quelles sont les parties essentielles d'une procédure?

§ 3. *De la demande.*

Qu'est-ce qui doit, en général, précéder une demande?
Que doit contenir l'assignation ou ajournement?
A qui est remise l'assignation?
Quel est le délai pour comparaître sur une assignation?

§ 4. *De la défense.*

Que doit faire d'abord la partie assignée?

Comment les avoués engagent-ils la cause devant le tribunal?

Quelle exception peut proposer le défendeur quand le demandeur est un étranger?

Que peut demander la partie assignée devant un juge qui n'est pas le sien?

Quand doit être proposée l'exception fondée sur une nullité d'acte de la procédure ?

Quelles sont, par exemple, les exceptions tendant à obtenir un délai ?

§ 5. *De l'instruction.*

Qu'est-ce qu'instruire une affaire ?

Où se fait l'instruction ?

Par qui les parties sont-elles défendues ?

Quand cesse la publicité des plaidoiries ?

Quand le ministère public doit-il être entendu et recevoir communication des pièces ?

Quand a lieu la vérification d'écriture ?

Quelles sont les formalités de la vérification ?

Qu'arrive-t-il si, après vérification, une pièce est déclarée non véritable ?

En quoi consiste le faux incident civil ?

Quelles sont les formalités du faux incident civil ?

Qu'est-ce qu'une enquête ?

Qui est tenu de déposer comme témoin ?

Quand peut-on reprocher un témoin ?

Dans quelles formes se fait une enquête ?

Qu'arrive-t-il de la déposition d'un témoin reproché ?

Que fait-on quand l'enquête est commencée ?

Qu'est-ce qu'une descente sur les lieux, et comment se fait-elle ?

Qu'est-ce qu'une expertise ?

Comment se fait l'expertise ?

Quand peut-on faire interroger son adversaire ?

Comment procède-t-on à l'interrogatoire ?

Comment et avec quelles formes le serment peut-il être prêté ?

Qu'appelle-t-on matières sommaires ?

§ 6. *Des incidents.*

Comment peut-on former une demande incidente ?

Qu'est-ce que l'intervention ?

Quand procède-t-on à la reprise d'instance ou à la constitution de nouvel avoué ?

Qu'est-ce qu'une partie peut désavouer ?

Qui prononce sur le désaveu ?

Quel est l'effet du désaveu admis ?

Quand y a-t-il lieu à un règlement de juges ?

Où se porte la demande en règlement de juges ?

Quand y a-t-il lieu à une demande de renvoi d'un tribunal ou d'une cour à un autre ?

Où l'affaire est-elle renvoyée ?

Quelles sont les causes de récusation des juges ou du ministère public ?

Quelles sont les formes de la récusation ?

Quels sont les effets de la récusation ?

Que doit celui qui succombe dans une demande en récusation ?

Qu'est-ce que la péremption ?

Qu'est-ce que l'acquiescement ?

§ 7. *Des jugements.*

Qu'est-ce qu'un jugement définitif?

Qu'est-ce qu'un jugement préparatoire ou interlocutoire ?

Qu'est-ce qu'un jugement en dernier ressort, ou en premier ressort ?

Qui est lié par le jugement ?

Qu'est-ce que les dépens ?

Qui supporte les dépens ?

De quelle manière les dépens sont-ils réglés ?

Les jugements doivent-ils être motivés ?

Comment les jugements sont-ils délibérés et prononcés ?

Que fait-on si les juges sont partagés d'opinions ?

Comment les jugements sont-ils constatés ?

Que doit contenir la copie d'un jugement ?

Comment les jugements sont-ils intitulés et terminés ?

Que peut ordonner le juge avant de prononcer le jugement ?

Que peut-on ordonner dans les affaires compliquées ?

Qu'appelle-t-on juger par défaut, et quand cela arrive-t-il ?

Que faut-il pour qu'un jugement par défaut puisse être exécuté

Que peut faire la partie condamnée par défaut ?

Pendant combien de temps l'opposition peut-elle être reçue ?

Quelle est la forme de l'opposition ?

§ 8. *Des recours contre les jugements.*

De quels jugements peut-on appeler ?

Qui peut former un appel incident ?

Quand peut-on appeler d'un jugement par défaut ?

Quel est le délai ordinaire de l'appel ?

Quelle est la forme de l'appel ?

Comment s'instruisent les affaires, en appel ?

Quelles demandes peut-on former en appel ?

Quel est le nom et quelles doivent être les formes d'une décision de cour royale?

Quel tribunal doit faire exécuter le jugement, après la décision rendue sur l'appel?

Qu'est-ce que la tierce opposition? quel est son but?

Qu'est-ce que la requête civile?

De quelle formalité doit-elle être accompagnée?

Contre quelles décisions peut-on se pourvoir en cassation?

Quel est l'effet du pourvoi?

Quand y a-t-il lieu à la prise à partie?

Qui prononce sur la prise à partie?

Que faut-il pour que la prise à partie puisse être exercée, et ensuite prononcée?

§ 9. *De l'exécution des jugements.*

Comment se fait l'exécution forcée des jugements?

Quelle est, en France, la force des jugements étrangers?

Que faut-il pour qu'un jugement soit susceptible d'exécution forcée?

Comment un huissier est-il autorisé à mettre le jugement à exécution?

§ 10. *Des saisies.*

Quel créancier peut saisir-arrêter entre les mains d'un tiers les sommes ou effets de son débiteur?

Quelles choses, par exemple, sont insaisissables?

Que faut-il pour que la saisie puisse avoir son effet?

Que doit déclarer la personne sur qui on a saisi?

Quel est l'effet de la saisie-opposition?

Qu'est-ce que la saisie-exécution?

Quelles choses, par exemple, ne peuvent être saisies?

Que doit faire le créancier avant de saisir?

Que doit faire l'huissier qui saisit?

Qu'est-ce qui a lieu après la signification de la saisie?

Jusqu'à quelle concurrence vend-on les objets saisis?

Où et comment se paye le prix des objets saisis et vendus?

Qu'est-ce que la saisie-brandon?

Que font les créanciers si les choses saisies ne suffisent pas pour les payer tous?

Si les créanciers ne s'entendent pas entre eux, comment est-il procédé?

De quoi est précédée la saisie des immeubles?

Comment opère l'huissier qui saisit?

Comment la saisie est-elle rendue publique ?
Quel est l'effet de la dénonciation de la saisie au saisi ?
Quelles formalités donnent de la publicité à la vente ?
Qu'est-ce qu'un cahier des charges ?
Comment ce cahier est-il rendu public ?
Où et par qui se fait la vente ou adjudication ?
Qui peut enchérir ?
A qui est donnée la préférence ?
Que contient l'adjudication préparatoire ?
Quand l'adjudication définitive peut-elle avoir lieu ?
A quelle condition est subordonnée l'adjudication définitive ?
Qu'arrive-t-il s'il y a une surenchère ?
Quelle est la forme et quel est le contenu d'un jugement d'adjudication ?
Qui juge les incidents survenus dans une saisie immobilière ?
Quels sont les principaux incidents ?
Qu'appelle-t-on folle enchère ?
Par qui et comment peut être demandé le changement d'une saisie immobilière en simple vente ?
Qu'est-ce que l'ordre ?
Comment se règle la distribution du prix quand la vente n'est pas forcée ?
S'il s'agit de saisies, que faut-il pour qu'il soit procédé à l'ordre ?
Si les créanciers ne s'accordent pas, comment procède-t-on ?
Quels titres le juge délivre-t-il aux créanciers pour qu'ils puissent être payés ?
Que fait le juge s'il n'y a pas contestation ?
Que doit consentir chaque créancier payé ?

§ 11. *De l'emprisonnement.*

En vertu de quel acte peut-on emprisonner ?
Par qui s'exécute l'emprisonnement ?
Où et comment le débiteur peut-il être arrêté ?
De qui est accompagné l'huissier ?
Que doit-on faire si le débiteur demande qu'il en soit référé à la justice ?
Où doit être déposé le débiteur ?
Comment est constatée son entrée en prison ?
Quelle somme doit déposer d'avance le créancier qui a fait emprisonner ?
Qu'appelle-t-on recommandation ?

Quand le débiteur peut-il faire annuler en justice son emprisonnement?

Quels autres modes de libération a encore le débiteur?

Comment se jugent les demandes en élargissement?

§ 12. *Des référés.*

Qu'est-ce que les référés?

Quel est l'effet des décisions sur référé?

§ 13. *Des arbitrages.*

Qu'est-ce que des arbitres?

Qu'appelle-t-on compromis?

Qui peut faire un compromis?

Sur quoi ne peut-on pas compromettre?

Quelle doit être la forme du compromis?

Jusqu'à quand peut-on rétracter l'acceptation d'un arbitrage?

Quelle est la durée de l'arbitrage?

Quelle est l'étendue du pouvoir des arbitres?

Devant les arbitres faut-il des avoués?

A quoi se borne l'instruction devant les arbitres?

Comment sont faits les jugements arbitraux?

Que fait-on si les arbitres sont partagés d'opinion?

Qu'est-ce que des amiables compositeurs?

Comment les sentences arbitrales sont-elles rendues exécutoires?

Quand et devant quels juges peut-on appeler des jugements d'arbitres?

Peut-on demander aux arbitres eux-mêmes la nullité de leurs sentences?

Quand le pourvoi en cassation peut-il être admis?

CHAPITRE IV.

DU DROIT COMMERCIAL.

§ 1er. *Des commerçants et de leurs obligations générales.*

Quelles personnes sont commerçants?

Quels sont les actes de commerce?

Qui peut faire le commerce?

A quelles conditions les mineurs et les femmes mariées peuvent-ils faire le commerce?
Quelles sont les obligations générales de tous les commerçants?
Qu'est-ce que les agents de change et les courtiers?
Quelles sont leurs obligations?
Quels sont les droits exclusifs des agents de change?
Quelles sont les différentes espèces de courtiers?

§ 2. *Des contrats commerciaux.*

Quels principes régissent les contrats commerciaux?
Comment les livres de commerce font-ils preuve?
Quand la preuve par témoins est-elle admise en matière commerciale?

Qu'est-ce que le contrat de change?
Qu'est-ce qu'une lettre de change?
Que doit contenir une lettre de change?
Quel effet peuvent avoir des actes qui manquent des conditions de lettres de change?
Qu'est-ce que le tireur?
Qu'est-ce que le tiré?
Quand le tiré est-il tenu de payer?
Comment se donne l'acceptation?
Quel est l'effet de l'acceptation?
Comment se constate le refus d'accepter de la part du tiré?
Qu'est-ce que l'acceptation par intervention?
Qu'est-ce qu'un aval?
Comment se donne l'aval?
Par qui peut être exigé le payement de la lettre de change?
Quelles sont les différentes manières d'indiquer l'époque du payement de la lettre de change?
Quand et comment le payement peut-il se faire par intervention?
Comment sont obligés les signataires d'une lettre de change?
Contre qui le porteur peut-il agir?
Que faut-il pour pouvoir poursuivre les endosseurs et donneurs d'aval?
Comment se constate le refus de payer de la part du tiré?
Quel recours peut exercer le porteur d'une lettre de change protestée?
Qu'est-ce qu'une retraite?
Qui peut la faire?
Qu'est-ce qu'un billet à ordre?

A quelles règles est soumis le billet à ordre?

Par combien de temps se prescrivent les actions relatives aux contrats de change?

Combien y a-t-il d'espèces de sociétés de commerce?

Qu'est-ce que la société en nom collectif?

Qu'est-ce que la société en commandite?

Qu'est-ce que la société en commandite par actions?

Qu'est-ce que la société anonyme?

Comment est-elle gérée?

Comment se constatent les sociétés commerciales?

Quelles sont les formes des sociétés anonymes?

Quelle publicité est donnée aux sociétés en commandite et aux sociétés anonymes?

Quelles conséquences entraîne le défaut de publicité?

Qu'est-ce qu'une association en participation?

Quelle est la forme des associations en participation?

Qu'est-ce que la liquidation d'une société?

Par qui sont jugées les contestations entre associés?

Qu'est-ce qu'un commissionnaire?

Quel est l'objet des commissions?

Que font les commissionnaires de transport?

Qu'appelle-t-on lettre de voiture?

Qu'est-ce que les conventions d'apprentissage?

Comment se forme l'engagement des ouvriers?

Quel effet produit l'engagement des facteurs, commis, serviteurs des commerçants?

Avec qui se passe le louage pour le transport des personnes et des marchandises?

§ 3. *Du commerce maritime.*

Comment les navires peuvent-ils être vendus et saisis?

Qui répond du capitaine?

Qu'appelle-t-on capitaine?

De quoi répond le capitaine?

Quels sont les principaux droits et obligations du capitaine?

Qu'appelle-t-on affrètement, nolissement? fret ou nolis? charte partie?

En quoi consiste le contrat à la grosse aventure?

Qu'est-ce que l'assurance maritime?

Qu'appelle-t-on avaries?

Que répute-t-on avaries?

Comment les avaries sont-elles supportées?

Que doit faire le capitaine, s'il croit nécessaire de sacrifier une partie du bâtiment, ou de jeter à la mer une partie du chargement?

Comment les pertes sont-elles constatées et réparties?

§ 4. *Des faillites et banqueroutes.*

Qu'est-ce que la faillite d'un commerçant?

Que faut-il pour qu'un commerçant soit en faillite?

Qui déclare l'état de faillite?

Comment est déterminée l'époque où la faillite a commencé?

Quelle est cette époque?

Quel est l'effet de la faillite à partir du jour auquel elle a été fixée?

Comment le tribunal de commerce est-il informé de la faillite?

Quelle mesure le tribunal ordonne-t-il?

Peut-on attaquer ce premier jugement?

Que fait d'abord le juge-commissaire?

Qu'est-ce que le bilan?

Qui doit dresser le bilan?

Qui nomme les syndics provisoires?

Quelles sont leurs fonctions?

Comment sont vérifiés les droits des créanciers?

Que font les créanciers lorsque leurs créances ont été admises?

Qu'est-ce qu'un concordat et une union de créanciers?

Comment s'établit le concordat?

Qui le concordat engage-t-il?

Quand ne peut-on accorder un traité au failli?

Que font les syndics après le concordat?

Qu'arrive-t-il s'il n'y a pas de concordat?

Quand et où le failli peut ou doit-il être poursuivi comme banqueroutier?

Quand et où le failli et ses complices sont-ils poursuivis pour banqueroute frauduleuse?

Quand un failli peut-il se faire réhabiliter?

Par qui et comment est-il procédé sur la demande en réhabilitation?

Nota. Une loi récente a introduit plusieurs changements dans la partie du Code de commerce qui concerne les faillites. Elle a supprimé les agents qui, dans le code, précédaient la nomination des syndics provisoires.

§ 5. *De la procédure et de la contrainte par corps.*

Quels sont le caractère et les principaux actes de la procédure devant les tribunaux de commerce?

Où se portent les appels en matière commerciale?

Quand la contrainte par corps doit-elle être prononcée en matière commerciale?
Quand peut-elle l'être?
En vertu de quel acte peut-on exécuter la contrainte?
Combien dure-t-elle?
Quelles règles suit-on pour le surplus?

CHAPITRE V.

DU DROIT CRIMINEL.

De quoi se compose le droit criminel?

PREMIÈRE PARTIE.

DROIT PÉNAL.

§ 1er. *Des délits et de leurs différentes espèces.*

Que signifie le mot général délits?
Que faut-il pour qu'un acte soit punissable?
Les lois pénales s'appliquent-elles aux étrangers?
Comment divise-t-on les délits?
Comment sont punis les crimes?
De quelles peines sont punis les délits proprement dits?
Quand la tentative est-elle punie?
Quelles distinctions doivent être faites, quant aux tentatives?

§ 2. *Des peines.*

Comment se divisent les peines en matière criminelle?
En quoi consiste la peine de mort?
En quoi consistent les travaux forcés à perpétuité?
Où cette peine est-elle subie par les hommes? par les femmes?
Quelles personnes en sont exemptes?
En quoi consiste la déportation?
Quelle peine encourt un déporté qui revient en France?
Quelle est la durée des travaux forcés à temps?
En quoi consiste la détention?
Qu'est-ce que la réclusion?

Qu'est-ce que le bannissement?

Quelle peine encourt le banni rentré en France avant l'expiration de sa peine?

En quoi consiste la dégradation civique?

Quelle condamnation entraîne la peine accessoire de l'exposition?

Quelle condamnation entraîne la dégradation civique?

Quelles condamnations emportent l'interdiction légale?

Comment sont publiées les condamnations à des peines criminelles?

Quel est le lieu et la durée de l'emprisonnement?

Que devient le produit du travail des détenus?

Quelle interdiction peut être prononcée correctionnellement?

Quelle est la dernière peine correctionnelle?

Quel est l'effet du renvoi sous la surveillance de la haute police?

A qui cette peine s'applique-t-elle?

Quelle confiscation est prohibée?

Laquelle est permise?

Comment oblige-t-on le condamné au payement de l'amende, et quand y a-t-il exception en sa faveur?

Que veut la loi relativement aux restitutions, indemnités et frais?

Comment les restitutions, amendes et frais sont-ils supportés quand il y a plusieurs condamnés?

Quelles sont les peines de simple police?

Quelle peine applique-t-on à une personne poursuivie et jugée à la fois pour plusieurs crimes ou délits?

Qui est en état de récidive?

Quel est l'effet de la récidive?

§ 3. *Des personnes punissables, excusables ou responsables.*

Le Roi peut-il être puni?

Que fait-on si des ambassadeurs étrangers commettent des crimes ou délits?

Que faut-il pour qu'une personne soit punissable?

Que fait-on pour s'assurer si les enfants poursuivis pour crime ou délit, ont agi en connaissance de cause?

Quel est l'effet de la décision à cet égard?

Quand un crime peut-il être excusé, et la peine adoucie?

Comment sont punis les complices?

En quoi consiste la responsabilité civile des crimes ou délits?

§ 4. *Des différentes espèces de crimes ou délits.*

Quelles sont les deux grandes classes de crimes et délits?

Qu'appelle-t-on crimes et délits contre la sûreté de l'État?

Quelles personnes sont punies comme coupables des principaux crimes contre la sûreté extérieure de l'État?

Quels sont les principaux attentats ou crimes contre la sûreté intérieure de l'État?

Quelles peines encourent ceux qui ont provoqué, par des moyens de publicité, aux crimes ou délits contre la sûreté publique?

Quels sont les principaux crimes et délits contre la Charte?

Qu'appelle-t-on crimes et délits contre la paix publique?

Quelles sont les principales espèces de faux?

Quand ceux qui font usage d'un objet faux ne sont-ils passibles d'aucune peine?

Qu'est-ce que la forfaiture?

Quels sont les principaux actes de forfaiture?

Qu'est-ce que la rébellion?

Quels outrages contre des personnes publiques sont punis par la loi?

Quand est-on puni pour refus d'un service public?

Quelles circonstances aggravent la peine de ceux qui ont contribué à l'évasion des détenus? au bris des scellés? aux enlèvement et destruction de pièces dans un dépôt public?

Quelles dégradations d'objets sont punies?

Qu'est-ce que le vagabondage?

Quand la mendicité est-elle punie?

Qu'est-ce que l'on considère comme moyens de publication?

Combien y a-t-il d'espèces de délits de la presse?

Quels sont les principaux délits relatifs à la police de la presse?

A qui sont imputés les délits de publication?

Quels sont les principaux délits de publication?

Qu'est-ce que la diffamation?

Quand peut-on alléguer la vérité d'un fait diffamatoire public?

Sur la demande de qui se poursuivent les diffamations ou injures?

Quand la publication et la vente de dessins, gravures, etc., ou l'exploitation d'un théâtre sont-elles punies?

Quelles associations sont considérées comme illicites et punies?

Comment se classent les crimes et délits contre les particuliers?

Qu'appelle-t-on homicide?

Quand l'homicide cesse-t-il d'être punissable?

L'homicide en duel est-il poursuivi?

Qu'est-ce qu'un meurtre?

Qu'est-ce qu'un assassinat ?

Q'appelle-t-on guet-apens ?

Quelle est la peine du parricide, et de l'infanticide ? Qu'est-ce que ces deux crimes ?

Quelles sont les menaces que la loi punit plus sévèrement ?

Comment varie la punition des coups et blessures volontaires ?

Quels sont les autres principaux crimes ou délits contre les personnes ?

Comment est puni l'homicide involontaire ?

Quand les coups et blessures n'entraînent-ils aucune peine ?

Quand le meurtre, les coups et blessures sont-ils excusables ?

Quel meurtre n'admet jamais d'excuse ?

Quel est l'effet de l'excuse ?

Qu'est-ce que la bigamie ?

Quelles personnes sont punissables en cas de bigamie ?

Quelles personnes sont punissables pour atteintes portées à la liberté individuelle ?

Quels sont les principaux crimes et délits contre l'état civil des personnes ?

Comment varie la peine du faux témoignage ?

Quelles dénonciations sont punissables ?

Quelles personnes sont punies pour révélation de secrets ?

Qu'est-ce que le vol ? qu'est-ce que les filouteries ?

Comment est puni le vol ?

Qu'appelle-t-on vol qualifié ?

Quelles sont les principales circonstances aggravantes du vol ?

Quels sont les principaux vols d'objets ruraux ?

Quelle est la peine de ces vols ?

Celui qui arrache par violence une signature ou un titre, est-il puni ?

La banqueroute est-elle punie ?

En quoi consiste l'escroquerie ?

En quoi consiste l'abus de confiance ?

Quelles coalitions de maîtres ou d'ouvriers sont punissables ?

Quels autres délits contre les ouvriers et les fabriques sont punis ?

Qu'est-ce que la contrefaçon ?

Quelles sont les peines de la contrefaçon ?

Comment est variée la peine de l'incendie ?

Quels principaux actes de destruction sont encore punis par la loi ?

Qu'appelle-t-on baraterie ?

Dans quels cas la chasse est-elle punie ?

Dans quels cas la pêche est-elle punie ?

§ 5. *Des contraventions de police.*

En combien de classes sont-elles rangées ?
Quelles sont celles de la première classe ?
Quels faits principaux appartiennent à cette classe ?
Quelles sont les contraventions de seconde classe
Quels individus sont rangés dans cette classe?
Quelles sont les contraventions de troisième classe ?
Quels sont les principaux individus de cette classe ?

DEUXIÈME PARTIE.

DE L'INSTRUCTION CRIMINELLE.

Qu'appelle-t-on instruction criminelle?
Qu'est-ce que l'action publique ?
Qu'est-ce que l'action civile ?
Les deux actions peuvent-elles s'intenter ensemble ?
Quand l'action civile suspend-elle l'action publique ?
Quelles sont les deux périodes principales de l'instruction criminelle ?

§ 1er. *De la police judiciaire.*

Que fait la police judiciaire ?
Quels sont les officiers de police judiciaire?
Comment ces officiers constatent-ils les faits ?
Sous quelle surveillance sont ces officiers ?
Quels sont les pouvoirs du procureur du Roi?
Qu'appelle-t-on flagrant délit ?
Que doit faire le procureur du Roi, s'il s'agit d'un fait emportant peine afflictive ou infamante ?
Qu'est-ce qu'un mandat ?
Que fait le procureur du Roi en cas de mort violente?
Où sont envoyées les pièces et les choses saisies ?
Quand le juge d'instruction exerce-t-il les mêmes attributions que le procureur du Roi ?
Hors les cas de flagrant délit, comment le juge d'instruction doit-il agir ?
Comment sont reçues les plaintes, et quand les plaignants peuvent-ils profiter des condamnations à intervenir ?
Comment se font les dépositions des témoins ?
Qu'arrive-t-il si les témoins ne se présentent pas?
Quelles recherches peut faire le juge d'instruction ?

Quels sont les officiers de police auxiliaires du procureur du Roi?

Quelles sont leurs attributions?

Comment peuvent se faire les visites domiciliaires et les arrestations?

Sur qui et comment se font les arrestations?

Quels sont les différents mandats délivrés par le juge d'instruction?

Comment sont rédigés les mandats?

Comment est assurée l'exécution des mandats?

Dans quel cas et sous quelle condition tout le monde peut-il faire une arrestation?

Quand et à quelle condition un prévenu peut-il être mis en liberté provisoire?

A qui cette faveur ne peut-elle être accordée?

Qui décide s'il y a lieu de permettre la mise en liberté provisoire, et si la caution est suffisante?

Quel est le moindre cautionnement?

Comment la Chambre du conseil prononce-t-elle sur le rapport du juge d'instruction?

Devant quel tribunal le prévenu est-il envoyé, s'il y a contravention, s'il y a délit?

Qu'arrive-t-il si le fait imputé au prévenu est de nature à emporter peine afflictive ou infamante?

§ 2. *De la justice criminelle.*

Les audiences sont-elles publiques?

Qu'appelle-t-on prévenu?

Qu'appelle-t-on accusé?

Comment doit comparaître l'accusé?

Qu'arrive-t-il au prévenu qui abuse de la défense, ou qui cause du trouble ou du scandale?

Que fait-on si l'accusé ou prévenu refuse de paraître?

Comment est-on cité devant le tribunal de police?

Comment s'y fait l'instruction et l'audition des témoins?

Que doit contenir le jugement?

Quels recours a-t-on contre le jugement?

Où est porté l'appel?

Dans quels cas peut-on se pourvoir en cassation?

Comment les affaires sont-elles déférées au tribunal de police correctionnelle?

Comment s'y fait l'instruction ?
Quels recours a-t-on contre le jugement ?
Qui peut appeler ?
Comment s'instruit et se juge l'appel ?
Le pourvoi en cassation est-il admis ?

Comment, en général, une affaire est-elle renvoyée à la Cour d'assises ?

Comment sont rendus les arrêts de la Chambre d'accusation ?

Que peut ordonner la Chambre d'accusation ?

Que contient l'acte d'accusation rédigé par le procureur général ?

A qui l'acte d'accusation est-il signifié ?

Si la Chambre d'accusation décide qu'il n'y a pas lieu à renvoi devant la Cour d'assises, quand l'accusé peut-il être traduit de nouveau ?

Que doit faire le président de la Cour d'assises à l'égard de l'accusé, avant que l'affaire ne s'instruise à l'audience ?

Quelle faculté a l'accusé après l'interrogatoire ?

Que peut ordonner le président ?

Quelle est l'opération qui précède immédiatement l'instruction à l'audience ?

Que faut-il pour pourvoir être juré ?

Où sont pris les jurés ?

Qui dresse la liste générale des personnes qui peuvent être jurés ?

Comment et par qui est formée la liste du jury pour toute l'année suivante ?

Comment se forme la liste du jury pour chaque session ?

Comment sont remplacées les personnes décédées ou devenues incapables d'être jurés ?

Quand la liste de la session est-elle notifiée à l'accusé ?

Comment le jury se compose-t-il pour chaque affaire ?

Par qui et comment s'exercent les récusations des jurés ?

Qu'est-ce que le chef du jury ?

Quel serment prêtent les jurés ?

Quelle est leur obligation durant l'affaire ?

Quelle peine encourent les jurés qui ne viennent pas remplir leurs fonctions ?

Quand commence l'examen public de l'accusé ?

Quel est le pouvoir du président ?

Où se placent les jurés ?

Comment est amené l'accusé ?

Comment se fait l'exposé de l'affaire ?

Comment se fait l'audition des témoins ?

Qu'arrive-t-il si une déposition paraît fausse ?

Quand y a-t-il lieu à la nomination d'un interprète ?
Que se fait-il après les dépositions?
Que fait le président après les débats ?
Qui peut critiquer les questions posées?
Qui décide sur ce point?
Que comprennent les questions ?
Quel avertissement le président donne-t-il aux jurés ?
Quand cesse la délibération des jurés ?
Qui peut communiquer avec les jurés?
De quelle manière se fait le vote sur chaque question?
A quelle majorité se forme la décision?
Dans quel cas peut-on faire connaître le nombre des voix?
Qu'arrive-t-il quand les jurés sont rentrés à l'audience ?
Quand la déclaration du jury est-elle sans recours?
Quand les juges peuvent-ils décider que l'affaire sera, dans la session suivante, soumise à de nouveaux jurés?
Quand les juges peuvent-ils exiger que les jurés retournent à une nouvelle délibération ?
Que fait-on quand l'accusé rentre à l'audience ?
Quand le président prononce-t-il l'acquittement de l'accusé, et que s'ensuit-il?
Si l'accusé a été déclaré coupable, que demande-t-on contre lui, et que peut-il répondre?
Quand la Cour d'assises prononce-t-elle l'absolution de l'accusé?
Que prononce la Cour si le fait dont l'accusé a été délaré coupable, est défendu par la loi?
Que doit lire le président avant de prononcer l'arrêt de condamnation?
Quel avertissement le président donne-t-il au condamné ?
Par qui se font les exécutions?

A quelle époque, en général, se pourvoit-on en cassation?
Pour quelles causes le pourvoi est-il admis?
Contre quelles dispositions la partie civile peut-elle se pourvoir?
Peut-on attaquer un acquittement?
Quand et par qui peut-être attaqué un arrêt d'absolution?
Quelle est la forme du pourvoi?
Comment prononce la Cour de cassation?
Qu'arrive-t-il si la Cour de cassation annule?
Qu'arrive-t-il si le pourvoi est rejeté?
Qu'est-ce que la révision?
Comment est-il procédé à la révision?

Qu'est-ce que la contumace?

Quand commence la contumace?

Comment est-il procédé au jugement par contumace?

Quand l'arrêt peut-il être attaqué par l'accusé?

Comment se jugent les délits des magistrats?

Qui instruit et juge les crimes des magistrats?

Comment se font les dépositions des personnes que la loi dispense de se déplacer pour venir déposer en justice?

Comment procède-t-on à l'égard d'un accusé évadé et repris?

Par qui se fait le règlement de juges?

Quand peut être demandé le renvoi d'un tribunal ou d'un juge d'instruction à un autre?

Qui prononce sur le renvoi?

§ 3. *Des prisons, maisons d'arrêt et de justice.*

Qu'est-ce qu'une maison d'arrêt?

Qu'est-ce qu'une maison de justice?

Qui surveille ces maisons?

Que doivent écrire les gardiens?

Qui est tenu de visiter les maisons de justice et les prisons?

§ 4. *De la réhabilitation des condamnés.*

A qui la réhabilitation est-elle accordée?

Que doit faire celui qui veut se faire réhabiliter?

Quelles sont les formalités de la demande?

Qui accorde la réhabilitation?

Quel est l'effet de la réhabilitation?

§ 5. *De la prescription.*

Combien y a-t-il de sortes de prescriptions en matière criminelle?

Quel est le délai de la prescription des poursuites, s'il s'agit d'un crime?

Quel est le délai s'il s'agit d'un délit, d'une simple contravention?

Quelle est la prescription de la peine pour les crimes? pour les délits? pour les contraventions?

Qu'est-ce qu'assure la prescription de la peine?

Y a-t-il des prescriptions spéciales?

Quelle est la prescription des délits des journaux?

FIN.

Paris. — Imprimerie Panckoucke, rue des Poitevins, 14.

www.ingramcontent.com/pod-product-compliance
Ingram Content Group UK Ltd.
Pitfield, Milton Keynes, MK11 3LW, UK
UKHW020112200726
13856UKWH00002B/501

9 782013 560863